U0861725

东南亚保险概论

陆　峰　编著

中国金融出版社

责任编辑：吕　楠
责任校对：孙　蕊
责任印制：丁淮宾

图书在版编目（CIP）数据

东南亚保险概论／陆峰编著．—北京：中国金融出版社，2023.3
ISBN 978-7-5220-1939-0

Ⅰ．①东…　Ⅱ．①陆…　Ⅲ．①保险—概论—东南亚　Ⅳ．①F843.3

中国国家版本馆 CIP 数据核字（2023）第 047215 号

东南亚保险概论
DONGNANYA BAOXIAN GAILUN
出版
发行　中国金融出版社
社址　北京市丰台区益泽路 2 号
市场开发部　（010）66024766，63805472，63439533（传真）
网 上 书 店　www.cfph.cn
（010）66024766，63372837（传真）
读者服务部　（010）66070833，62568380
邮编　100071
经销　新华书店
印刷　北京九州迅驰传媒文化有限公司
尺寸　185 毫米×260 毫米
印张　13
字数　218 千
版次　2023 年 3 月第 1 版
印次　2023 年 3 月第 1 次印刷
定价　59.00 元
ISBN 978-7-5220-1939-0
如出现印装错误本社负责调换　联系电话（010）63263947

序 INTRODUCTION

陆峰博士所编写的这部《东南亚保险概论》是国内近年来保险学领域难得的优秀成果。本书既适合于高等院校研究生、本科及专科层次的课堂教学，同时也是一部关于东南亚保险市场的研究专著，亦具有工具书的属性。本书的优秀之处主要有四个方面：一是理论阐释及溯源准确。编著者开宗明义地将东南亚保险与国际保险的学科及理论关系梳理清晰。二是对东南亚各国保险业特点及亮点进行准确的概括。本书对多个国家保险业特点及亮点作出区别性的归纳，并从多方面生动地展现出特征体现的支撑之处，如有的国家以多元化保障为特色、有的以国际化发展为特色、有的以塔卡福业务为特色等，绝不是生硬地罗列市场资料。事实上，在本书出版前，编著者团队还公开发表了多篇“东南亚保险市场国别特征研究”系列论文，本书内容亦是基于该系列论文的进一步深化。三是将东南亚各国与我国保险业的发展情况进行比较分析，发掘对我国具有启示借鉴之处。如部分国家在离岸保险、小额保险、行业广告宣传等方面有优势，值得我国借鉴。四是能从多个数据源、多项指标给予翔实的资料及数据。本书提供了来自国际机构与本国保险监管部门两个不同来源的数据，指标既包括保险收入、深度、密度、赔付、保险服务贸易等行业整体数据，也包括经营主体名单、市场份额、资本属性等微观的公司数据，因此，本书完全可作为东南亚保险市场的工具书使用，无论是从业者开拓海外市场，或普通消费者购买保险产品均可查阅使用。

本人是陆峰的博士生导师，东南亚保险领域是陆峰一直以来的研究方向，陆峰也以东南亚保险作为其博士学位论文主题并成功获得了博士研究生学位，至今陆峰博士对东南亚保险领域已有十余年的研究积淀。陆峰博士本着严谨、求实的态度，在本书的编写过程中，认真核实每一项数据、条款和规则，严格考证每一项数据和观点的出处及其变化脉络，注意论述的完整性与逻辑性。所以，这本《东南亚保险概论》反映了编著者坚实的保险学科修养与造诣，是编著者多年从事东南亚保险领域教学与科研的结晶，也是编著者对于我国保险业界及学术界的贡献。

郝演苏　博导　教授

2023年3月1日于中央财经大学

前言 PREFACE

东南亚地区长期以来都是我国的重要邻邦、彼此之间合作关系紧密。2010 年中国—东盟自由贸易区正式生效，2019 年升级为 2.0 版，2020 年起东盟一直是我国的第一大贸易伙伴，未来我国与东盟之间的经贸关系必将迎来新的跨越。而保险业作为保障经济发展的重要行业，在我国与东南亚的各项合作中起到重要的风险管理作用，各国保险业之间的合作也日趋频繁，东南亚保险市场正受到政府、业界、高校、消费者等多方面的关注。然而，国内至今尚没有关于东南亚保险领域的高校教材，也鲜有较新的研究专著，导致学生缺乏了解东南亚保险市场的渠道、认知存在局限性。本书的出版，一定程度上填补了东南亚保险领域缺乏高校教材的空白，期待能为我国保险国际化人才培养发挥出一定的作用。

本书具有多功能定位，一是可作为普通高等院校经济与管理类专业教材。基于文字的通俗可读性，本书可用于向保险学、金融学、国际贸易学、工商管理等经济与管理学科专业的研究生、本科生、专科生进行教学。二是可作为关于东南亚保险市场研究的学术专著。本书对于东南亚十一个国家自身保险市场的发展特征进行了研究，同时与我国进行比较分析，为我国保险业的发展提供了启示及可借鉴的经验。三是可作为关于东南亚保险市场的“工具书”使用。本书翔实地记载了东南亚所有十一个国家保险市场的经营发展数据、经营主体名单、对我国投资的可开放领域等，可为企业开拓东南亚市场、公民出境购买保险产品、保障支持“一带一路”等海外工程提供工具性的帮助。

全书前 4 章主要内容是对基础理论和东南亚保险市场作了总括性介绍。一方面，阐述了相关学术概念，以及东南亚保险在国际保险学理论体系中的关系，另一方面，介绍了东南亚保险市场的整体概况及特点，并介绍我国与东南亚保险业之间的双边合作经历。第 5 章开始是对东南亚多个国家保险市场的介绍。这部分为全书的重点，分别从保险市场发展情况、行业监管情况、行业特点及亮点三方面，对东南亚多个国家即新加坡、马来西亚、泰国、印度尼西亚、菲律宾、越南、文莱、柬埔寨、老挝、缅甸、东帝汶进行了详尽介绍，刊载了东南亚多国保险市场的具体经营数据。该部分体现出本书具有工具书的作用，从国际机构与本国保险监管部门两个不同的数据源，收录了东南亚地区的保险业发展数据、分市场发展数据、经营主体名单、行业对中国的承诺减让、保险服务贸易等相关数据，以翔实且最新的数据支撑工具书属性。

本书由广西财经学院金融与保险学院、中国—东盟保险研究院组织编写。多年以来，广西财经学院以“立足广西、面向基层、服务社会、辐射东盟”为办学定位，积极发挥毗邻东盟国家的地缘优势，依托“广西建设面向东盟的金融开放门户”等国家级战略，开展了东南亚保险的理论与实践探索，积累了一定的研究成果，为国际化人才培养奠定了良好的基础和条件。自2015年起，广西财经学院保险学专业开设了“东南亚保险”课程，为适应中国保险行业国际化发展的趋势，为满足面向东盟金融开放门户建设的人才需求，组织编写本书，时机恰当且及时。

本书系广西财经学院校级优秀教材建设项目《东南亚保险》（JC201915）的建设成果，也是广西财经学院金融学国家级一流专业建设的系列成果之一，获得广西特色新型智库建设单位、广西高校人文社科重点研究基地广西金融与经济研究院，以及广西财经学院应用经济学广西一流学科金融学方向、广西财经学院金融硕士专业学位授权点、广西财经学院保险硕士专业学位授权立项建设学位点、广西财经学院中国—东盟保险研究院、广西财经学院第一批金融开放门户建设经费资助。

本书的编写得到了广西财经学院金融与保险学院领导和保险系全体教师的大力支持，在此向广西财经学院金融与保险学院、中国—东盟保险研究院院长蔡幸教授，以及为本书作序的中央财经大学保险学院原院长郝演苏教授表示特别感谢。由于东南亚保险领域涉及语言种类较多、资料获取困难，本书难免会存在谬误之处，还请读者及专家学者不吝赐教，不断修正完善，不胜感激！

陆　峰

2023年3月1日

目录 CONTENT

第一章　国际保险学概述

国际保险学是一门主要以研究保险资源跨国流动所形成的国际保险关系的产生、发展和运动规律的科学，是保险学的新兴分支。本章主要介绍了国家保险学的概念界定、产生发展、学科归属、学科主要内容、作用等国际保险学相关的理论知识。

第一节　国际保险的概念界定

"国际保险"的概念是有其严格理论界定的，"国际保险"是一个动态发展的概念，有广义和狭义之分。

一、狭义的"国际保险"概念

狭义的"国际保险"是指保险经营行为的国际扩张，主要包括跨境销售保险产品、跨境提供中介等辅助性保险服务等。简单而言，就是服务相邻国家特别是接壤国家之间经贸往来的保险业务，主要是围绕边境口岸开展的车险、意外险、货运险以及保障双边出入境人员的相关人身保险等。可以说，"狭义的国际保险"就是通常所知的"跨境保险"。

二、广义的"国际保险"概念

广义的"国际保险"，是在狭义内容的基础上，涵盖了保险产品或保险合同构成要素中所有含有外国因素的保险活动（见图 1-1）。可概括为"涉外保险""国际保险业务"及"国际再保险"，以及在本国发生所提供的涉外保险活动。简单地说，"广义的国际保险"就是"所有和保险相关的跨国（境）活动都算"。

本东南亚保险课程内容所讲的是广义的"国际保险"。

从国际保险产生到当前的发展情况来看，实践中的广义的国际保险表现为以下三种情况：

第一，保险合同构成要素中出现了外国因素——以保险产品（某一种保险险种或保险业务）为主要形式，具体包括：(1) 保险人承保的标的在外国；保险标的面临的风险（承保的风险）坐落在、发生在国外或在国际范围流动；被保险人是在外国的本国企业或个人、被保险人是在国外的外国人等。如国内保险公司经营的国际保险业务（水险、出口信用保险）及海外保险业务（海外投资保险、海外工程保险、海外责任保险）等。(2) 保险人销售的保险产品所保障的对象是居住在本国的外国人或外国企业。如本国保险人向本国的外国企业或个人提供的涉外非水险（包括涉外财产损失类保险、各类涉外责任保险、涉外人身保险等）。该种形式的保险属于 WTO 服务贸易总协定（GATS）确定的服务贸易自由化形式之一——境外消费。

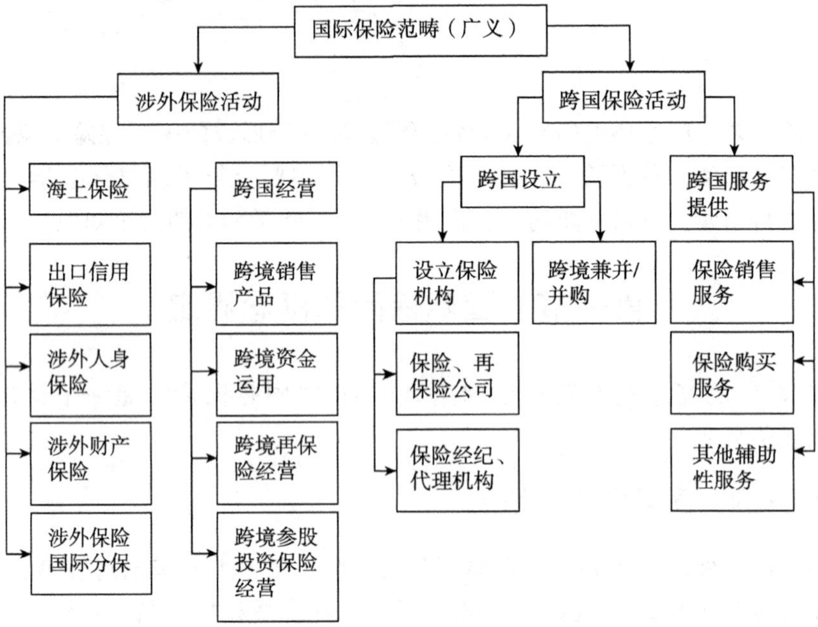

图 1-1　国际保险活动发展类型基本分类

第二，保险人对承保风险及分保安排跨出了国界或再保险人跨国接受境外直保公司的分出业务——国际共保、国际分保及国际再保险经营，具体包括：（1）本国直保公司与其他国家的直保保险公司就同一保险标的共同承保组成国际共保体；（2）直保公司的国际分保业务；（3）再保险公司跨国提供再保险。

第三，保险经营活动发生国际扩张——保险产品、保险资本、保险中介及辅助性保险服务跨出了国界，具体包括：（1）跨国提供（销售）保险产品；（2）跨国设立保险机构（保险公司、再保险公司、保险中介机构等）；（3）跨国参股投资东道国的保险机构；（4）跨国保险资金运用；（5）跨国保险并购；（6）跨国提供保险服务（保险中介或其他辅助性保险服务）；等等。

第二节　国际保险学的学科概述

一、国际保险学理论的产生

当一国的保险资源（包括保险产品、保险资本、保险服务、提供保险服务的人员等）跨出国界流向其他国家（或诸多国家），产生了保险市场的国际融合，便形成了国际保险市场。随着经济全球化和世界经济一体化趋势的迅速发展，跨国公司的跨境经营活动非常频繁（见表 1-1），而为国际经营主体提供风险保障的保险行业，其自身也通过提供国际保险产品和服务、跨境设立海外经营机构、跨境参股投资保险经营机构、跨境运用保险资金投资等手段，进行着行业的境外扩张。

表 1-1 世界领先保险集团在全球的商业存在情况

地区		德国安联（Allianz）	法国安盛（AXA）	美国国际（AIG）
“一带一路”沿线地区	东盟 10 国与蒙古国	新加坡、马来西亚、泰国、印度尼西亚、菲律宾、文莱	新加坡、马来西亚、泰国、印度尼西亚、菲律宾	新加坡、马来西亚、泰国、印度尼西亚、菲律宾
	西亚 18 国	土耳其、黎巴嫩、巴基斯坦、沙特阿拉伯、阿曼、阿拉伯联合酋长国、卡塔尔、巴林、希腊、埃及、塞浦路斯	土耳其、黎巴嫩、沙特阿拉伯、阿曼、阿拉伯联合酋长国、卡塔尔、巴林、希腊、埃及	土耳其、黎巴嫩、以色列、阿曼、阿拉伯联合酋长国、卡塔尔、科威特、希腊、塞浦路斯
	南亚 8 国	印度、斯里兰卡	印度	印度、巴基斯坦
	中亚 5 国	无	无	无
	独联体 7 国	俄罗斯、乌克兰	俄罗斯、乌克兰、阿塞拜疆	俄罗斯、乌克兰
	中东欧 16 国	波兰、立陶宛、爱沙尼亚、拉脱维亚、捷克共和国、斯洛伐克、匈牙利、斯洛文尼亚、克罗地亚、罗马尼亚、保加利亚	波兰、捷克共和国、斯洛伐克、匈牙利、塞尔维亚、罗马尼亚	保加利亚、捷克共和国、匈牙利、波兰、罗马尼亚、斯洛伐克
非“一带一路”沿线地区	欧洲（除“一带一路”沿线国家）	比利时、丹麦、德国、芬兰、法国、根西岛、爱尔兰、冰岛、意大利、荷兰、北爱尔兰、列支敦士登、卢森堡、挪威、奥地利、葡萄牙、瑞典、瑞士、西班牙、英国	奥地利、比利时、爱尔兰、意大利、丹麦、芬兰、法国、德国、英国、卢森堡、西班牙、瑞典、瑞士、荷兰、挪威、葡萄牙	奥地利、比利时、丹麦、芬兰、法国、德国、爱尔兰、意大利、卢森堡、马耳他、荷兰、波兰、葡萄牙、西班牙、瑞典、英国、列支敦士登、挪威、瑞士
	亚洲（除“一带一路”沿线国家）	日本、韩国	日本、韩国	日本、韩国
	北美洲	美国、加拿大、墨西哥	美国、加拿大、墨西哥	美国、加拿大、墨西哥

续表

地区		德国安联（Allianz）	法国安盛（AXA）	美国国际（AIG）
非“一带一路”沿线地区	拉美和加勒比地区	阿根廷、百慕大、巴西、法属圭亚那、瓜德罗普岛、哥伦比亚	阿根廷、哥伦比亚、巴西、智利、巴拿马、秘鲁	安提瓜和巴布达、阿根廷、阿鲁巴岛、巴哈马群岛、巴巴多斯、百慕大、巴西、开曼群岛、智利、哥伦比亚、多米尼加、厄瓜多尔、格林纳达、海地、牙买加、波多黎各、圣基茨和尼维斯、圣卢西亚、特立尼达和多巴哥、乌拉圭、委内瑞拉、英属维尔京群岛
	大洋洲	澳大利亚、新西兰	澳大利亚	澳大利亚、巴布亚新几内亚、新西兰、关岛、塞班岛
	非洲	中非共和国、贝宁、科特迪瓦、布基纳法索、加纳、喀麦隆、肯尼亚、刚果共和国、马达加斯加、马里、摩洛哥、塞内加尔、南非、多哥	阿尔及利亚、尼日利亚、喀麦隆、科特迪瓦、加蓬、毛里求斯、摩洛哥、塞内加尔、南非	埃及、肯尼亚、南非、乌干达

注：截止时间为 2020 年 12 月 31 日。

资料来源：笔者根据公开资料及各公司年报整理。

由于传统的保险学理论局限于分析和解释单一国家保险市场运营、管理、效应和技术等的内部规律，在新的实践背景下已不能充分解释保险业的国际化经营现象。因此，学者对新形势下保险资源跨国流动的研究进行了扩充，如国际保险学理论研究的先驱学者、美国著名的保险经济学家 Skipper，研究方向就聚焦于保险服务贸易自由化和保险资源跨国流动的相关理论。在相关研究有了一定层次的积累上，形成了保险学科的新兴理论分支——国际保险学。

二、国际保险学的定义与学科归属

国际保险学是一门主要以研究保险资源跨国流动所形成的国际保险关系的产生、发展和运动规律的科学，国际保险学以跨国界的或国与国之间、国家与区域经济体之间、区域经济体内部进行的跨国保险活动产生的国际保险关系为研究主线，是对传统保险学理论的丰富和发展。

在学科归属上，国际保险学依托于世界经济和国际经济学等学科的理论基础，因此国际保险学是从属于国际经济学学科。

三、国际保险学的主要内容

国际保险学的主要内容如图 1-2 所示：

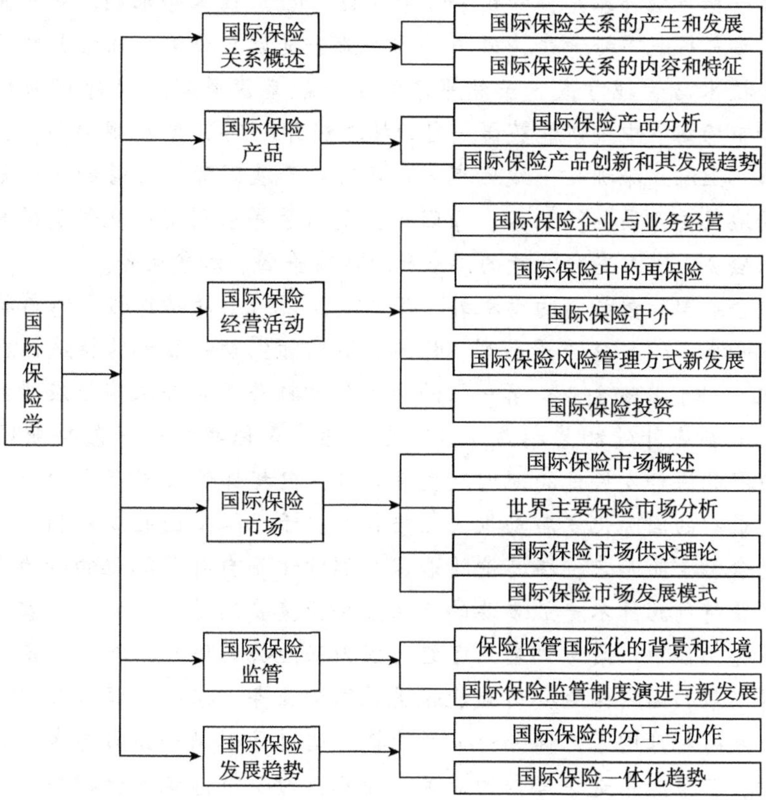

图 1-2　国际保险学的主要内容

专栏

国际保险学关于保险企业国际化发展的阐述

保险企业的国际化发展是国际保险学理论的重要组成部分，我们学习国际保险及东南亚保险的很大日的就是以企业为微观单位，进行国际保险业务。

一、保险企业的国际化动机

对于一般企业而言，国际化的动机主要有三种：（1）市场与资源寻求型。国际化发展是企业的一种自主行为，而企业的行为出发点一般来说是出于自身经济利益。在国内市场饱和、竞争激烈的情况下，向国际市场寻求生存空间，是企业竞争的选择。当然，自身在国内发展良好的情况下，向国际市场发展，同样可以获取更广阔的生存空间，进一步壮大企业自身的竞争力。当前的中国许多行业中，市场竞争主体众多，且已经形成一定的寡头垄断局面，国内的利润空间受到压缩，竞争程度进入白热化，因此将发展的出路瞄准境外，成了大部分中国企业的共识。甚至可以认为，不论企业规模大小，国际化都是生存的必然道路，越早“走向”海外企业生存概率就越高，在原地徘徊的结果就是“坐以待毙”。寻求海外资源可能是中资险企在海外市场拓展的一大原因，海外资源包括市场、客户、营销渠道等方面。（2）技术寻求型。寻求技术是指通过到当地经营、参与当地市场竞争，或与外国企业合资设立公司，在经营的同时学习到对方先进的承保技术与管理方式。虽然寻求技术一般来说并不是海外市场拓展的直接目的，但在海外市场拓展中确实能获得一定的技术提升。（3）壁垒规避型。虽然企业在中国内地的北京、上海、深圳等一线城市，也是可以开展国际化经营的，但是仍有一些企业选择到境外地区去开展国际业务，原因应当是出于寻求利用当地优惠的政策。目前在全球对外国保险公司进入充分开放的国家和地区有美国、加拿大等。

除与一般企业国际化相同的动机外，保险企业因行业的特殊性，有着特殊的国际化动机，主要有两类：（1）客户追随型。保险企业国际化动机最大的特殊性在于“客户追随型”的动机。对于保险企业，第一位的国际化动机并不是寻求市场及资源，而是保障与服务母国企业在海外的相关利益。保险企业通常是依据本国一般企业国际拓展的需要，来决定自身的海外发展目的地国及发展程度，包括保险公司在内的全球主要的跨国金融机构，其最初的国际化发展动机，几乎都是出于保障本国的海外利益。对于包括保险公司在内的金融企业而言，在其追随着客户国际化而自身国际化的行为中，能否在东道国保险市场获得利润并不是最重要的，保险企业重要的是维护好已有客户的关系。在长期的国内业务交往中，某客户企业已经与国内保险公司保持了较为固定的关系，若该客户进行海外发展而国内保险公司未能跟进其国际业务，东道国保险公司很有可能利用东道国优势，获得对母国客户部分业务的承揽，这对母国保险公司与客户的关系产生一定程度的影响，甚至能夺走在母国的业务。因此，为了维持双方长期的关系，母国保险公司必须跨出国门继续为客户服务，因为其与客户保持着长期关系，拥有对客户保障需求的信息优势，凭借这些优势母国保险公司是可以竞争过东道国保险公司的。（2）全球风险分散型。保险企业国际化动机的特殊性还在于其“全球风险分散型”动机。保险业是经营风险的行业，风险需要最大限度地分散，即全球分散，才能保证保险企业自身经营的稳定性。即使某国国内保险市场再封闭，该国也必须通过再保险等形式，向国际市场寻求风险分散，任何国家都不可能将承保的风险只集中在自己国内，因为在有重大灾害和损失发生的情况下就可能毁灭该国保险业。所以，可以认为保险业的国际化是刚性的。

二、保险企业国际化的必然性

对于一般企业而言，其之所以会走向国际化发展道路、采取独资新建或并购等国际化模式策略的经济学原理，是因为规模经济和报酬经济的原因，这个理论范式同样适用于保险企业。甚至相较于一般企业，保险企业的规模经济效应需求更大，因为保险公司作为经营风险的组织，会集中大量同质风险，所以必须将风险损失在大量的保险单位中分摊，才能实现风险控制与分散。所以可以肯定的是，保险公司必然存在规模经济性，甚至可以说规模经济是保险企业得以生存的必然条件。随着业务规模的增大，对偿付能力的要求会促使保险公司经营扩张，仅在本国内分散风险是满足不了偿付要求的，保险公司会向国外市场扩张，采用独资建立或并购等方式来参与国际竞争，寻求风险的全球分散。保险业也同样存在范围经济性，当今保险业的集团化经营、混业经营行为就是突出的表现。世界领先的保险集团，如伯克希尔·哈撒韦公司、美国国际等，无一不是由专业保险公司向全球性和系统性银行控股或保险控股型金融混业集团的转型和发展，并且不断推进自身的国际扩张，不断新设子公司、分公司、合资公司与并购其他公司。

资料来源：编著者根据公开资料整理。

第三节 国际保险的作用

当前，经济全球化是世界发展大势，多边体系已成为全球治理的新格局。各国间的经济交往日趋频繁，相互之间的依存度更为紧密，每个国家都不同程度地融入统一的世界经济体系中，任何一个国家都无法游离于世界经济和国际市场之外。世界经济通过各国间的经济交往而彼此联结，国际保险作为世界经济中重要的风险转移和风险分散机制，作为“稳定器”和“减震器”，对世界经济的发展起着越来越重要的作用。

一、国际保险在经济可持续发展中的作用

国际保险监督官协会（IAIS）认为，提升经济发展的可持续性是保险的本质。保险业是一项长期业务，其价值在于作为风险吸收者，通过理赔支持经济复苏。为反映出这一点，经联合国秘书长认可，联合国环境规划署金融倡议组织制定了《可持续保险原则》，并在2012年的联合国可持续发展大会中启动。这些原则说明了社会如何通过保险业的三重角色（风险管理者、风险承担者和投资者）促进可持续发展。时任联合国秘书长潘基文也认为，“可持续保险原则提供了全球路线图，以便开发和拓展新颖的风险管理和保险解决方案，从而促进可再生能源、清洁水、食品安全、可持续城市和具有抗灾能力社区的发展”。

当前，国际分工、专业化生产和世界经济全球化的急剧发展，使世界各国之间的经济合作日益频繁、日趋紧密，许多国家都积极寻求自身在世界经济体系中的有利位置，加强合作与交流，优势互补，从而加速本国经济的发展。纵观世界经济近十几年发展最快的25个国家的进展历程，其成功要素不外乎三点：第一，对本国经济体制的适时变革，与世界经济环境和本国自身的客观条件保持动态一致；第二，及时运用世界先进技术，发展或改造本国产业，有效提高工作效率；第三，充分利用各种资源，积极开展对外经济合作，增强经济实力。这三点都离不开保险保障的作用，所以，保险已成为各国生产、流通、分配和消费经济活动中不可缺少的经济补偿和给付制度。而且保险本身具有国际性质，在当今的国际经济交往中，风险的种类也更加丰富，除传统的经营风险、

投资风险、系统风险、结构风险外，还有创新风险、监管风险、虚拟风险和网络风险等，这些新型的风险所固有的特征要求风险在国际进行分散和转移，这为各国加强国际合作、建立国际化风险分散机制、提高世界整体风险处理水平奠定了基础。实践证明，国际的保险合作提高了世界保险技术水平，增强了整体承担风险的能力，并使各国筹集的保险基金组合成了世界范围的保障网络，进而增强了世界经济的保障力度，更好地推动了世界经济的平稳可持续发展。

二、国际保险在国际贸易中的作用

在当今区域经济一体化和经济全球化的浪潮下，世界贸易发展更加迅速，其增长速度远远高于世界国民经济的增长率。国际贸易在世界国民生产总值中的比重在 20 世纪 50 年代是 5.5%，到 20 世纪末期上升到 24.3%，2019 年则已经超过 60%。世界贸易能达到如此规模，国际保险的作用功不可没。早在 1994 年关贸总协定乌拉圭回合谈判中，根据国际经济交往的现实情况，将国际贸易的含义作了进一步扩展，其中包括货物贸易、技术贸易和服务贸易，提供保险保障及其相关的中介、咨询、理赔服务等本身就属于一种无形贸易。

在国际货物贸易活动中，国际保险的具体作用主要体现在提供出口信用保险和国际货物运输保险两大方面。

（一）出口信用保险在国际贸易中的作用

出口信用保险已成为各国政府推动本国出口贸易发展、维护本国利益的一项重要措施。目前，在全球经济一体化发展的趋势下，国际市场竞争日益激烈，国际金融领域的不稳定因素不断增加，出口企业面临的变数也越来越多，买方市场普遍形成，赊销已经成为国际结算的主要方式。在欧美等一些发达国家，信用证等传统的贸易结算方式的使用率只有 10%左右，这在很大程度上归因于出口信用保险业务在赊销方式中的广泛运用。发展中国家和地区在其实现工业化和经济增长的过程中，也逐渐重视出口的作用。同时，为了规范对进出口贸易的宏观调控，按照国际惯例管理贸易，一些国家和地区，如印度、韩国和印度尼西亚等都纷纷借鉴发达国家的做法，先后设立了官方或半官方的出口信用保险机构，利用风险担保提高出口商的国际竞争能力。

我国的专业出口信用保险机构——中国出口信用保险公司也于 2001 年 12 月揭牌运营。自成立至 2019 年 11 月，中国信保 18 年来累计支持的国内外贸易和投资规模已超过 4.5 万亿美元，为超过 16 万家企业提供了信用保险及相关服务，累计向企业支付赔款近 140 亿美元，累计带动 200 多家银行为出口企业融资超过人民币 3.5 万亿元。即使在极不平凡的 2020 年，中国出口信用保险公司全年承保金额也达 7040.7 亿美元，同比增长 15.5%；服务企业近 14.7 万家，同比增长 23.9%；支持国内贸易人民币 4065.4 亿元，同比增长 22.4%，为企业复工达产和外贸稳定提供了有力保障。

具体来讲，出口信用保险对国际贸易的促进作用体现在：第一，有利于企业防范和控制国际贸易风险。出口信用保险的过程是一个风险防范和控制的过程。投保前，保险机构要对贸易双方进行详细的资信调查，充分了解债权、债务双方的支付能力，为评估出口业务是否具有风险以及风险程度如何提供充足的证据。投保后，保险机构还能及时跟踪债务方的经营状况，一旦出现支付风险或者信用风险，保险机构能够及时向出口企业提出建议，如设定出口限额、改变结算方式、增加保值条款，甚至中断后续交易合同等，将风险控制在一定范围内。保险业务完成后，保险机构可以帮助企业建立较完备的客户档案，为企业总结经验提供资料，有助于增强企业的风险防范意识，并将其纳入企业的日常管理中，从而提高企业的整体管理水平。第二，有利于出口商采取灵活的贸易结算方式。随着国际贸易的发展和竞争的加剧，作为比较安全的信用证结算方式，由于手续繁杂、审查严格和成本较高，在很大程度上影响了出口的进一步扩大。为了简化手续，减少资金占用，节约流通费用，买卖双方越来越多地采用了非信用证付款结算方式，因此，在国际贸易中的风险随之加大，建立出口信用风险管理机制显得越来越重要。第三，有利于推进市场多元化战略。一国出口市场多元化战略能取得实质性进展，应该说出口信用保险发挥了重要作用。保险机构能根据各国的社会经济状况，对其信用风险程度进行合理的评估。同时，各国保险机构积极参与出口信用保险的国际合作，通过出口信用保险国际组织和其他国家的出口信用保险机构进行信息交流，对世界各国市场的风险和信用有较全面的了解。企业在保险机构的评估和建议下，有针对性地开拓新市场，开发新商品，为市场多元化战略提供有力的支持。

（二）国际货物运输保险在国际贸易中的作用

在国际货物运输过程中，保险也充当了国际贸易的“保护神”。国际货物运输保险，是人们同自然灾害和意外事故作斗争的一种经济措施。国际货物通过投保运输险，将可能发生的损失变为固定的保险费用支出，在货物遭到承保范围内的损失时，可以从有关保险公司及时得到经济上的补偿，这不仅有利于进出口企业加强经济核算，而且也有利于进出口企业保持正常的营业秩序，使贸易双方的合法权益不致因运输途中的不可抗力风险损失不能及时得到补偿而中断经济交往，从而有效地促进国际贸易的发展。

总之，保险已经成了国际贸易活动的“润滑剂”。保险与国际贸易已紧密地融合在一起，国际贸易发展到何等程度，国际航运推进到什么水平，保险便会提供相适宜的保障服务，而且正是海上货物运输保险、船舶保险、航空运输保险、飞机保险、出口信用保险等各种相关保险，有力地推进了国际贸易达到当今这样庞大的规模。

在新的经济条件下，国际电子商务作为一种新型的贸易方式，在世界贸易领域越来越显示出它的独特作用，它的效率是传统国际贸易所无法比拟的，它反映了现代信息技术带来的国际贸易过程的电子化。尽管如此，伴随而来的安全问题是开展国际电子商务所涉及的主要问题，因此，开展国际电子商务，不仅要面对原有的商业风险，同时还要面对技术风险，这无形中加大了国际电子商务的执行难度和风险因素，但是，通过保险机制的参与，这种新型的国际贸易方式必将扬长避短，共同促进国际贸易的发展和繁荣。

三、国际保险在资本流动中的作用

资本的国际流动是世界经济发展的必然趋势，而当前信息技术的快速发展和各国对金融管制的逐渐放松，使国际资本加速流动具备了良好的内在驱动力和外资环境，资本在全球范围内表现得相当活跃。目前，全球跨国公司总数已经超过 9 万家，跨国公司的生产总值已超过全球生产总值的 1/3。根据联合国历年的《世界投资报告》统计，全球对外直接投资在 1990 年为 2090 亿美元，2000 年增加为 1. 3 万亿美元，2019 年则为 1. 54 万亿美元。

上述统计数据表明，当今国际资本输出的规模已相当可观，而国际资本流动能达到如此规模，保险的作用不容忽视。这是因为在国际资本流动过程中，由于各国经济、社会、政策的差异和不断变动，会产生各种类型的风险，主要包括国家风险和经济风险。国家风险是指未能预期的执政、社会、法律等背景变化，导致投资环境的变动，影响对外直接投资的现金流动、利润及其他目标的实现。如东道国基于国家及社会公共利益的需要，对外国投资企业实行征用、没收或国有化，或因国际收支陷入困境，实行外汇管制，禁止或限制外国投资者将利润及其他合法权益汇回本国。或因东道国发生政局动荡、战事、内乱等，使外国投资企业或资产遭受重大损失，以致不能继续经营等。经济风险是指由于货币贬值、经营不善、估计错误等对外投资的商业损失。而这些属性的风险从单个企业经营管理来看，往往难以事先加以预测或事后弥补。因此，如何防范和化解对外资本抽出风险，往往需要借助投资保险，鼓励各国资本的国际流动，从而促进世界经济的稳定发展。

投资保险对促进国际资本流动的具体作用，可以分别从微观经济和宏观经济两个层面上解释。从微观经济层面看，投资保险可以确保海外投资企业稳定经营。通过风险分散、损失分担的原理，将从事海外投资的企业的经营风险通过众多企业加以分散和承担。以单个企业确定的小额保费来替代不确定的大额损失，以此来确保对外投资企业的稳定性。从宏观经济层面看，资本输出可以确保宏观经济福利的增长和发展。资本输出可以提高一国国民经济的增长水平和社会福利水平，而投资保险可以化解对外投资的信用等风险，从而可以稳定和激励企业对外投资的积极性，起到保证宏观经济进一步增长与发展的推动作用。再者，通过投资保险操作来鼓励资本输出，可以调节国内投资需求的不足，把过剩的国内储蓄转化为国际投资，可以起到稳定国内经济的总量平衡和结构平衡，摆脱国内投资不足的困境，从而达到促进经济增长的作用。所以，投资保险实质上是宏观经济政策的一个强有力的组成部分。

正因如此，世界上许多国家都成立了海外投资保险机构，以保障本国企业在对外投资中的合法权益。这些海外投资保险机构多由政府指定的官方或半官方机构办理，例如，美国的“海外私人投资公司”直属美国国务院领导，但完全按照公司的体制运营，该公司是主管海外投资保险事务的半官方机构。德国由两家官方机构——海尔梅斯信用保险公司和德国信托与监察公司负责经营海外投资保险，但是审批投保的权力则掌握在联邦经济事务部、财政部和外交部代表组成的部际委员会手中。日本由通产省负责实施海外保险制度，并由通产省企业局具体承办有关业务。此外，加拿大的输出开发公司、英国的输出信贷保证部、荷兰的信用保险公司、瑞典的出口信贷保险局、瑞士的输出风险保险局、法国的经济合作中央金库等，具体承办海外投资保险。

四、国际保险对经济安全的作用

国内外学者普遍认为，各类型保险产品会对经济活动的各个不同方面起到保障作用，因此保险能对经济安全起到维护与保障作用。其中，出口信用保险、海外投资保险、跨境运输保险（包括财产损失及责任保险）会对国际贸易安全产生积极影响；国际再保险、海外投资保险会对区域资金融通产生积极影响；跨境旅游及务工人员人身保险、跨境工程保险等险种会对区域国际民生安全产生积极影响；特殊风险领域保险，如巨灾保险、石油勘探保险、航空航天保险会对相应的特殊风险领域安全产生积极影响。

除保险产品外，保险人及被保险人的跨境保险行为同样与经济安全密切相关，而跨境保险不可能对经济安全的所有方面都产生影响，跨境保险对经济安全的影响主要在于国际贸易安全、资金流动安全、民生经济安全、特殊风险安全四方面，双方具体的对应关系如图 1-3 所示。

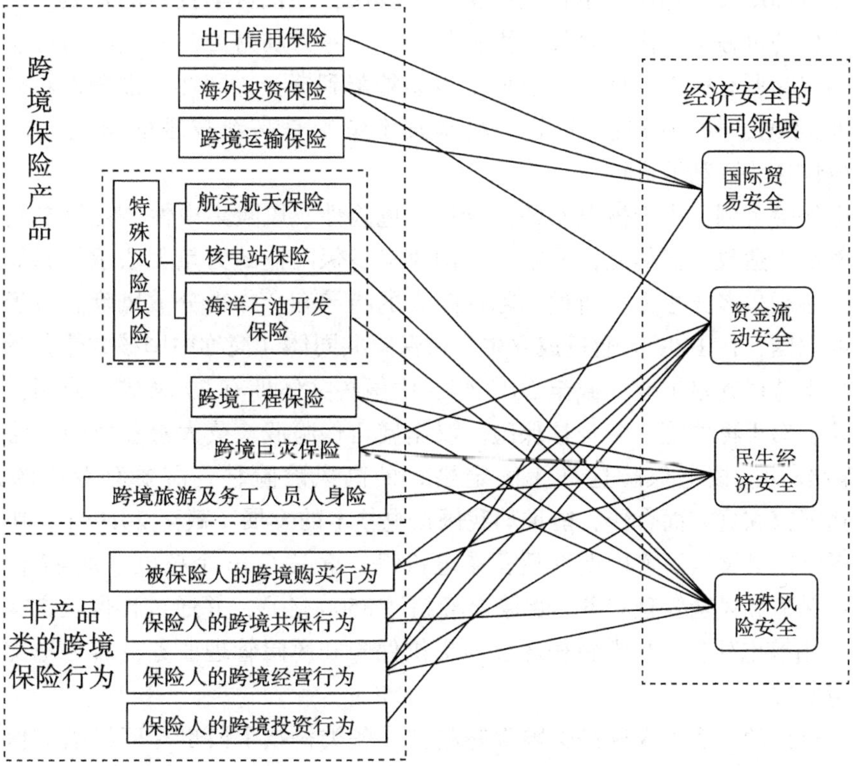

图 1-3　跨境保险对经济安全不同领域的对应关系

五、国际保险在促进科技发展中的作用

国际保险在当代科技发展中的作用已日趋明显，当今全球经济竞争在很大程度上是技术水平的竞争，任何一家企业必须拥有先进技术和新型产品才能建立国际竞争优势。因此，当今企业特别是大型跨国公司，无不集中力量进行研究与发展（R&D），以抢占未来科技和经济竞争的制高点。但是，现代科学技术发展日趋复杂，新技术的R&D日益增大，单个公司往往难以筹集到足够的资金；而且新技术的研制也蕴含着极大的风险，尤其是许多高新技术产业，从开始研究到新产品投放市场可能需要很长的时间。在市场不确定性和高风险项目开支不断增加的环境下，企业在筹集资金和承受可能失败方面的压力越来越大。因此，通过保险来分担高新技术发展的风险是现代科技发展的内在要求。即便如此，一国的保险企业也难以承担由此带来的风险，这是因为现代高新技术的R&D及其产业化具有高投入和高风险等特征，所以，大型的高科技企业往往通过跨国战略联盟的形式进行联合攻关，共同战胜高科技研制和产业化过程中所面临的资金、技术和风险难题。由此，国际保险是国际高新技术发展的有力保障。

国际保险对国际高新技术发展提供保障，将会对全球经济、科技和社会的发展产生积极的推动作用。首先，国际保险业务增强了高新技术产业投资的安全感。把高新技术研究、试制和产业化的风险让渡给愿意承担风险的保险人，高新技术的所有权人和投资者增强了进行高新技术创业资本投资的信心。其次，加快科学技术的发展。高新技术从研制到产业化的过程中，往往要投入大量的人力、物力和财力，一些成功可能性大的高科技项目会因为所有权人的项目保险而更容易筹集到资金；同样，投资人对自己投保的高新技术项目也会大胆投资。这样，科学技术特别是高新技术的研究、试制和产业化，能比较快速、顺利地进行。

以核电保险为例，由于核电站的复杂性、危险性、风险集中性，且核电站项目通常的保险金额都高达数十亿美元，通常一个国家自身保险业的力量无法承担起保障核电发展的任务，必须集多方之力，通过国际保险人的指导和合作来分散风险。对于核电事业迅猛发展的我国，在1999年通过成立中国核保险共同体（简称中国核共体）的方式，集国内外力量支持民族核工业。截至2019年，中国核共体拥有29家成员公司，其中也包括史带财险、瑞士再保险、劳合社保险、汉诺威再保险股、英大泰和财险、法国再保险等国际保险公司。核电保险这样无固定格式的高风险险种，需要有专门的技术和经验，和发达国家在这方面合作，能推动我国核电技术的发展。截至2019年，中国核共体的各类核保险产品覆盖了境内所有运营核电机组，承保了16个核电基地47台运行核电反应堆提供保障和风险管理服务，保险金额超过8500亿元，并通过再保险方式为全球超过70%的商用核电项目、核燃料循环设施提供保障和风险管理业务，有力地支持了国家核电运营与发展。

保险与科技的关系不仅仅是保险保障科技，各类科技手段也深度渗透进保险业、影响了保险业，同时保险业也拥有自己行业专属的“保险科技”。保险科技是已成为保险

市场的驱动力，保险创新层出不穷。如都柏林保险科技公司（Skytek）与怡安保险集团（Aon）于2019年开始合作，帮助保险公司监控实时海上风险，并为承保和再保险计划识别风险积累。双方利用地球观测技术、人工智能和机器学习技术来开发透明的算法，进而更准确地确定货物的风险暴露程度。再如2017年年底，英国保诚集团与新加坡星和电信公司合作，推出了一个基于区块链的中小企业数字交易平台——Fasttrack Trade（FTT），该平台能帮助中小企业找到业务合作伙伴和分销商，进行支付并追踪货物，以及购买保险。此次合作星和公司将为商业客户提供获得FTT服务的渠道，而保诚集团则提供保险选择。同时，新加坡众筹平台——Funding Societies也会作为P2P借贷方提供其他融资服务。这种“保险+电信+金融科技”的合作将为相关公司提供扩大客户群的机会，这是一个基于跨行业协作的数字生态系统，将改变商业模式并推动企业发展。

六、国际保险在促进国际旅游业发展中的作用

国际旅游是当今世界极为活跃的社会经济活动，逐渐成为人们生活中不可缺少的重要组成部分，国际旅游业已成为世界经济中发展势头较为强劲的产业。2020年，全球国际旅游总人数达7亿多人次，比1950年增加了26.7倍，国际旅游业收入达到4758.2亿美元。到2019年，全球国际旅游总人数增加到13.71亿人次，国际旅游业收入已达1.78万亿美元。旅游业的增长速度均高于同期世界经济的增长速度，也高于工业增长速度。国际旅游业尤其是因为高增值、高就业、高创汇、高效益的新兴产业特征，使其在世界经济及各国经济发展中占有越来越重要的地位。

国际旅游业的快速发展既与各国良好的旅游资源，同时也与旅游保险的发展紧密相连。人们到异国他乡观光旅游，希望踏上一条平安快乐之路，然而外出旅游总存在许多不确定因素，风险系数越大，事故越多，（跨国）旅游保险就是一种为保障旅游者外出旅游发生意外而推出的人身意外保险。各国的旅行社也充分运用旅行社责任保险转嫁风险，保障旅客安全。正是因为旅游保险的规范性发展，才推动了国际旅游的大众化和全球化发展，才促使现代国际旅游业逐渐成为一个相对独立的经济产业，成为世界经济中发展最快的新兴产业。

随着国际旅游业的发展，与旅游相关的各类代理公司和银行都纷纷渗透到国际旅游行业中，凭借其中的必然联系，有的通过投资掌握股权，将旅游公司转化为自身所属的子公司或孙公司，参与经营国际旅游业务，这为旅游保险市场的开拓创造了有利条件，同时也为相关商业和运输方面的保险开辟了保险资源。其中也不乏跨国合作，如旅游保险商及援助供应商——Generali Global Assistance于2017年年底与美国网约车服务平台——Lyft展开战略合作，为用户提供可靠且具有成本效益的地面运输解决方案。另一家与美国网约车服务平台——Lyft展开合作的是美国专业护理公司——CareLinx合作，两者的合作还探索更多潜在集成服务，创建了两者的合作还探索更多潜在集成服务。例如，Lyft已与美国专业护理市场CareLinx合作，创建了CareRides平台，使老年人也可以在专业护理人员的帮助下轻松预订网约车。

由此可见，当今世界的保险业与旅游业已融合发展，并出现跨国联合开发新险种，共同拓展市场和提高保险业全面服务质量的新趋势，从而进一步繁荣了国际旅游业。

复习思考题

1. 简答题：请说说广义的“国际保险”与狭义的“国际保险”概念的区别。
2. 简答题：学习国际保险学的意义。

第二章　东南亚保险学概述

东南亚保险学是国际保险学的一个组成部分，是特定在东南亚的国别范围下，研究保险资源跨国活动的科学。本章主要介绍了东南亚保险学的定义和作用，同时也介绍了东南亚保险市场对我国的意义。

第一节　东南亚保险市场对我国的意义

一、东盟保险市场层次多样，理论代表性强

为顺应研究背景，本章所要研究的国际化发展路径模式的研究范例选取，应当是偏向于发展中国家，且范例能体现出不同的发展层次，而东盟保险市场非常符合本研究的需要，理论代表性强。一方面，东盟各国保险业发展程度差异性很大，能体现出发达市场、中等发达市场、落后市场及原始市场等不同阶段的特点。东盟区域内有高度发达市场，如新加坡、文莱，其中新加坡已经作为世界性的保险业中心，市场高度发达，而文莱尽管整体保费收入不大，但人均保费水平居于世界前列。马来西亚、泰国的保险业发展比较发达，行业规范性强。印度尼西亚、越南、菲律宾尚在发展中、较为落后。老挝、缅甸、柬埔寨的保险市场处于初创阶段。因此，东盟区域内保险市场层次的多样性，能最好地体现各种研究理论。另一方面，就整体而言，东盟地区大多数国家是发展中国家，保险市场发展水平对比发达国家较为落后。这也符合研究的需要，本章研究的目的是基于当前中国企业国际化发展方向开始转向发展中国家，要研究出适应当前中国企业国际化背景的新发展路径，而东盟保险市场作为研究范例完全符合未来的方向。并且，东盟地区并非各方面都极度落后，以致相关统计不完善而无法保证研究科学性的区域。

二、东盟已成为中资保险企业的重要目标市场，且潜力巨大

随着“一带一路”倡议的推进，东盟地区已成为中国企业海外布局的优先及重点区域，也日趋成为中资保险企业海外布局的主要目标市场。目前，中资保险企业在东盟地区共有 16 家分支机构，涵盖了财产险公司、寿险公司、再保险公司、代表处机构和保险中介机构等不同类型，相比“一带一路”沿线其他区域，无论数量或类型都是最多的。此外，多家中资保险企业对东盟市场特别关注，如中国太平保险集团，涉足东南亚市场达 50 余年。另外，中国人寿的境外战略定位深耕港澳市场，并充分发挥新加坡分公司的

桥头堡作用，努力开拓马来西亚、印度尼西亚等新兴市场，中国人寿目前已经实现了对东南亚市场初步的布局。

三、东盟对中国具有重要战略地位，对策建议实施的可能性高

通过分析所得出的操作策略，如果没有机会付诸实践，那仅仅只是理论层面的空谈，这样的策略也没有现实意义。而东盟对中国具有特殊的战略地位，地区所受关注度很高，相关策略很有可能付诸实施。

对于中国而言，东盟地区的地缘地位极其特殊，东盟是“一带一路”沿线中唯一与中国陆路接壤、海上相邻的地区，并且中国—东盟自贸区的成立也使中国与东盟的利益关系连成整体。长期以来，中国与东盟国家经贸交往频繁，东盟各国对中国的经济依存度较高。近5年来，中国是柬埔寨、印度尼西亚、马来西亚、缅甸、新加坡、泰国、越南的第一大商品贸易伙伴国，是老挝、菲律宾的第二大商品贸易伙伴国。此外，中国与越南、菲律宾、新加坡等东盟国家的双边关系，决定着中国的和平发展是否拥有稳定的南海安全环境，因此东盟地区备受中国重视，相关国际策略建议的推行实施，会以东盟地区为先导。

四、东盟能代表“一带一路”沿线国家保险业的整体水平

在当前“一带一路”倡议向纵深推进的全球时代背景下，实体企业对于国际化发展目的地的选择，不再只局限于经济发展程度较高的欧美国家，越来越多的实体企业选择到“一带一路”沿线国家发展。东盟属于“一带一路”沿线地区，并且是“海上丝绸之路”的重要节点，中国已经将海外战略的很大一部分比重放在了东盟。因此，选取拓展东盟保险市场为研究范例，符合中国未来的整体国际化方向，具有研究指导意义。

第二节　东南亚保险学的概念及意义

一、东南亚保险课程定义

东南亚保险学是国际保险学的一个组成部分（分支），国际保险学主要以研究保险资源跨国流动所形成的国际保险关系的产生、发展和运动规律的科学。而东南亚保险是特定在东南亚的国别范围下，研究保险资源跨国活动的科学。

二、东南亚保险学的意义与作用

（一）能更好借鉴东南亚地区保险业的经验

尽管东南亚地区保险业整体落后于中国，但是也存在诸多亮点，如新加坡离岸保险

市场的建设、马来西亚塔卡福业务等，都值得我国学习与借鉴。

（二）能更好进行保险业的双边相互合作

中国东盟保险业需要加强合作的目的在于：更好地保障我国（双方）跨境务工、旅游人员人身利益；更好地保障中国（双方）在海外投资的利益、特别是保障“一带一路”工程项目；合作交流提升自身国家保险业发展水平；在全球行业中“抱团”以提升中国—东盟地区保险业的国际地位等。

（三）能使保险业更好地向东南亚地区拓展业务或进行直接投资

如中国的保险公司怎样到东盟国家销售保险（拓展自身业务）、中国的保险公司如何到东盟国家开设自己的分公司等。

专栏

东盟各国寿险市场的特点分析及我国公司的市场开拓策略建议

1. 第一类市场及策略（新加坡）

第一类市场为新加坡，该市场的特点是：经济发达、寿险市场发展程度高、寿险市场容量大、具有一定潜力、准入壁垒低。新加坡是东盟寿险行业发展水平最高、市场规模最大的国家，保险市场实行离岸市场和在岸市场分离制度，分为新加坡保险基金（SIF）和新加坡离岸基金（OIF），离岸保险市场业务量大于国内市场。新加坡注重利用其交通枢纽的有利地理位置以及发达的金融业和便利的自由港优势，接纳各国再保险公司，成为国际性再保险中心和离岸保险经营中心，许多外国保险公司都将其视为吸引亚洲各国业务的基地。

对于该类市场开拓策略建议：打造区域发展中心与开发当地高端市场策略。一方面，我国寿险公司应当利用新加坡优厚的离岸金融政策优势，将在新加坡建立的分支机构打造成为自身的东盟区域发展中心，逐步使业务辐射到其他东盟国家；另一方面，尽管新加坡国土面积较小，但经济水平与流动人口增速较快，新加坡国内寿险市场仍有一定发展空间。可采取高端寿险路线，主推高保费、高保障的理财功能寿险，利用其成熟的银保销售模式与经营环境推广高端寿险。

2. 第二类市场及策略（印度尼西亚）

第二类市场为印度尼西亚。该市场的特点是：国家经济与寿险市场发展程度一般、寿险市场容量与发展潜力巨大、准入壁垒较低。在东盟各国中，印度尼西亚国土面积最大、人口最多，华人人口比重很大，经济规模总量最大，经济增速较快，国家开放程度较好，中印两国已提升为战略伙伴关系。因此，印度尼西亚将是我国寿险公司市场开拓与业务发展的重点区域。

对于该类市场开拓策略建议：扩大规模、抢占市场策略。第一，积极开设寿险分支机构，加强分销渠道建设，提高网点覆盖率。第二，开发适应当地华人的寿险产品，既要开发低保费高保障的产品，如交通工具意外伤害保险，又要利用经营理财型寿险的经验优势，逐步占领印度尼西亚华人的高收入人群市场。第三，提供有辨识度的优质服务。印度尼西亚寿险市场的发展程度决定了其竞争层次已进入服务竞争阶段，我国保险公司应当提供更为优质、全面的服务以形成品牌效应。第四，拓展寿险下游产业链、创造更大的市场竞争力，如建立疗养院、医院和养老社区等。

3. 第三类市场及策略（马来西亚、菲律宾、泰国、越南）

第三类市场包括马来西亚、菲律宾、泰国、越南。该类市场的特点是：国家经济发展与寿险市场发展程度一般、寿险市场容量与发展潜力较大、准入壁垒不太高。该类市场的四国经济基础比较薄弱、寿险市场发展程度还有待提升，但人口总量较多、国土面积比较大，寿险市场容量和潜力是比较大的。切不可因为目前发展现状就忽视该类国家的寿险市场潜力，随着经济的发展与人民生活水平的提高，当地居民保险意识必将增强，这类的国家寿险市场前景将非常广阔。

对于该类市场开拓策略建议：长期渗透策略。第一，加强保险意识与企业形象的宣传，用生活化的概念引导当地居民认同寿险，宣扬互助、关爱与共济的文化核心。第二，采取低价格策略刺激投保，通过提高产品和信息的透明度，突出我国保险机构的性价比优势。第三，借助当地资源进行扩张，如以较高待遇聘用当地人做营销员，用他们的形象和生存状态去反映我国公司的品牌。第四，积极参与当地事务，如在当地行业协会中积极参与寿险行业指导性标准的制定工作。

4. 第四类市场及策略（柬埔寨、缅甸、老挝）

第四类市场包括柬埔寨、缅甸、老挝。该类市场的特点是：国家经济基础很差、寿险市场发展处在初级阶段、市场容量不大且增长缓慢、准入壁垒非常高。该三国经济水平落后、经济增速缓慢、人民生活贫困，没有建立起公平竞争的完善寿险市场。例如，柬埔寨《保险法》规定：国有及合资保险公司需由柬埔寨政府控股至少51%的股份，保险合同至少20%的份额向柬埔寨国有再保险公司分保。直到2012年5月柬埔寨首家寿险公司柬埔寨人寿（Aambodia Life）才正式成立，持股比例为柬方51%，亚洲保险、泰国曼谷保险等4家外资公司持股共49%；再如，截至目前，老挝只有6家保险公司、柬埔寨只有6家保险公司与1家再保险公司，可见寿险经营主体数量很少，准入壁垒很大。

对于该类市场开拓策略建议：持续观望、等待市场环境改善策略。尽管该类市场的国家拥有一定的市场潜力，但是不完善的投资环境、基础经济环境设施不足、不稳定的政策执行力、寿险行业标准缺失、投资风险较大等不利因素，近期不宜进入市场。

5. 第五类市场及策略（文莱）

第五类市场为文莱，该市场的特点是：经济水平发达，但寿险市场发展较差，市场潜力也不大、准入壁垒很高。文莱是东盟地区发展程度仅次于新加坡的国家，有着类似的地理环境与经济条件，人民的生活较为富裕。

对于该类市场开拓策略建议：放弃策略。在今后相当长的时间里，文莱都不适合我国寿险公司进行市场开拓。第一，我国寿险公司难以适应文莱的特殊的经济体制。文莱王室政府自独立以来对英国殖民时期的许多管理制度进行了民族化改造，不认可西方经济体制，因此耗费成本采取新方式去适应容量很小的文莱市场并不可取。第二，文莱市场准入壁垒过高。文莱寿险行业是为完善其金融体系与体现其国家价值核心服务，并非起到分散风险、提供保障功能，国内经营主体很少。第三，文莱社会福利过高使商业寿险发展空间很小。文莱国民教育、医疗全部免费，公民不用缴纳任何费用到 60 岁时便可领取养老金，商业寿险作用有限。

资料来源：陆峰．基于聚类分析的我国寿险公司开拓东盟市场策略［J］．保险研究，2015（2）：39-49。

复习思考题

1. 简答题：请说说东南亚保险市场对中国的意义。
2. 简答题：学习东南亚保险学的意义。
3. 简答题：请简述保险业对“一带一路”沿线工程如何进行保障。

第三章　东南亚保险市场概述

本章主要是对东南亚整体保险市场进行了概述性的介绍，主要介绍的内容有保险市场的发展历程、保费规模、经营主体、监管等发展现状以及东南亚保险业的主要特点等。

第一节　东南亚保险市场发展情况

一、经营主体

东南亚各国保险经营主体概况，详见表 3-1。各国中，保险经营主体数量最多的国家是印度尼西亚，财产险与寿险公司数量均突破 50 家，毕竟该国是东南亚第一大国，人口、国土面积和经济总量均占东南亚 40%左右。新加坡的保险经营主体数量居第 2 位，虽然从人口与国土面积上看新加坡是小国，但其作为发达国家，保险业非常繁荣。此外，泰国与菲律宾的保险经营主体数量也较多。保险经营主体数量较少的是柬埔寨、老挝、缅甸、东帝汶，尤其东帝汶是东南亚保险经营主体数量最少的国家，全国只有 2 家财产险公司，没有寿险公司。

表 3-1　东南亚各国保险经营主体概况

国家	保险经营主体数量情况
新加坡	2021 年，新加坡共有保险（集团）公司 125 家，其中财产险原保险公司 53 家、财产险再保险公司 33 家、寿险原保险公司 17 家、寿险再保险公司 4 家、综合性原保险公司 9 家、综合性再保险公司 9 家
马来西亚	2021 年，马来西亚保险市场共有保险经营主体 157 家，其中原保险公司 36 家、专业再保险公司 7 家、塔卡福保险公司 15 家、保险经纪公司 26 家、保险公估公司 51 家、金融顾问公司 37 家
泰国	2021 年，泰国保险市场共有保险公司 74 家，其中财产险公司 52 家，寿险公司 22 家
印度尼西亚	2020 年，印度尼西亚共有 148 家法人保险经营主体，其中寿险公司 59 家、财产险公司 77 家、专业再保险公司 7 家、社会保险机构 2 家、CSAFPPTPTA 保险机构 3 家；印度尼西亚共有专营塔卡福业务的公司 13 家，其中财产险 5 家、寿险 7 家、再保险 1 家。另外，印度尼西亚有保险与再保险经纪公司 202 家、保险公估公司 27 家
菲律宾	2020 年，菲律宾有保险公司（不含互惠协会）总数为 94 家，其中原保险公司 93 家，其中经营财产险业务的公司有 57 家，经营寿险业务的公司有 31 家，专业再保险公司 1 家
越南	2021 年，越南保险市场上共有 77 家法人经营主体，含保险公司 51 家，其中财产险公司 32 家、寿险公司 19 家、专业再保险公司 2 家、保险经纪公司 24 家。另外，外资险企在越南还设有 18 家代表处，其中财产险公司代表处 9 家、寿险公司代表处 6 家、保险经纪公司代表处 3 家

续表

国家	保险经营主体数量情况
文莱	2021年，文莱保险市场有7家已营业的传统保险公司，其中寿险公司3家、财产险公司4家，传统保险公估公司1家、经纪公司1家。文莱塔卡福保险公司有4家，财产险与人身险公司各2家
柬埔寨	2021年，柬埔寨市场有保险公司39家，其中财产保险公司18家、寿险公司14家、小额保险公司7家
老挝	2019年，老挝市场有22家保险公司，其中经营财产险业务的有18家，经营寿险业务的有10家
缅甸	2019年，缅甸共有23家保险公司，其中国有保险公司1家。本土私营保险公司11家，其中这11家都经营寿险业务、8家兼营产寿险业务、3家只经营寿险业务不经营财产险业务。100%外资寿险公司有5家，合资公司6家，其中合资财产险与寿险公司各3家
东帝汶	2021年，东帝汶共有2家保险公司，2家都是外资的财产险公司，东帝汶市场没有寿险公司

资料来源：编著者根据各国保险监管部门资料整理。

二、业务规模

东南亚各国的总保费收入级增长率、财产险及寿险保费收入、保险深度、保险密度、保险服务贸易进出口总额等行业基本指标的数据及排名详见表3-2。东盟各国保险业发展程度差异性很大，区域内既有高度发达的市场，如新加坡；也有比较发达、行业规范的市场，如马来西亚、泰国、文莱；也存在不太发达但潜力巨大的市场，如印度尼西亚、越南、菲律宾；还有处于初级阶段的市场，如老挝、缅甸、柬埔寨、东帝汶。其中，新加坡的发展程度已经居于世界前列，具有一定的示范效应，但落后的国家严重阻碍了东盟地区的保险业发展水平，柬埔寨、老挝、缅甸、东帝汶四国的保费收入相较于其他国家非常少，与新加坡相差了两个数量级，甚至都达不到1/100，只能算“长尾”的级别。

表3-2 东南亚各国保险业业务规模概况

国家	总保费收入（亿美元）		财产险保费收入（亿美元）		寿险保费收入（亿美元）		总保费增长率（百分比）		总保险密度（美元/人）		总保险深度（百分比）		保险服务贸易进出口总额（亿美元）	
	数值	排名	数值	排名	数值	排名	数值	排名	数值	排名	数值	排名	数值	排名
新加坡	441.6	1	98.1	2	343.5	1	14.5	2	6741	1	9.3	1	120.33	1
马来西亚	197.1	3	51.5	4	145.6	3	4.1	8	601	2	5.3	2	29.38	3
泰国	276.1	2	118.3	1	157.8	2	2.3	11	387	4	5.3	3	32.98	2
印度尼西亚	194.2	4	62.1	3	132.1	4	6.9	6	70	7	1.6	7	15.99	5
菲律宾	79.5	6	19.6	6	59.9	6	17.9	1	72	6	2	5	19.43	4
越南	93.3	5	25.2	5	68.1	5	12.9	4	142	5	2.3	4	7.11	6

续表

国家	总保费收入（亿美元）		财产险保费收入（亿美元）		寿险保费收入（亿美元）		总保费增长率（百分比）		总保险密度（美元/人）		总保险深度（百分比）		保险服务贸易进出口总额（亿美元）	
	数值	排名	数值	排名	数值	排名	数值	排名	数值	排名	数值	排名	数值	排名
文莱	2.4	9	1.5	8	0.9	8	3.1	9	535	3	1.8	6	0.09	10
柬埔寨	2.6	7	1.1	9	1.5	7	2.6	10	17	8	1.1	8	2.20	8
老挝	0.8	10	0.7	10	0.1	10	14.3	3	11	9	0.4	9	0	11
缅甸	2.6	8	2.3	7	0.3	9	4.6	7	4	10	0.4	10	0.26	7
东帝汶	0.045	11	0.045	11	0	11	12.5	5	3	11	0.2	11	0.18	9
东南亚合计	1290.2	—	380.4	—	909.8	—	11.3	—	191	—	3.9	—	227.95	—

资料来源：根据各国保险监管部门资料整理。

三、保险业务规模与中国的比较

（一）整体比较

就整体而言，2021 年东南亚 11 国的土地面积和人口数量约为中国的 45%，但 GDP 不足我国的 20%，人均 GDP 也仅约为我国的 40%。而东南亚 11 国的总保费收入为 1290.25 亿美元，其中财产险 380.40 亿美元、寿险 909.80 亿美元。而东南亚国家的保费收入约为我国的 20%，人均保费约为我国的 40%，这一比例与双方 GDP、人均 GDP 的比重相似。此外，两者的保险深度、保险服务贸易进出口总额基本相等（见表 3-3）。

表 3-3 2021 年东南亚与中国的经济及保险行业比较情况

数据类型	数据项目	东南亚整体	中国	东南亚整体/中国
经济数据	土地面积（万平方千米）	434.07	963.41	45.06%
	人口数量（百万人）	675.12	1412.60	47.79%
	GDP 总量（亿美元）	33407.86	177310.00	18.84%
	人均 GDP（美元）	4948.41	12274.00	40.32%
	GDP 名义增长率（%）	8.09	8.80	91.88%
	货物贸易进出口总额（亿美元）	35323.20	54642.59	64.64%
	服务贸易进出口总额（亿美元）	7243.37	8286.89	87.41%

续表

数据类型	数据项目	东南亚整体	中国	东南亚整体/中国
保险业数据	总保费收入（亿美元）	1290.25	6961.30	18.53%
	财产险保费收入（亿美元）	380.40	3306.70	11.50%
	寿险保费收入（亿美元）	909.80	3654.60	24.89%
	总保费增长率（%）	11.31	-1.70	—
	保险密度（美元/人）	191.11	482.00	39.65%
	保险深度（%）	3.86	4.00	96.55%
	保险服务贸易进出口总额（亿美元）	227.95	213.44	106.80%

注：除老挝保险数据为 2020 年、东帝汶货物贸易进出口总额数据为 2018 年之外，其余均为 2021 年的数据。

（二）国别比较

由于东南亚 11 国整体体量与中国尚有差距，因此单个国家与我国不具备可比性，在此选取延边省区广西为例，与东南亚 11 国之间进行比较分析。东南亚各国与中国广西的经济及保险行业比较情况见表 3-4。

将广西作为参照比较，广西的土地面积与老挝差不多，人口数量与缅甸差不多，GDP 总量与新加坡、马来西亚、菲律宾、越南处于同一集团，人均 GDP 比除新加坡、文莱、马来西亚之外的所有东南亚国家都要强，总保费收入和保险深度排在新加坡、泰国、马来西亚、印度尼西亚之后第 5 位，人均保费也处于第 5 位，保费增长率居于东南亚各国中游。将越南与广西比较，2021 年，越南的土地面积约为广西的 1.3 倍、人口约为广西的 2 倍，但 GDP 总量不如广西、人均 GDP 仅为广西的 1/2、总保费收入仅为广西的 3/4、人均保费为广西的 3/5。

为能直观地进行比较，以气泡图的形式呈现各国保险业发展规模情况，以 X 轴表示保费增速，Y 轴表示保险密度，气泡大小表示保费收入，见图 3-1。

观察图 3-1 有明显的特点，一是新加坡的“一骑绝尘”。由图 3-1 可见，新加坡的气泡体积（保费收入规模）最大，单独处在第一集团，并且独自高悬在上空，还处在右上角的位置，可见新加坡保险业的发达程度在东南亚是“一骑绝尘”的地位，不仅保险密度遥遥领先于所有国家，市场体量最大，并且增长潜力还不低。二是从气泡大小（保费收入规模）来看，马来西亚、泰国、印度尼西亚的大小差不多，处在第二集团。越南与菲律宾处在第三集团，作为比较分析的案例广西近似也处在第三集团。第四集团的文莱、柬埔寨、老挝、缅甸的气泡面积（保费收入规模）较小，老挝可以说不是气泡而是一个“点”，东帝汶甚至连“点”也看不到。三是从 X 轴（保费增速）来看，泰国、马来西亚等东南亚经济相对发达国家的保费收入增长速度不及菲律宾、老挝、东帝汶等相对欠发达国家，相对欠发达国家保险业的基本体量很小，因此相对增长会较为明显。四是从 Y 轴（保险密度）来看，新加坡一国独自领先，其余国家差别不大，均处在同一条水平线，仔细观察缅甸、老挝、东帝汶的气泡最小，几乎贴在了 X 轴上（接近于 0）。

表 3-4　2021 年东南亚各国与中国广西的经济及保险行业比较情况

数据类型	数据项目	新加坡	马来西亚	泰国	印度尼西亚	菲律宾	越南	文莱	柬埔寨	老挝	缅甸	东帝汶	中国广西
经济数据	土地面积（万平方千米）	0.07	32.86	51.09	181.16	29.82	31.01	0.53	17.65	23.08	65.31	1.49	23.60
	人口数量（百万人）	5.5	32.8	70.0	276.7	111.2	98.1	0.4	16.9	7.4	54.8	1.3	50.4
	GDP 总量（亿美元）	3970	3700	5060	11880	3940	3640	130	270	188	610	20	3836
	人均 GDP（美元）	72385	11267	7231	4291	3543	3710	29651	1610	2551	1108	1458	7616
	GDP 名义增长率（%）	7.9	3.7	1.7	3.7	5.8	2.6	1.7	2.2	2.5	−20.8	4.4	7.5
	货物贸易进出口总额（亿美元）	6543.30	6782.63	5688.95	4697.60	2743.00	7430.75	161.27	647.12	153.32	453.48	21.79	919.62
	服务贸易进出口总额（亿美元）	4529.08	561.09	894.18	422.42	526.51	227.13	10.74	27.36	3.77	38.63	2.46	—
保险业数据	总保费收入（亿美元）	441.60	197.10	276.10	194.20	79.50	93.30	2.40	2.60	0.80	2.60	0.05	121.04
	财产险保费收入（亿美元）	98.1	51.5	118.3	62.1	19.6	25.2	1.5	1.1	0.7	2.3	0.0	37.4
	寿险保费收入（亿美元）	343.5	145.6	157.8	132.1	59.9	68.1	0.9	1.5	0.1	0.3	0.0	83.6
	总保费增长率（%）	14.50	4.10	2.30	6.90	17.90	12.90	3.10	2.60	14.29	4.60	12.50	6.30
	保险密度（美元/人）	6741	601	387	70	72	142	535	17	11	4	3	240
	保险深度（%）	9.3	5.3	5.3	1.6	2.0	2.3	1.8	1.1	0.4	0.4	0.2	3.2
	保险服务贸易进出口总额（亿美元）	120.3	29.4	33.0	16.0	19.4	7.1	0.1	2.2	0.0	0.3	0.2	—

注：除老挝保险数据为 2020 年之外，其余均为 2021 年数据。

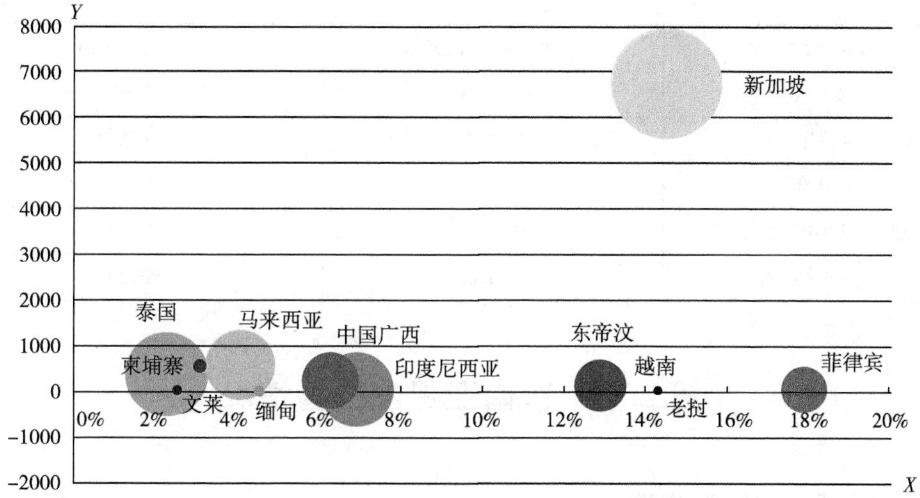

图 3-1　多地保费收入、保险密度、保险深度的气泡图

（资料来源：瑞士再保险公司“sigma-explorer”数据库）

四、保险业务规模与全球主要经济组织的比较

2021 年，全球总保费收入为 68605.98 亿美元，较上年名义增长率为 9.0%，其中财产险保费收入 38630.29 亿美元，寿险保费收入 29975.69 亿美元，全球保险密度为 874 美元/人，保险深度为 7.0%。东南亚的总保费收入占全球比重为 1.88%，财产险为 0.98%，寿险为 3.04%，东南亚的保险密度约为全球的 20%，深度约为 40%，但东南亚的保费收入增长水平高于全球 2.31 个百分点，可见东南亚保险业虽然基础较差，但未来发展前景是向好的。

将 2021 年东南亚收入保费规模与全球主要经济组织进行比较（见表 3-5），东南亚保费收入规模只比非洲地区好，但尚不足亚太地区、欧盟、北美、G7 等全球主要经济组织的 10%。与单一国家相比，尚不足全球第一的美国的 5%，与全球排名第 3~5 位的日本、英国、法国相比，仅为上述国家的 30%~40%。

表 3-5　2021 年东南亚保费规模与全球主要经济组织比较情况

经济组织	总保费收入（亿美元）	占比（%）
东南亚	1290.25	—
全球	68605.98	1.88%
亚太地区	18369.99	7.02%
欧盟	13024.02	9.91%
北美洲	29121.49	4.43%
非洲	741.90	1.74%

续表

经济组织	总保费收入（亿美元）	占比（%）
G7	44473.61	2.90%
美国（世界第1位）	27186.99	4.75%
日本（世界第3位）	4035.92	31.97%
英国（世界第4位）	3991.42	32.33%
法国（世界第5位）	2963.80	43.53%

第二节 东南亚保险监管情况

一、监管机构及基本法律

由表3-6可知，东盟十国均有相应的保险监管机构，并且有自己的保险业基本法律，但部分国家的保险业基本法律属于“第一代”阶段，初次草拟的法律在实施过程中必定需要调整。在偿付能力监管规则方面，新加坡、印度尼西亚、马来西亚、菲律宾、泰国采用的是RBC的资本监管模式，其中印度尼西亚的保险监管框架借鉴的是澳大利亚的监管模式，且得到了澳大利亚方的大力帮助。老挝、文莱、柬埔寨和缅甸采用的是类似于“欧盟Solvency Ⅰ”的监管模式。

表3-6 东盟各国保险监管机构及保险业监管制度

国家	保险监管机构	监管机构英文缩写	现行保险业基本法律
新加坡	新加坡金融管理局	MAS	2002年修订《保险法》、2002年《财务顾问法》
马来西亚	马来西亚国家银行	BNM	2013年《金融服务法》《塔卡福金融服务法》
泰国	保险委员会办公室	OIC	2008年《寿险公司法案》
印度尼西亚	印度尼西亚金融服务监管局	OJK	2014年《保险法》
菲律宾	菲律宾保险委员会	IC	2013年《共和国第10607号令》，对1978年《保险法》进行重要修改
越南	隶属财政部的保险监管局	ISA	2022年修订版《保险法》
文莱	文莱达鲁萨兰国金融管理局	AMBD	《保险令2006》《国际保险和塔卡福保险令2002》《机动车保险（第三方风险）法》《塔卡福保险令2008》《塔卡福保险规定2008》
柬埔寨	非银行金融事务管理部下设的柬埔寨保险监管局	IRC	2015年《保险法》

续表

国家	保险监管机构	监管机构英文缩写	现行保险业基本法律
老挝	财政部下属的国有企业管理、发展与保险司的保险管理处	ISD	2014 年《保险法实施令》、2011 年《保险法》
缅甸	金融监管部旗下的保险监督管理司	IRSD	1996 年《保险法》《保险业务管理规定》《保险与商业法》
东帝汶	东帝汶中央银行的金融体系监督司下设的保险监督处	DSS	《保险法》（2005 年第 6 号法令）、《关于一般保险公司的许可规定》（2007 年第 1 号指令）、《关于保险中介的许可规定》（2007 年第 2 号指令）、《机动车辆第三者强制责任保险的规定》（2010 年第 7 号指令）等

资料来源：笔者根据各国监管部门政策整理。

二、市场准入

东南亚各国对成立保险机构准入的资金要求见表 3-7，除了注册资金的要求外，其他诸如险种保证金、资本缴存规定等有同样重要的准入门槛。经过汇率换算，在东南亚大部分国家设立保险公司的注册资本金要求均小于 2 亿元人民币的标准，说明我国的保险公司都有去东南亚设立分支机构进行经营的实力。东南亚 11 国中，注册资本金要求最高的是越南，最低的是东帝汶。

表 3-7　东南亚各国保险机构准入的资金要求

国家	保险机构准入的资金要求			本国最高形式（勾选）	备注
	公司形式	当地货币（万元）	约合人民币（万元）		
新加坡	保险公司（只经营投连险或短期意健险）	SGD 500	2426		—
	保险公司	SGD 1000	4853		
	再保险公司	SGD 2500	12132	√	
马来西亚	保险公司/财产险再保险公司	MYR 10000	16038	√	—
	寿险再保险公司	MYR 5000	8019		
泰国	财产险公司	THB 30000	5985		每个险种要求 350 万泰铢的保证金，寿险公司保证金要求 2000 万泰铢
	寿险公司	THB 50000	9975	√	

续表

<table>
<tr><th rowspan="2">国家</th><th colspan="4">保险机构准入的资金要求</th><th rowspan="2">本国最高形式（勾选）</th><th rowspan="2">备注</th></tr>
<tr><th colspan="2">公司形式</th><th>当地货币（万元）</th><th>约合人民币（万元）</th></tr>
<tr><td rowspan="4">印度尼西亚</td><td colspan="2">传统保险公司</td><td>IDR 10000000</td><td>4812</td><td></td><td rowspan="4">—</td></tr>
<tr><td colspan="2">传统再保险公司</td><td>IDR 20000000</td><td>9624</td><td>√</td></tr>
<tr><td colspan="2">塔卡福保险公司</td><td>IDR 5000000</td><td>2406</td><td></td></tr>
<tr><td colspan="2">塔卡福再保险公司</td><td>IDR 10000000</td><td>4812</td><td></td></tr>
<tr><td>菲律宾</td><td colspan="2">保险公司（2013 年后新设）</td><td>PHP 100000</td><td>13005</td><td>√</td><td>除实缴资本外，还要满足分阶段提高净值要求；股东要注资到盈余贡献账户，并缴存保证金</td></tr>
<tr><td rowspan="10">越南</td><td colspan="2">在当地设立保险公司或跨境提供保险服务（总资产要求）</td><td>USD 2000</td><td>13068</td><td></td><td rowspan="10">综合对公司总资产的要求，在越南设立保险机构的最高资金形式为：总资产人民币 13068.4 万元加上缴存注册资本人民币 20077 万元</td></tr>
<tr><td rowspan="3">寿险公司</td><td>寿险业务、医疗保险业务</td><td>VND 60000000</td><td>17209</td><td></td></tr>
<tr><td>寿险、投连险与养老险业务二择一</td><td>VND 80000000</td><td>22945</td><td></td></tr>
<tr><td>寿险、投连险和养老险业务</td><td>VND 100000000</td><td>28682</td><td></td></tr>
<tr><td rowspan="3">非寿险公司</td><td>不包括航空与卫星保险在内的非寿险和医疗保险业务</td><td>VND 30000000</td><td>8605</td><td></td></tr>
<tr><td>包括航空或卫星保险（二择一）的非寿险和健康险业务</td><td>VND 35000000</td><td>10039</td><td></td></tr>
<tr><td>包括航空、卫星保险在内的非寿险业务、健康保险业务</td><td>VND 40000000</td><td>11473</td><td></td></tr>
<tr><td rowspan="3">再保险公司</td><td>非寿险和健康险再保险业务</td><td>VND 40000000</td><td>11473</td><td></td></tr>
<tr><td>人寿和健康险再保险业务</td><td>VND 70000000</td><td>20077</td><td></td></tr>
<tr><td>所有类型保险的再保险业务</td><td>VND 110000000</td><td>31550</td><td>√</td></tr>
<tr><td>文莱</td><td colspan="2">财产险/寿险公司</td><td>BND 800</td><td>3882</td><td>√</td><td>另外要缴存准备金 100 万文莱元</td></tr>
<tr><td rowspan="3">柬埔寨</td><td colspan="2">财产险/寿险公司</td><td>SDR 500</td><td>4603</td><td></td><td rowspan="3">要求注册资本缴存当地机构</td></tr>
<tr><td colspan="2">综合保险公司</td><td>SDR 1000</td><td>9207</td><td>√</td></tr>
<tr><td colspan="2">小额保险公司</td><td>KHR 60000</td><td>9500</td><td></td></tr>
<tr><td>老挝</td><td colspan="2">保险公司</td><td>USD 200</td><td>1307</td><td>√</td><td>要求注册资本缴存当地机构</td></tr>
</table>

续表

国家	保险机构准入的资金要求			本国最高形式（勾选）	备注
	公司形式	当地货币（万元）	约合人民币（万元）		
缅甸	财产险公司	UBK 4000000	19147		要求注册资本缴存当地机构
	寿险公司	UBK 600000	2872		
	综合保险公司	UBK 4600000	22019	√	
东帝汶	保险公司	USD 50	322	√	注册资本要求始终存放在东帝汶中央银行所授权的银行中
	保险经纪公司	USD 2.5	16		
	除保险经纪之外的其他保险中介机构	USD 0.5	3		

注：采用2021年汇率折合人民币。

资料来源：编著者根据各国保险监管部门最新准入规定整理。

三、经营限制

（一）投资限制

东南亚各国对保险业的投资限制政策如表3-8所示。

表3-8　东南亚各国对保险业的投资限制政策

国家	限制措施	法律法规依据
新加坡	对保险业无投资限制政策	—
马来西亚	保险业是被限制投资的行业，外资最多可持有保险公司以及伊斯兰保险公司70%的股权	根据世界银行《2019年马来西亚投资政策和监管回顾》整理
泰国	对于特定业务难以用增值税标准标定征税的，泰国法律采用以总收入为基础征收特别营业税（SBT），人寿保险业务企业为2.5%	泰国税务厅规定
印度尼西亚	对保险业无投资限制政策	—
菲律宾	在菲营业的人寿保险公司须按所收保费总额的5%缴纳比例税（比例税是对免征增值税的交易和经营主体进行征税的税种）	《菲律宾综合税收改革计划》（CTRP）
越南	1. 保险是限制投资领域，是有条件准入行业，具体行业包括保险与再保险、保险中介、保险代理、保险代理培训； 2. 越南仅允许特定行业设立分公司，寿险业不被允许设立分公司； 3. 保险是越南的A类投资项目，须由政府总理审批决定	1. 2016年修订版越南《投资法》； 2. 2016年《关于外商和外国旅游公司在越南设立代表处及分公司的规定》； 3. 2006年《投资法》《投资法实施细则》，2000年《外国人在越南投资指南》（第12/TT-BKH号）

续表

国家	限制措施	法律法规依据
文莱	对保险业无投资限制政策	—
柬埔寨	1. 保险公司是不符合优惠条件的行业（不宜申请 QIP 的项目）； 2. 柬埔寨要求财险公司安排再保险时必须将 20% 的风险保障转移给“柬埔寨国家再保险公司”； 3. 柬埔寨不允许外资企业直接设立分公司开展保险业务。外资企业与柬埔寨国有公司合资发起设立保险公司，柬方至少须控股 51%	1. 2003 年《柬埔寨王国投资法修正法》第 111 号法令附件 1 第 2 节； 2. 柬埔寨保险监管部门规定； 3. 柬埔寨保险监管部门规定
老挝	对保险业无投资限制政策	—
缅甸	对保险业无投资限制政策	—
东帝汶	对保险业无投资限制政策	—

资料来源：编著者根据各国公开政策整理。

（二）出单限制

东南亚各国对本土出单的限制政策如表 3-9 所示。

表 3-9　东南亚各国对本土出单的限制政策

国家	限制措施及法律法规依据
新加坡	尽管新加坡法律中没有相关规定，但未在新加坡注册的保险公司不能在当地从事保险业务。除个别情况外，所有保险业务均需在当地出单
马来西亚	马来西亚法律规定，保险必须从当地保险公司购买；基于风险暴露或者承保能力缺失原因，导致马来西亚当地无法提供承保的业务，当地监管者批准由无当地经营执照的保险公司承保。此类业务一般为：责任险、能源险、航空险相关的业务。 符合以下情况的，投保人可以向无当地经营执照的海外保险公司购买保险：非马来西亚注册的船及飞机、东盟国家的国际船体和货运风险、人身意外伤害保险；来自海外的赔款还需要征税。但是，此项规定并没有在现实中验证，因为在实际操作中马来西亚基本禁止无当地经营执照保险公司开展业务
泰国	未经授权的保险公司可能无法在泰国进行保险相关活动，但同时泰国当地并没有法律表明保险必须在当地获得授权的保险公司进行购买，因此，可理解为国外保险人可以签发当地保单，但是需要保证当地中介未参与其中（不允许当地中介协助参与，包括当地中介的海外机构）且该未经授权保险公司没有在当地进行经营
印度尼西亚	印度尼西亚有本土出单的法律监管要求
菲律宾	法律规定，船舶货运进出口业务的保险需要在当地授权保险公司（在菲律宾境外的情况）购买，或者得到监管当局同意的业务可以在境外非授权保险公司购买。 此外，未经授权的国外保险公司不得在菲律宾开展保险业务

续表

国家	限制措施及法律法规依据
越南	根据 2016 年 7 月 1 日生效的法令 No. 73/2016/ND-CP，越南规定所有保险业务均需在当地出单，同时该法令中指出“可能不允许在未批准的保险公司购买强制险”
文莱	虽然文莱法律法规没有强制当地出单的相关规定，但未经授权的保险公司不得在文莱从事保险活动
柬埔寨	目前，柬埔寨市场对于当地出单事宜仍以旧保险法律 NoNS/RKM/0700/02 为准，根据第 7 条的规定，除海运和航空货运外，所有业务均在本土出单
老挝	老挝法律规定，保险必须在当地授权保险公司购买（特殊情况除外）。 关于保单语种，一般要求出具老挝语保单，并可以出具另外一种语言的保单作为参考；关于保费币种，一般保单签发币种为老挝基普，但当地保险交易主要使用美元（强制机动车三者责任险除外），大型财产险、建工险、航空险、海运险通常使用美元作为保单币种；关于保费支付，保险公司规定 30 天内支付保费即可，但在实际操作中，往往要求在 7 天内支付
缅甸	缅甸有当地出单的法律监管要求，未经授权保险公司不得开展保险业务
东帝汶	政策不详

资料来源：编著者根据各国公开政策整理。

四、税费规定

（一）本土保险业的税费规定

东南亚各国对本土保险业的税费规定如表 3-10 所示。

表 3-10　东南亚各国对本土保险业的税费规定

国家	限制措施及法律法规依据
新加坡	所有财产险险种（包括水险、飞机责任险和健康险）都要按 7.0%征收产品服务税（GST）
马来西亚	针对被法律允许的无本土经营执照保险公司业务要征收预提税。预提税率为分出海外净保费的 1.2%。无本经营执照保险公司不用缴付消费税和印花税，无本经营执照保险公司汇往马来西亚的赔款需要征税。来自海外的赔款还需要征税。但是此项规定并没有在现实中验证，因为在实际操作中马来西亚基本禁止无本经营执照保险公司开展业务
泰国	对被保险人征收 7%的增值税，对保险公司征收保费的 0.1%作为保障基金、同时征收 0.05%~0.4%的印花税
印度尼西亚	对本土所有财产保险收取印花税，但税率较低，几乎可以忽略
菲律宾	针对所有经营财产险的保险公司征收监管费，费率各异；其余税种面向被保险人征收，针对财产险所有险种征收印花税（固定），每张保单 15 比索；对财产险征收增值税，税率为 12%，征收消防税，税率为 2%。此外，还征收地方税，在 0~0.75%的区间范围税率各异
越南	所有险种均被征收 10%的增值税，财产险保单和能源保单下强制的火灾和爆炸险按防火管理费 5%收取，但所有险种的保险保障基金收取比例不定
文莱	文莱不适用增值税，保险适用印花税税率，印花税通常会由保险公司收取后统一缴纳至财政部门

续表

国家	限制措施及法律法规依据
柬埔寨	保费税及其他费用比例约 5.5%
老挝	对财产险所有险种（含健康险、旅意险）征收增值税，税率 10%，且需由被保险人支付；对所有险种征收保单注册费，根据保费不同收取标准也不同，保单注册费收取金额在 1 万~5 万基普不等，且须由被保险人支付
缅甸	对所有财产保险按保费征收 5%的税款，按照保单险种征收不同的印花税
东帝汶	政策不详

资料来源：编著者根据各国公开政策整理。

（二）税收优惠政策

东南亚各国对保险业投资的税收优惠政策如表 3-11 所示。

表 3-11 东南亚各国对保险业投资的税收优惠政策

国家	政策措施	法律法规依据
新加坡	对保险业无特殊税收优惠	—
马来西亚	国际贸易公司如果在运营的过程中要使用马来西亚本地的（保险）服务，在同时符合其他相关条件下，公司出口增加值的 20%可用于冲抵最多 70%的法定收入，为期 5 年	马来西亚联邦财政部规定
泰国	对保险业无特殊税收优惠	—
印度尼西亚	对保险业无特殊税收优惠	—
菲律宾	对保险业无特殊税收优惠	—
越南	1. 越南对人寿保险、学生保险、家畜保险、植物保险和再保险业务不征收增值税； 2. 离岸（再）保险业务的增值税税目税率为“零税率”； 3. 越南仅允许特定行业设立分公司，“寿险以外的保险业”就是获允许的行业之一	1.《越南社会主义共和国增值税法》； 2.《越南社会主义共和国增值税法》； 3. 2016 年《关于外商和外国旅游公司在越南设立代表处及分公司的规定》
文莱	对保险业无特殊税收优惠	—
柬埔寨	保险服务是增值税豁免项目	柬埔寨税务部门规定
老挝	1. 保险是老挝“沙湾—色诺经济特区”“金三角经济特区”的项目规划之一； 2. 允许外资以合资或全资子公司形式经营保险业务，但必须有 5 年以上保险从业经验	1.《2011 年至 2020 年老挝开发经济特区和经济专区战略规划》； 2. 老挝 2014 年《保险法》
缅甸	企业的保险收入可减免所得税	缅甸税务部门规定
东帝汶	对保险业无特殊税收优惠	—

资料来源：编著者根据各国公开政策整理。

第三节 东南亚保险业的特点

一、各国发展不均衡呈现梯度性差距

东南亚各国保险业发展程度差异性很大，区域内既有高度发达市场，如新加坡；也有比较发达、行业规范的市场，如马来西亚、泰国、文莱；也存在不太发达但潜力巨大的市场，如印度尼西亚、越南、菲律宾；还有处于初级阶段的市场，如老挝、缅甸、柬埔寨。其中最发达一级——新加坡，其已经作为世界性的保险业中心，对东盟地区辐射性很强。比较规范、较为发达的马来西亚、泰国，对区域内部分国家也具有一定的示范作用，如马来西亚的塔卡福保险业对周边的印度尼西亚、文莱等国居民有示范作用。泰国在中南半岛也具有很大的影响力，因为中南半岛其他国家保险业极为落后，泰国曾开展多项对东南半岛其他国家保险业的支援帮助活动。

（一）总保费收入的梯度性差距

东盟各国保险业间的差距程度已经是跨越数量级的差距，在不同数量级上呈现明显的梯度性，为直观地看出东盟各国保险业的梯度性差异，选取保费收入总额与人均保费这两个保险业标志性指标的2012—2021年共10年数据，并依据梯度性依次剔除大数量级的国家、保留小数量级的国家来分析。

我们可以看出，东南亚多国的总保费收入水平大致分为四个梯队，第一梯队是：新加坡、泰国、印度尼西亚、马来西亚；第二梯队是：菲律宾、越南；第三梯队是：文莱、柬埔寨、老挝、缅甸；第四梯队是：东帝汶。其中处在第三梯队、第四梯队的柬埔寨、老挝、缅甸、东帝汶四国保险业发展历史较短，保费收入相较于其他国家来说非常少。

（二）人均保费的梯度性差距

东南亚11国人均保费的梯度性更加显著，呈现出五个梯队。首先，新加坡独自处于第一梯队，并且遥遥领先，说明其保险业发展程度明显优于区域内其他国家。马来西亚、文莱、泰国处于第二梯队，数量级是第一梯队的1/8。第三梯队包括印度尼西亚、菲律宾、越南，数量级是第一梯队的1/70、第二梯队的1/10。值得注意的是，从保险密度这一衡量保险发展程度的指标来看，印度尼西亚掉入了第三梯队，印度尼西亚的保险密度很低，这说明印度尼西亚的保险业并不发达，其只是自身市场容量很大，如果能让其保险业发展程度有“质”的提高，印度尼西亚保险业未来发展空间会更巨大。老挝与柬埔寨处于第四梯队，仅为第一梯队国家的1/700左右、第二梯队的1/100左右、第三梯队的1/10左右。第五梯队是缅甸与东帝汶，处于最差水平。

综上比较，东盟各国保险业发展是极为不均衡的，特别是对于柬埔寨、老挝、缅甸、东帝汶四国，甚至人均保费不足10美元，且主要是来自财产险的贡献，这些国家国土面积与总人口比新加坡要大得多，而保费收入规模却只有新加坡的零头，足以体现在东盟区域内部保险业发展差距之大。

二、保险业发展历程差异较大

东南亚地区社会形态、历史、文化等差异巨大，因此各国保险业的发展历程也不尽相同，有历史很长的，有历史很短的，也有发展很曲折的，总结起来东南亚各国保险发展历史有如下三种类型。

（一）曲折发展类型

东盟部分国家保险市场的发展情况，与我国保险业的发展历程十分类似，即“旧时期保险业—国家独立后停止保险业—行业恢复垄断经营—引入民营打破垄断—对外开放吸引外国公司”的过程。

如缅甸，最早的保险业是从被殖民统治时期开始，而后在1963年国家完成了独立，新中国成立后对缅甸所有保险公司进行国有化，并在此后停止了保险业。直到1993年，设立了国有性质的保险公司——缅甸国家保险公司进行垄断经营，2013年引入民营资本，12家本地民营保险公司创建，打破垄断局面。缅甸保险业正逐渐对外开放，虽然缅甸政府暂时不允许外资公司或合资公司经营保险业务，但从时代发展历史趋势来看，在不久的将来缅甸保险业成熟的情况下，必然会允许外资保险公司的进入；印度尼西亚也类似，在其国家独立前，市场上曾有近百家外国开办的保险公司，但随后印度尼西亚政府对外资企业实施国有化政策，致使很多外资保险公司被没收或停业。后来直到20世纪60年代末，印度尼西亚进行保险市场改革，鼓励私营和外资保险公司发展，国内外私人资本才陆续返回印度尼西亚市场；再如柬埔寨，在其殖民时代，法国保险公司就创立并占据了该国保险市场。1956年，柬埔寨独立，国内的保险公司逐渐取代了外资保险公司，但自1970年开始柬埔寨常年内战，保险业的基础设施遭到毁灭性破坏，保险业基本失去作用。直到1992年，内战结束，国家重建经济秩序，国营财产险公司成立、恢复了保险业。2001年，开始市场经济体制改革，第一家民营财产保险机构获准设立，才打破了一家垄断。

（二）纯初创发展类型

东盟有的国家保险业历时不长，就是在近30年内发展创立的，这个过程大致也都是“国有独营—在国内引入民营打破垄断—对外开放吸引外国公司”的过程，这些国家的保险业普遍不发达，有的甚至处于一种“原始”阶段。如越南1965年才由国家组建第一家保险公司保越保险公司，此后30年，该公司一直独家垄断越南保险业，1993年越南颁布法令才开启了市场化之路，直到1998年寿险市场才初步形成。第一家外国保险公司加拿大宏利 1999 年才进入越南。至今，越南保险业仍不发达。老挝则是在 1991 年，政府与法国 AGF 保险集团（后被德国安联收购）共同出资下才建立起第一家保险公司——老挝国家保险公司，目前老挝全国只有 6 家财产险公司与 3 家寿险公司。

（三）长期发展类型

东盟有的国家保险业发展历史较长，经历了几十年甚至上百年的发展，至今保险业也比较发达。如新加坡，目前是东盟乃至全球的金融保险区域中心。如马来西亚，保险业发展程度在东盟国家中仅次于新加坡，其国内保险业始于 1860 年，已走过百余年的发展历程。如泰国，国内保险业始于 1930 年，但当时主要是外国保险公司开办业务，到 19 世纪 60 年代后，民族保险业得以逐步发展，1993 年泰国对外开放保险市场。泰国的保险业虽经历了几起几落，然而发展至今，其总保费量一直居于东盟之首，排在新加坡与马来西亚之前。

三、商业保障形式多样化

东南亚的文化和政体非常多元化，可以说集成了全球所有不同的文化和政体类型，全球任何一种政体都能在东南亚这一个区域中找到。另外，东南亚地区经济普遍不太发达，传统保险行业提供的保障门槛较高，也并不完全适合当地国情。因此，在多元化以及经济欠发达的双重作用下，东南亚各国的保险形式非常多样化，除了传统保险外，还存在多种“类保险”业态，并且彼此或互补或替代，但能保持平行发展，都为国民提供了有力保障。

四、各国保险公司相互之间有一定的直接投资

东盟区域内部的保险业之间也跨国构建合资保险公司，但是一种单向的流向，即只有从保险业发达的国家到不发达国家，没有反向的“回流”，而且东盟国家内部相互交流与渗透也较为有限。

例如，越南投资发展银行保险公司于 2008 年与老挝外贸银行合资成立的老越保险公司长期保持着老挝市场规模的第 2 位，于 2009 年与柬埔寨投资发展公司合资成立的柬越保险公司也同样是当地市场名列前茅的公司；马来西亚保险公司与柬埔寨当地最大银行合资建立 Campubank Lonpac Insurance；泰国亚洲保险集团与 MS&AD 集团出资成立的 Asia Insurance Plc.；马来亚银行下属的 Etiqa Insurance 保险公司在新加坡、印度尼西亚、菲律宾、柬埔寨都设有分公司。再如，泰国有 2 家寿险公司和 7 家财产险公司在老挝进行运营。除此之外，在柬埔寨、越南、印度尼西亚、菲律宾，都有泰国保险公司和当地的企业建立的合资公司。

东盟区域内这些国家的做法，就是为了抢占老挝和缅甸保险业竞争相对缓和的良好局面的市场。但基本是从经济较发达国家走向经济较落后国家，没有反向的路径，无法

形成良性循环。

五、大部分国家保险服务贸易逆差严重

东盟各国的保险服务贸易进出口额，除新加坡较为平衡，多年来能保持在 50%左右的水平外，其余的大部分东盟国家都是进口远远大于出口。

新加坡的保险服务贸易进出口额能长期保持各 50%左右的平衡，这也是其发展离岸保险业务、作为区域乃至世界离岸保险中心的结果。除新加坡外，还有马来西亚、印度尼西亚、文莱三国的保险服务贸易出口额比重超过 10%，其余国家都不足 10%，缅甸和东帝汶年度内没有保险服务贸易出口，老挝甚至年度内没有产生保险服务贸易进出口。老挝、缅甸、东帝汶三国，推测在实际操作中便是外援的工程及外国的劳务，都是在母国国内购买保险，导致了保险服务贸易出口的“零封”。

大部分东盟国家保险服务贸易逆差严重的现象表明了东盟自身保险业不发达，迫切需要域外地区提供保险服务，域外国家无论是直接设立分支机构，还是以间接形式进行涉外业务，所提供的保险服务质量都是优于东盟国家本身的，只有域外国家保险业的参与，才能使东盟自身保险业发展得越来越好。

专栏

中国太平保险集团东盟保险服务中心的创设

2019 年 5 月，中国太平保险集团与自治区政府签署新一轮战略合作协议，开启共同建设面向东盟的金融开放门户新篇章。中国太平保险集团广西分公司按照自治区政府打造金融开放门户核心区和金融要素集聚区的战略规划要求，及时向集团提出在南宁设立面向东盟的区域性总部的建议和方案，并取得自治区政府和广西银保监局的大力支持。

9 月 21 日，中国太平保险集团东盟保险服务中心正式揭牌运营，实现了全国性金融机构在广西设立区域性总部“零的突破”，是中国太平优化在东盟地区国际化布局的平台，更是中国保险行业创新运用两个市场、两种资源提升全球竞争力的重大探索实践。

中国太平保险集团东盟保险服务中心作为国内保险业在广西设立的第一个区域性总部，体现出四大成效。

强统筹、优布局、提升竞争力。该中心的设立旨在加快和优化中国太平保险集团在东盟地区的国际化布局，统筹整合国内外两个市场、两种资源，提升经营水平，铺设合作网络，扩大市场影响，提升国际竞争力。目前，中国太平保险集团在新加坡、马来西亚、泰国和印度尼西亚 4 个国家设立机构。

强保障、化风险、建立共保体。中国太平保险集团将以东盟保险服务中心成立为契机和平台，更进一步发展与东盟保险主体的战略合作关系，完善跨境风险保障体系，构建共保体。

强创新、重研发、打造孵化器。该中心以研发和创新领航发展，正积极探索与地方

政府共建保险创新实验室，着力打造保险产品和服务创新的孵化器。

强培育、搭平台、打造特战队。该中心将发挥中国太平国际化人才的专业培养和管理，打造一支适应国际化竞争的市场特战队，为中国太平推进东盟市场和境外机构的发展提供人才保障与支撑。

创新点一：工作机制创新。在广西分公司成立门户领导小组，直接向集团领导指定的专员联络汇报。坚持编写工作简报将工作进展情况上报集团，特事、急事发送专报，确保集团领导随时准确掌握推进情况，为项目推进定向把舵。

创新点二：管理布局创新。东盟保险服务中心可借助广西的区位优势，优化中国太平在东盟地区战略布局，着力打造服务中国与东盟合作的专业平台，促进跨境业务综合服务水平的提升，推动跨境保险业务高质发展。

中国太平东盟保险服务中心自2019年9月18日揭牌成立以来，为越南、新加坡、泰国、柬埔寨、印度尼西亚及马来西亚6个东盟国家和1个非洲国家（加蓬）的12个重大中资项目提供风险保障87.6亿元，包括越南第一座现代化生活垃圾发电项目光大越南芹苴项目、新加坡唯一燃煤电厂大士能源项目、泰国曼谷机场铁路连接项目等，实收人民币保费将近700万元，成为太平保险集团海外业务的重要来源之一。

复习思考题

1. 简答题：你是否去过东南亚国家？如果去过，你对东南亚国家的印象如何？如果没有去过，东南亚给你的感觉是怎么样的？

2. 简答题：请简述东南亚保险业发展的主要特点。

第四章　中国与东南亚保险业的双边合作

本章是对中国与东南亚保险业双边合作的介绍，分别从双边行业主体及监管部门合作、双边跨境保险业务合作、双边保险机构商业存在三个方面进行介绍。

第一节　双边行业主体及监管部门合作概况

一、经营主体之间合作概况

以下为近年来中国与东南亚之间保险公司层面的重要合作交流案例，每项合作事件均实现了合作协议的签订。

2018 年 9 月 7 日，中国人保财险与越南保越保险公司在南宁签署战略合作协议。双方同为各自国家市场第一大财产保险公司，缔结全面战略合作协议是积极响应国家“一带一路”倡议、深入推进公司国际化战略、深化中国—东盟区域间保险合作的标志性事件。协议的缔结必定为中越两国双边贸易、对外投资合作和沿边金融开放等提供更加完善的风险管理解决方案和更加优质的保险保障服务，也为中国—东盟国家间保险交流合作提供样板。近年来，中国人保财险也在不断持续推进与越南保越保险公司的战略合作：一是设置境外机构，专门设立了越南海外保险办事处，常驻越南河内，专门负责处理跨境保险业务承保理赔相关事宜，能有效推动和协调跨境保险业务开展；二是与越南公司签署合作协议，双方就“中越出境车辆保险代查勘、代定损合作协议”，相互委托及提供出入境机动车辆交通事故境内和境外双向报案通道，提供代查勘、代定损、理赔协调、保险公估等高效便利服务，为双方跨境车辆提供全方位的方便快捷保险保障。

2018 年 11 月 26 日，华安保险广西分公司与越南金胜公司在广西凭祥保税区签订保险理赔服务合作协议。后续将利用有利政策并充分发挥自身优势，更好地为跨境业务提供高效服务。协议的签订，对双方是非常有利、有益的好事，无论是在越南还是在中国，提供完善的跨境风险管理和保险服务，都具有重要的意义，既能提高双方合作企业的业务，也能促进中越保险业迈入友好、健康、互利共赢的大好局面。2019 年 5 月 30 日，中国华安保险广西分公司与越南北宁邮政保险公司跨境合作签约仪式在广西凭祥综合保税区申报中心大楼举行。后续将以广西凭祥综合保税区为平台，通过在综保区设立保险服务点，从出入境车辆的车险、商贸财险类的责任险到货运险、外籍务工人员意外险等方面与越南北宁邮政公司实现跨境保险服务的全面合作，共同探索建立国内保险机构与东盟的对接机制，进一步推动建设东盟国际保险交易市场。越南邮政保险总公司是越南保险行业的龙头企业，尤其是在车险业务方面有着出色的成绩和良好的口碑。双方以广西凭祥综合保税区为平台，强强联合推出跨境保险，对跨境经济合作起到保驾护航作用，有助于推进地方发展其他跨境金融业务，是凭祥综合保税区加强面向东盟的跨境保险合作，贯彻落实广西建设面向东盟的金融开放门户总体要求的举措之一。

二、监管部门之间合作概况

广西与东盟保险监管及行业论坛交流合作最重要、最高规格论坛是中国—东盟保险合作与发展论坛，该论坛是由中国保监会和广西区政府在2015年共同发起成立的，并作为中国—东盟博览会的重要组成部分，每年定期在南宁举办。迄今已经成功举办7届，论坛已逐步发展为深化中国与东盟及亚洲周边国家和地区保险领域交流合作的一个重要机制，对服务中国—东盟经贸关系发展、支持“一带一路”工作开展、促进亚洲区域保险监管合作交流发挥了积极作用。特别是在2020年以后，主办方已克服困难，在线下成功进行两次会议。除2020年之外，都做到了在每年一度的中国—东盟博览会期间举办中国—东盟保险合作与发展论坛。一年一次频次仍较低，应加强各个层级，而非只是高层级的合作，后续双方还应当形成长期性的固定监管合作机制。历届论坛的相关概况如表4-1所示。

表4-1　历届中国—东盟保险合作与发展论坛概况

届数	时间	举办地	主题	中方主要参与者	外方主要参与者
第一届	2015-09-16	广西南宁	加强偿付能力监管交流、深化区域保险监管合作	中国保监会副主席陈文辉、广西壮族自治区副主席蓝天立、中国保监会财会部副主任赵宇龙，中国保险行业协会、中国保险学会、相关保险公司负责人等业界代表	柬埔寨、菲律宾、老挝、马来西亚、缅甸、新加坡、泰国、越南8个东盟国家的保险监管机构负责人
第二届	2016-09-19	广西南宁	开拓创新，探索中国与东盟保险监管合作新思路	中国保监会副主席陈文辉、广西壮族自治区常务副主席蓝天立	新加坡、缅甸、老挝、柬埔寨、泰国、斯里兰卡、巴基斯坦8个国家和地区的保险监管机构负责人
第三届	2017-09-07	广西南宁	互利共赢，“一带一路”中国与东盟保险合作新机遇	中国银保监会副主席梁涛、广西区政府副主席丁向群，中国保险行业协会、中国保险学会等保险业界代表	老挝、缅甸、菲律宾、泰国等东盟和“一带一路”沿线国家和地区的22名保险监管机构高级代表

续表

届数	时间	举办地	主题	中方主要参与者	外方主要参与者
第四届	2018-09-07	广西南宁	互动融合：推进区域保险监管合作服务“一带一路”建设	中国银保监会授权代表姜波、广西区政府副主席丁向群，中国保险行业协会、中国保险学会代表	老挝、缅甸、菲律宾、泰国等9个东盟和“一带一路”沿线国家和地区的32名保险监管机构高级代表、东盟保险理事会
第五届	2019-09-16	广西南宁	服务亚洲区域保险深度合作、开创面向东盟保险开放新局面	中国银保监会副主席梁涛、广西区政府常务副主席秦如培，银保监会相关部门、国内部分保险机构高管人员	越南、老挝、泰国、柬埔寨等东盟和“一带一路”沿线国家和地区的保险监管机构高级代表和银保监会相关部门、马尔代夫代表等
第六届	2021-09-08	广西南宁	全球大变局下中国东盟保险合作与开放	中国银保监会副部长级干部于学军、广西区政府常务副主席秦如培	新加坡、泰国、韩国、巴基斯坦、尼泊尔等国代表线上出席
第七届	2022-09-14	广西南宁	构建东盟保险共同体，推动RCEP高质量实施	中国银保监会首席风险官刘福寿、区政协副主席何辛幸、广西财经学院等专家学者、保险监管机构代表、保险业界人士	东盟国家保险监管机构、亚洲保险监督官论坛（AFIR）成员机构、RCEP成员国的监管代表线上出席

第二节　双边跨境保险业务合作概况

一、跨境保险概念界定

“跨境保险”的概念形成于市场实践中，目前国内外尚无一致性界定。从实践的角度认为“跨境保险”概念有狭义和广义之分，狭义口径的跨境保险是指服务相邻国家特别是接壤国家之间经贸往来的保险业务，主要是围绕边境口岸开展的车险、意外险、货运险以及保障双边出入境人员的相关人身保险。

广义口径的跨境保险是指保险产品内涵或保险合同的构成要素有国外因素，或保险活动向本国以外的其相邻国家或诸多相邻国家的延伸。因此，广义的跨境保险形式又有以风险跨境转移为特征、以保险标的跨境为特征和以跨境经营活动为特征三类。具体业务也包括三类：一是本国直保公司与其他保险公司就同一保险标的共同承保组成跨境共保体、直保公司的国际分保业务、再保险公司跨国提供再保险。二是保险人承保的标的在其相邻国和保险人销售的保险产品所保障的对象是居住在本国的相邻国的外国人或外国企业，如涉外财产损失保险、各类涉外责任保险、涉外人身险等。三是跨国销售保险产品、跨国设立保险机构（保险公司、再保险公司、保险中介机构等）、跨国保险资金运用、跨国提供保险服务等。

本节所阐述的跨境保险仅指狭义口径的跨境保险。

二、中国与东盟国家的跨境保险业务发展情况

（一）业务发展迅速

目前，中国与东盟国家开展的跨境保险险种主要有跨境车辆保险、货物运输保险、跨境旅游意外保险、自驾游综合保险、跨境劳务人员人身意外险等特色保险产品，并为“走出去”企业提供了风险统保平台。

自2013年始，广西在跨境机动车辆保险方面率先探索、先行先试。2013年4月，广西根据中越两国两个有关汽车运输协定的议定书，相关部门出台的《关于中方出境车辆办理境外责任保险业务工作的通知》，要求自当年6月起所有出境中方车辆、公务用车，均应办理第三者责任保险，实行当月，中国平安保险公司广西分公司出境车辆保险项目成功上线销售，并接下首张自治区公务出境考察访问车队保单。2013年，在东兴、凭祥两个核心口岸开展了出境车辆的境外责任保险。为适应沿边经贸发展及通关便利化要求，保险公司不断完善产品方案，改造升级业务流程，创新优化服务载体，跨境车险得到了广大车主的认可及相关政府部门的肯定。2017年，中国保险行业协会正式发布了《机动车出境综合商业保险示范条款》，为中国境内注册机动车在境外约定区域内行驶，提供了具有广泛适用性的跨境机动车辆保险示范条款和操作实务。

以广西为例，跨境机动车辆保险方面：2019年，广西为8.60万辆次的跨境车辆提供了保额为79.4亿元的跨境车辆商业险服务。2020年，为6.06万辆次车辆提供了保额为58.68亿元的跨境车辆险，有效地保障了区域的国际贸易安全。跨境意外伤害保险方面：2019年，广西为15.27万人次的跨境劳务人员提供了保额为271.10亿元的跨境意外伤害险服务。2020年上半年，为0.42万人次提供了保额为7.94亿元的跨境务工人员意外险，有效地保障了区域的民生经济安全。出口信用保险方面：2019年，中信保广西分公司支持面向东盟出口保额1.22亿美元，支持面向东盟“走出去”项目保额超过20亿美元。2020年，为广西企业提供了进出口货运险业务6.02万单、保障达58.13亿元，服务企业2121家，年承保“走出去”项目保额20.22亿美元，有效地保障了区域的资金流动安全与特殊风险安全。

（二）多项政策支持跨境保险创新发展

中国与东盟国家发展跨境保险业务也得到了国家与地方省份多项政策的支持。由于中国与东盟地区的合作以及东盟区域稳定是关系到“一带一路”倡议推进和保障西部陆

海新通道畅通的国家战略问题，2018 年 12 月 28 日，经国务院同意，由国家发展改革委、财政部、人民银行等 13 部门联合发布了《广西壮族自治区建设面向东盟的金融开放门户总体方案》（以下简称《门户方案》），目前该方案已上升为国家战略。《门户方案》文件分为总体要求、主要任务、保障措施三个部分。“保险”一词共计出现 10 次，且专门为保险业制定了一大任务，其中在“九大任务”第四条中明确提出要加强面向东盟的跨境保险合作，该任务下又包括两条关于保险的专项任务。

2021 年 1 月，南宁市金融办出台《跨境保险创新联合实验室管理办法》，由南宁市人民政府联合中国太平东盟保险服务中心共同发起成立的跨境保险创新联合实验室具体试行。联合创新实验室的运作模式是通过优化资源配置，搭建政策沟通平台、政保企联合互通平台、保险创新培育平台、保险从业者和学者专家学术研究交流平台，打造面向东盟的高端智库；通过政策研究、保险产品和服务创新、面向东盟的保险合作机制创新，提升广西自贸试验区及面向东盟金融开放门户的保险综合创新能力、服务实体经济能力和对外开放水平。

（三）一系列试点效果良好，但业务过于集中在试点地区

中国与东盟开展的跨境保险合作主要发生在广西壮族自治区和云南省，近年来中国开展了一系列跨境保险的试点工作，取得了良好的效果。

第一，2014 年 10 月，中国平安财产保险中国东盟（东兴试验区）跨境保险服务中心在东兴市挂牌成立，成为全国首家跨境保险服务中心。并于 2015 年 3 月出台了外国务工人员意外保险方案，2016 年开发了跨境车险产品及外来务工人身意外险。截至 2019 年 8 月 30 日，平安产险广西分公司累计为中越跨境车辆提供了超 4.3 万辆次的保险保障服务，保险金额累计达 34.7 亿元，日均有 30~40 笔业务完成出境车辆保险投保。

第二，2016 年，在广西崇左市启动了跨境劳务人员人身意外保险试点。2017 年，中国人寿崇左分公司首先入驻凭祥境外边民务工管理服务中心，并于同年 8 月正式出单跨境劳务人员人身意外险，后提升保障水平，增加了 1 万元猝死保障和 3000 元的疾病住院医疗责任。从 2017 年 8 月至 2019 年 9 月，仅凭祥就累计承保跨境劳务人员 28.17 万人次、保额 495.36 亿元。并且中国人寿崇左分公司还提升了对跨境劳务人员的保障水平。调整后的崇左市跨境劳务人员保险方案在不提高保险费的前提下，增加了 1 万元猝死保障和 3000 元的疾病住院医疗责任，对旧方案仅承担意外伤害保险责任进行了补充。通过保险试点工作对跨境劳务人员的保障作用，极大地缓解了崇左市运输、红木加工、蔗糖业、纺织行业劳动力紧张的局面。

第三，2018 年年底，在广西全辖启动关税保证保险改革试点，首批关税保证保险试点助力 6 家企业价值超 5700 万元的货物实现快捷便利通关，时间缩短至原有的 1/9，节省通关保证金近 1000 万元，极大地帮助进口企业提高通关效率和节约资金成本。

第四，2019 年 9 月，中国太平保险集团东盟保险服务中心在广西南宁设立。自 2019

年 9 月 18 日揭牌成立以来，为越南、新加坡、泰国、柬埔寨、印度尼西亚及马来西亚 6 个东盟国家和 1 个非洲国家（加蓬）的 12 个重大中资项目提供风险保障 87.6 亿元，包括越南第一座现代化生活垃圾发电项目光大越南芹苴项目、新加坡唯一燃煤电厂大士能源项目、泰国曼谷机场铁路连接项目等，实收保费人民币将近 700 万元，成为太平保险集团海外业务的重要来源之一。

（四）承保覆盖率仍较低，尚未充分发挥跨境保险的作用

跨境保险近年来从无到有，保障供给提升很快，但所能提供的保障远不充分。仅以跨境车辆保险为例，从试点情况来看，作为中国—东盟（东兴试验区）跨境保险服务中心试点的平安产险广西分公司，从 2014 年 10 月跨境保险服务中心挂牌成立到 2019 年 8 月 30 日，累计为中越跨境车辆提供了 4.3 万多辆次的保险保障服务。大致来看，平均每年度仅能提供 0.86 万辆次的保障，而 2017 年经东兴口岸出入境车辆 36070 辆次，2018 年为 47056 辆次。可见，即使是在试点口岸，现有跨境保险业务也仅能覆盖 1/4 左右的标的；从广西情况来看，广西从 2013 年跨境车险业务开展以来，至 2019 年 8 月累计提供风险保障 29.3 亿元，累计承保机动车 3.6 万辆次，年均约 8700 辆次。

然而，从覆盖率来看，广西全区公路口岸出入境交通工具 2016 年是 166272 辆次，2017 年是 300172 辆次，可见目前覆盖面仅为 10%左右。现实中风险自担现象仍然普遍，车主存在侥幸心理，自愿投保意愿较弱。目前，出境车辆多为二、三类车辆，这些车辆未被强制要求办理国际汽车运输许可证也能出境，而为保证车辆进出效率运管部门只是选择性抽查，司机觉得不办证也能出境因而投保意愿不强，有节约心理，保险保障变成了省钱的途径。所以，虽然目前所开展的跨境保险业务对被保险人起到了一定的保障作用，但由于跨境保险业务覆盖率尚非常低，因此依据大数法则对风险分摊面不够广，导致费率厘定及保额较为保守，无法充分发挥跨境保险对经济安全的作用。

第三节　双边保险机构商业存在概况

一、我国在东南亚的保险机构商业存在

（一）机构数量

就整体而言，中资保险企业在东南亚地区的境外保险类机构共 16 家，境外保险类机构数量虽然比较少，但已涵盖了各类型保险机构：代表处 2 家、保险中介公司 2 家、产寿险综合保险公司 1 家、财产险公司共有 4 家、寿险公司共 2 家、再保险公司共 5 家。

其中，代表处的 2 家，都属于中国平安旗下，分别是 1996 年设立的新加坡代表处和 2005 年设立的越南河内代表处。保险中介公司两家，都在招商局集团旗下，一家是招商

海达保险经纪集团 1998 年在菲律宾设立的经纪公司 Magsaysay Houlder Insurance Brokers，另一家是 2013 年在新加坡设立的 CM Houlder Insurance Brokers（Singapore）Pte. Ltd.。经营财产险业务的公司共五家，第一家是中国太平保险（新加坡）有限公司，该公司可以追溯到民国时期，历经多次股权整合如今归属为中资险企，第二家是中国太平保险印度尼西亚有限公司，其余三家都是老挝环宇保险公司，具体为环宇保险公司、崇基保险公司、老中太平洋保险公司。经营寿险业务的公司共三家，第一家是 2015 年设立的中国人寿保险（新加坡）有限公司，第二家是 2018 年与印度尼西亚 PT Sinansari Putra Indonesia 公司合资成立的中国人寿保险（印度尼西亚）有限公司，第三家是老挝环宇保险公司。再保险公司共 5 家，分别是中国再保险集团 2016 年成立的新加坡分公司、复星集团旗下鼎睿再保险公司的马来西亚纳闽分公司（2017 年成立），以及中民投集团 2016 年收购的思诺国际保险集团亚洲总部（位于新加坡）和马来西亚有分支机构；2022 年，中国再保险集团在马来西亚纳闽岛经济特区成立了分公司，如表 4-2 所示。

表 4-2　中资保险企业在东南亚国家的商业存在情况

序号	境外分支机构名称	所属母公司	海外机构所在地	机构类型	成立年度	成立方式
1	中国太平保险（新加坡）有限公司	中国太平保险集团	新加坡	财产险公司	1938	独资
2	中国太平保险印度尼西亚有限公司	中国太平保险集团	印度尼西亚	财产险公司	1996	合资
3	中国平安保险公司新加坡代表处	中国平安保险集团	新加坡	代表处	1996	独资
4	招商海达保险经纪集团	招商局集团	菲律宾	保险中介公司（经纪公司）	1998	独资
5	中国平安保险公司越南河内代表处	中国平安保险集团	越南	代表处	2005	独资
6	招商海达保险经纪（新加坡）集团	中国招商局集团	新加坡	保险中介公司（经纪公司）	2013	独资
7	中国人寿保险（新加坡）有限公司	中国人寿集团	新加坡	寿险公司	2015	独资
8	中国再保险（集团）新加坡分公司	中国再保险集团	新加坡	再保险公司（财产再保险）	2016	独资
9	思诺国际保险集团亚洲总部	中国民生投资集团	新加坡	再保险公司	2016	收购
10	思诺国际保险集团马来西亚分支	中国民生投资集团	马来西亚	再保险公司	2016	收购
11	鼎睿再保险公司马来西亚纳闽分公司	中国复兴国际集团	马来西亚	再保险公司	2017	收购

续表

序号	境外分支机构名称	所属母公司	海外机构所在地	机构类型	成立年度	成立方式
12	中国财产再保险马来西亚纳闽分公司	中国再保险集团	马来西亚	再保险公司	2022	独资
13	环宇保险公司	自然人股东	老挝	财产险与寿险公司	2017	合资
14	崇基保险公司	天津市崇基宏兴集团	老挝	财产险公司	2017	独资
15	老中太平洋保险公司	—	老挝	财产险公司	—	—
16	中国人寿保险（印度尼西亚）有限公司	中国人寿集团	印度尼西亚	寿险公司	2018	合资

资料来源：编著者根据各国保险监管机构资料整理。

国内的保险公司对于东南亚市场普遍看法选择最发达的国家新加坡作为桥头堡，以打算进一步将业务辐射到东盟其他国家，所以新加坡的中资保险机构数量最多，共有6家。此外，马来西亚有3家、印度尼西亚有2家、越南有1家、菲律宾有1家、老挝有3家。尽管相比“一带一路”沿线其他区域，无论数量或类型，东盟地区都是最多的，但中资保险企业在东盟地区数量仍不足，无法形成合力，对当地保险市场影响甚小。

中资保险企业中不乏存在特别关注东盟市场的企业，如中国太平集团，涉足东南亚市场达50余年。另外，中国人寿的境外战略定位深耕港澳市场，并充分发挥新加坡分公司的桥头堡作用，努力开拓马来西亚、印度尼西亚等新兴市场，中国人寿目前已初步实现了对东南亚市场的布局。

（二）业务规模

中资保险企业在东南亚地区不仅境外保险类机构数量较少，同时业务规模也非常少，表4-3是近年来部分中资保险公司的海外分（子）公司在东南亚地区的业务情况。可以看到，未有任何一家中资保险公司在当地市场的业务份额能超过1%，可见，这样小的市场占有率无法对新加坡保险市场产生有效的影响，中国在东南亚保险市场显然不可能有足够的话语权。并且，在某些国家的财产或寿险市场上也仅有一家中资保险公司，属于“孤军作战”无法形成“合力”。

表4-3　近年来部分中资保险公司的海外分（子）公司在东南亚地区的业务情况

公司名称	公司性质	所在国家	近年来市场占有率情况
中国再保险新加坡公司	再保险公司	新加坡	2021年度保费收入72575.69万美元，市场占比为0.90%，在新加坡125家（集团）公司中排名第18位
中国太平新加坡公司	综合原保险公司	新加坡	2021年保费收入42899.44万美元，市场占比为0.53%，在125家公司中排名第24位

续表

公司名称	公司性质	所在国家	近年来市场占有率情况
思诺国际保险集团	再保险公司	新加坡	2021 年保费收入 12571.00 万美元，市场占比为 0.16%，在 125 家公司中排名第 57 位
中国人寿新加坡公司	寿险公司	新加坡	2021 年度保费收入 9181.26 万美元，市场占比为 0.11%，在 125 家公司中排名第 64 位
中国太平印度尼西亚公司	财产险公司	印度尼西亚	2020 年保费收入 621993.83 亿盾，市场占比为 0.81%，在 74 家财产险公司中排名第 32 位
中国人寿印度尼西亚公司	寿险公司	印度尼西亚	2020 年度首年保费加续期保费之和为 412.39 亿盾，市场占比为 0.02%，在 55 家寿险公司中排名第 48 位
环宇保险公司	产寿综合公司	老挝	2019 年保费收入 32.56 亿基普，市场占比为 0.43%，在 22 家公司中排名第 16 位
崇基保险公司	财产险公司	老挝	2019 年保费收入 3.35 亿基普，市场占比为 0.05%，在 22 家公司中排名第 21 位
老中太平洋保险公司	财产险公司	老挝	2019 年保费收入 1.87 亿基普，市场占比为 0.03%，在 22 家公司中排名倒数第 1 位

资料来源：编著者根据各国保险监管部门资料整理。

二、东南亚国家在我国的保险机构商业存在情况

东盟国家在中国内地目前只设立了 4 家代表处机构，我国规定外资保险公司的代表处不属于独立的法人机构，只能处理母公司与中国国内的相关事务，不允许直接进行营利性质的商业活动。东盟国家保险企业实力较弱，无法直接参与中国国内市场，也成了阻碍双方跨境保险合作发展的一大障碍。东南亚国家保险企业在中国内地的商业存在情况如表 4-4 所示。

表 4-4　东南亚国家保险企业在中国内地的商业存在情况

分支机构名称	所属母公司	机构所在地	机构类型	成立年度	成立方式
新加坡职总英康保险合作社北京代表处	新加坡职总英康公司	中国北京	代表处	1995	独资
新加坡再保险有限公司上海代表处	新加坡再保险公司	中国上海	代表处	1997	独资
菲律宾中华保险公司厦门代表处	菲律宾中华保险公司	中国厦门	代表处	1998	独资
新加坡大东方人寿保险有限公司北京代表处	新加坡大东方人寿保险公司	中国北京	代表处	2007	独资

资料来源：编著者根据中国银行保险监督委员会资料整理。

专栏

中国与东盟的关系

东盟的全称是东南亚国家联盟，共有 10 个成员国，包括马来西亚、菲律宾、泰国、新加坡、印度尼西亚、文莱、越南、老挝、缅甸和柬埔寨。东帝汶目前是东盟观察员国。

截至 2019 年年底，东盟十国人口近 6.61 亿人，国内生产总值（GDP）3.17 万亿美元。中国和东盟国家山水相连，友好交往和经贸合作源远流长。2003 年 10 月，中国作为域外大国第一个加入《东南亚友好合作条约》，并与东盟建立战略伙伴关系。中国与东盟经贸合作发展迅速，贸易、投资与经济合作不断取得新成绩。双方建成了世界上经济总量最大的发展中国家自由贸易区——中国—东盟自贸区。中国自 2009 年起连续 11 年保持东盟第一大货物贸易伙伴，东盟自 2011 年起连续 8 年位居中国第三大货物贸易伙伴，于 2019 年成为中国第二大货物贸易伙伴，2020 年跃升为中国第一大货物贸易伙伴。

复习思考题

1. 简答题：请说说如何更好地发展中国与东盟的跨境保险业务？
2. 简答题：请说说中资保险企业应当如何到东南亚国家进行直接投资？

第五章　新加坡保险市场概述

新加坡是一个美丽的花园城市国家，位于马来半岛南端、马六甲海峡出入口，处于“海上的十字路口”，地理位置优越。自1965年独立以来，国家建设取得了举世瞩目的成就，是全球经济最具活力、前景持续看好的新兴经济体之一。新加坡是以稳定的政局、廉洁高效的政府而著称，是亚洲最重要的金融、服务和航运中心之一。根据全球金融中心指数排名，新加坡是世界第五大金融中心。

新加坡人口结构中华人占74%左右，其余为马来人、印度人和其他种族。马来语为国语，英语、华语、马来语、泰米尔语为官方语言，英语为行政用语。货币为新加坡元。

本章是对新加坡保险市场发展情况和保险监管情况的介绍，新加坡保险市场的最主要的特点和亮点在于其发达的离岸保险业务、国际保险中心的地位、保险科技的领先地位等。

第一节　新加坡保险市场发展情况

一、整体保险市场

（一）经营主体

新加坡保险市场高度发达，市场主体众多，外资保险公司将新加坡作为区域中心辐射东南亚。2021年，新加坡共有保险（集团）公司125家，其中财产险原保险公司53家、财产险再保险公司33家、寿险原保险公司17家、寿险再保险公司4家、综合性原保险公司9家、综合性再保险公司9家。

其中，有3家中资保险公司，分别是单一寿险原保险公司中国人寿（统计全口径业务，以下两家公司类似），年度总资产为50799.27万美元，保费收入为9181.26万美元，保费收入在125家（集团）公司中排名第64位；综合原保险公司中国太平，年度总资产为131330.21万美元，保费收入为42899.44万美元，在125家（集团）公司中排名第24位；综合再保险公司中国再保，年度总资产为137008.61万美元，保费收入为72575.69万美元，保费收入在125家（集团）公司中排名第18位。

新加坡保险业还拥有比较健全的行业协会组织体系，包括财产险行业协会、寿险行业协会、再保险行业协会、保险经纪行业协会和代理人协会。

（二）业务规模

据瑞士再研究院公布数据，2021 年新加坡整体保险业的总保费收入为 441. 6 亿美元，在亚洲国家中排名第 5 位，东盟第 1 位。保费收入较上年增长了 14. 5%，保险密度为 6741 美元/人，保险深度为 9. 3%。

据新加坡本国保险监管部门公布的数据，2021 年包括本土业务、离岸业务、本土公司持股业务的新加坡保险业总资产为 4367. 78 亿美元。总保费收入（不含自保公司与本土公司持股业务）为 804. 74 亿美元，按风险转移层次分类，则原保费收入 561. 78 亿美元，占比为 69. 81%，再保险业务 242. 96 亿美元，占比为 30. 19%；按保险标的分类，则财产险业务 183. 36 亿美元，占比为 22. 78%，寿险业务 621. 38 亿美元，占比为 77. 22%；按业务来源地分类，则本土业务 568. 91 亿美元，占比为 70. 69%，离岸业务 235. 83 亿美元，占比为 29. 31%。

2021 年新加坡市场的总净保费 660. 62 亿美元，留存率为 82. 01%。行业总赔付支出 397. 73 亿美元，赔付率为 49. 37%。保险密度为 13256. 7 美元/人，保险深度为 9. 9%。

（三）市场集中度

1. 整体市场集中度

将兼营财产险与寿险业务的保险公司合并为同一综合性公司统计，且将本土与离岸业务、原保险与再保险业务所带来的保费合计加总，则 2021 年新加坡 125 家保险（集团）公司的市场集中度情况较高。

2021 年，新加坡保险市场中单价公司市场占有率超过 10%的有两家，一家是大东方人寿，保费收入达 147. 73 亿美元；市场份额为 18. 34%；另一家是保诚，保费收入 77. 78 亿美元；市场份额为 10. 42%。前 3 位的公司市场份额近 40%、前五位约 55%、前十位约 75%，具体市场集中度指数 CR3 = 38. 41%、CR5 = 55. 53%、CR10 = 75. 06%，其余 115 家公司的市场份额综合不足 25%（24. 94%），若平均考虑则除头部以外的 100 多家公司的单一市场份额不足 0. 25%。

2. 财产保险市场集中度

由于财产险业的原保险公司与再保险公司的业务量相差较为悬殊，在此区分出两种类型的公司进行市场集中度考量。

财产险原保险公司方面，市场集中情况较为分散，只有劳合社的市场份额超过 10%，市场集中度指数 CR3 = 24. 29%、CR5 = 33. 63%、CR10 = 52. 53%，可见，前十位公司约占市场整体的一半，其余 52 家公司分享着另一半（47. 47%）。

财产险再保险公司方面，2021 年规模最大的瑞士再保险亚洲公司保费收入达 33. 41 亿美元，市场份额为 37. 60%。此外，再也没有一家公司的市场占有率超过 10%，可以说是“一家独大”。财产险在保险市场的集中度也较高，前三位的公司市场份额约 60%、前五位约 70%、前十位约 85%，即市场集中度指数 CR3 = 59. 19%、CR5 = 69. 92%、CR10=85. 20%，其余 32 家公司的市场份额总额仅为 14. 80%。

3. 人寿保险市场集中度

同样，区分出寿险业的原保险公司与再保险公司两种进行市场集中度考量。原保险公司方面，市场集中度呈现典型的寡头垄断局面。最大的大东方人寿公司占比达 29. 09%，第 2～4 位的公司均超过 10%，具体为保诚 16. 53%、宏利 15. 32%、友邦 12. 70%。前三家公司的市场比重就超过 60%、前五家超过 80%、前十家近 95%，具体市场集中度指数为 CR3=60. 93%、CR5=81. 98%、CR10=94. 97%。其余 16 家的保费规模总和只占 5. 03%，而两家中资寿险原保险公司中国太平新加坡公司、中国人寿新加坡公司便处于这一集体中。

再保险公司方面，市场集中度甚至处于单一寡头垄断的局面。最大的慕尼黑再保险公司市场占比超过 80%，具体保费收入 671626. 6 万美元，市场占比为 82. 85%。市场集中度指数 CR3=94. 46%、CR5=98. 95%。也就是说，除了前五大之外的公司市场份额加起来总共只有 1%。

二、本土财产保险市场

由于本土业务与离岸业务的属性较为不同，在此对本土与离岸业务的险种结构分别进行阐述。

（一）经营主体

据本国监管部门统计，2021 年，新加坡有财产险原保险公司 62 家、再保险公司 42 家、自保公司 77 家。

其中，财产险原保险公司中有 1 家中资公司，为中国太平新加坡公司，若仅统计该公司的财产险业务，则年度总资产为 50363. 2 万美元，保费收入为 13301. 8 万美元。中国太平新加坡公司的保费收入在 62 家财产险原保险公司中排名第 25 位，市场占比为 1. 41%。

其中，财产险再保险公司中有 1 家中资公司，为中国再保新加坡公司，若仅统计该公司的财产险业务，则年度总资产为 59324. 6 万美元，保费收入为 19045. 4 万美元。中国再保新加坡公司的保费收入在 42 家财产险原保险公司中排名第 9 位，市场占比为 2. 14%。

（二）业务规模

据瑞再研究院公布数据，2021 年新加坡财产险业的总保费收入为 98. 1 亿美元，较上一年减少了 3. 6%，保险密度为 1327 美元/人，保险深度为 1. 8%。

据新加坡本国保险监管部门公布数据，2021 年新加坡财产险业的总资产规模为

492.77 亿美元，总保费收入 183.36 亿美元，业务规模的详细情况见表 5-1。此外，财产险业保险密度为 1181.8 美元/人，保险深度为 0.9%。

表 5-1 2021 年新加坡本土寿险市场业务规模情况

项目	全行业	直接保险公司	再保险公司
总保费（亿美元）	49.84	47.12	2.72
净保费（亿美元）	28.13	26.19	1.94
分出保费（亿美元）	21.71	20.93	0.78
留存率（%）	56.44	55.58	71.32

注：全行业不含专业自保公司。

资料来源：编著者根据新加坡金融监管局（MAS）资料整理。

（三）险种结构

本土业务方面，2021 年的险种结构非常合理、各险种较为均衡。首先，车险比重约为 1/4，不同于大部分国家车险“一险独大”的不合理结构；其次，财产损失险、健康险、雇主责任险、海上保险等通常被视为财产险业中具有重要保障作用的险种，市场占比均在 10%左右；最后，其余险种也拥有一定的市场比重，整体上没有特别弱势的险种，发展较为均衡。

三、本土人寿保险市场

（一）经营主体

据本国监管部门统计，2021 年，新加坡有寿险原保险公司 26 家、再保险公司 13 家。

其中，寿险原保险公司中有两家中资公司，一家是中国太平新加坡公司，若仅统计该公司的保险业务，则年度总资产为 80967.0 万美元，保费收入为 29597.7 万美元，保费收入在 26 家寿险原保险公司中排名第 12 位，市场占比为 0.58%；另一家是中国人寿新加坡公司，年度总资产为 50799.3 万美元，保费收入为 9181.3 万美元，排名第 19 位，市场占比为 0.18%；两家公司在新加坡寿险市场中尚属于规模较小的公司。

其中，寿险再保险公司中有 1 家中资公司，为中国再保新加坡公司，若仅统计该公司的受险业务，则年度总资产为 77684.0 万美元，保费收入为 25.1 万美元。中国再保新加坡公司的保费收入在 13 家寿险原保险公司中排名第 8 位，市场份额仅为 0.003%。

（二）业务规模

据瑞再研究院公布数据，2021 年新加坡寿险业的总保费收入为 343.5 亿美元，较上一年增长了 21.0%，保险密度为 5414 美元/人，保险深度为 7.5%。

据新加坡本国保险监管部门公布数据，2021 年新加坡本土寿险市场的总资产规模为 3214.86 亿美元。寿险业务总保费收入为 621.38 亿美元，其中原保险业务 507.88 亿美元，占比为 63.05%，再保险业务 113.508 亿美元，占比为 14.09%。本土业务 519.07 亿美元，占比为 83.54%，离岸业务 102.31 亿美元，占比为 16.46%。寿险业保险密度为 12074.9 美元/人，保险深度为 9.0%。

在本土业务中，新单业务保单数量为 290.38 万张、总保额 3024.66 亿美元、年度保费 40.97 亿美元。年末有效业务保单数量为 1545.66 万张、总保额 16920.90 亿美元、年度保费 254.60 亿美元。本土业务总保费 519.07 亿美元，净保费 481.41 亿美元、留存率为 92.74%，总赔付支出 261.74 亿美元，赔付率为 50.43%；离岸业务的总保费 102.31 亿美元，净保费 72.06 亿美元、留存率为 70.43%。

（三）险种结构

将本土市场中所有人身保险业务（含再保险）进行加总，在此视角下寿险可分为分红险、非分红险、投资联结保险三类，2021 年三类险种的比重分别为 50.8%、33.4%、15.8%，是较为合理的结构。

四、离岸保险市场

（一）经营主体

在 2021 年新加坡总计的 125 家保险（集团）公司中，经营有离岸保险业务的公司数量为 81 家，占比为 64.80%，不经营离岸保险业务的公司有 44 家，占比为 35.20%。其中，53 家财产险原保险公司中有 35 家经营离岸业务，占比为 66.04%，33 家财产险再保险公司全部经营离岸业务，占比为 100%，17 家寿险原保险公司均不经营离岸业务，占比为 0，4 家寿险再保险公司也均不经营离岸业务，占比为 0，9 家综合性原保险公司中经营离岸业务的有 4 家，占比为 44.44%，9 家综合性再保险公司全部经营离岸业务，占比为 100%。

（二）业务规模

1. 离岸保险整体业务规模

2021 年新加坡离岸保险市场的保费收入规模为 235.62 亿美元，同期的本土业务为 569.96 亿美元，离岸保险业务占新加坡整体保险市场的份额为 9.25%。

2. 离岸财产险业务规模

2021 年，新加坡离岸财产险的保费收入规模为 133.52 亿美元，较上一年的 115.64 亿美元增长了 15.46 个百分点，具体原保险公司、再保险公司业务规模情况如净保费、分出保费见表 5-2。

表 5-2　2021 年新加坡离岸财产险业务规模情况

项目	全行业	原保险公司	再保险公司
总保费（亿美元）	133.52	47.40	86.12
净保费（亿美元）	77.89	16.85	61.04
分出保费（亿美元）	55.63	30.55	25.08
留存率（%）	58.34	35.55	70.88

注：全行业不含专业自保公司。

资料来源：新加坡金融监管局（MAS）。

3. 离岸人身险业务规模

2021 年度，新加坡离岸人寿保险市场的总体保费收入规模为 102.31 亿美元，其中离岸人寿原保险业务为 2.16 亿美元，离岸人寿再保险业务为 100.15 亿美元。显而易见，离岸人身险业务以再保险业务为主。

（三）险种结构

1. 离岸财产险险种结构

离岸业务方面，2021 年比重最大的是财产损失险，超过市场整体份额的一半，其次是责任险和其他，占比为 10.1%，车险居于第三位，占比为 10.1%，工程险和海上保险分别居于第 4 位与第 5 位，占比分别为 7.1%、5.9%。财产损失险如此高的比重说明了各国险企在新加坡开展离岸业务的主要动机还是为了保护本国的海外资产。

2. 离岸人身险险种结构

同理，离岸寿险业务也可分为分红险、非分红险、投资联结保险三类，2021 年非分红险保费收入为 100.62 亿美元，比重高达约 98%，投资联结保险的保费收入为 1.69 亿美元，占比约为 2%，没有开展离岸分红险业务。

第二节　新加坡保险监管情况

一、监管机构

新加坡金融管理局（以下简称金管局）是新加坡的央行，负责包括保险业在内的金融业监管。金管局成立于 1971 年，于 1977 年接管保险监管职能，此前保险监管归财政部负责。

新加坡金融管理局是新加坡的中央银行和综合金融监管机构。作为中央银行，MAS 通过实施货币政策和密切的宏观经济监测和分析，促进持续、非通胀的经济增长。它管理新加坡的汇率、官方外汇储备和银行业的流动性。作为一家综合金融监管机构，MAS 通过对新加坡所有金融机构（银行、保险公司、资本市场中介机构、金融顾问和证券交易所）的审慎监管，培育了一个健全的金融服务部门。MAS 还负责运作良好的金融市场、良好的行为和投资者教育。MAS 还与金融业合作，推动新加坡成为一个充满活力的国际金融中心。它促进了金融业基础设施的发展、技术的采用和技能的提升。

二、监管法律法规

新加坡早在 1966 年便颁布出台《保险法》，现行的《保险法》是 2002 年修订的版本。《保险法》第 142 章中规定了新加坡保险及再保险交易的基本原则和规程，并规定了新加坡金融管理局（MAS）的职责，即定期向保险公司、再保险公司及中介人发出通知。

三、市场准入监管规定

保险公司的最低实缴资本为 1000 万新币（约合人民币 4500 万元），但只经营投连险或短期意健险的保险公司的最低实缴资本为 500 万新元（约合人民币 2250 万元），再保险公司最低实缴资本为 2500 万新币（约合人民币 1. 125 亿元）。

四、偿付能力、压力测试、资金运用监管规定

金管局于 2005 年对保险公司实施风险基础资本监管框架（RBC）。RBC 按照保险公司的资产负债的风险情况，计算最低资本要求，要求保险公司的实际资本最低是资本要求的 120%，即偿付能力监管目标为 120%。偿付能力充足率低于 120%的公司需要提交偿付能力改善计划，每个月提交财务报告，并可能暂停某些业务。

同时，金管局每年评估各保险公司的业务风险状况，针对每家保险公司设定不同的偿付能力监管目标，如 2015 年太平保险（新加坡）的偿付能力监管目标为 150%。

2012 年 6 月，金管局发布《新加坡保险公司风险资本监管框架回顾咨询 1》，研究对当前偿付能力监管框架进行改革，以制定新一代风险资本监管框架（RBC2）。2014 年 3 月，金管局发布了《RBC2 咨询 2》，提出了 43 项改革措施以及 16 条问题，包括资本要求、可用资本、监管介入级别、资产负债评估、全面风险管理及实施时间表六大部分。RBC2 将使用与银行业《巴塞尔协议Ⅲ》相同的方法认定可用资本。金管局已经建立了一套完整的风险管理指引，决定引入风险及偿付能力自评估（ORSA）。新加坡预计在 2017 年 1 月 1 日正式实施 RBC2，计划新旧体系并行一段时间，以确保新旧监管体系的平稳过渡。

金管局自 2005 年起对寿险公司开展压力测试，自 2010 年起对财产险公司开展压力测试。目前，全行业每年进行压力测试，评估保险公司承受金融危机和保险相关风险冲击的能力，及其对金融系统稳定性的潜在影响。压力情境由金管局设定，各保险公司预测并向金管局报告在压力情境下自身财务状况、应对管理决策以及决策的效果。金管局将分析管理决策的合理性，并在对保险公司进行风险评估时，参考压力测试结果。压力测试结果行业共享。

金管局对保险公司投资没有设定限额，而是采取以原则为导向的监管，要求保险公

司设立投资委员会，确定投资战略。同时，在 RBC 体系下，寿险公司需要对投资风险和资产集中度风险计提准备金，促使寿险公司在投资时考虑资产种类、交易对手以及信用评级等。

五、强制性保险及税费规定

新加坡强制保险包括机动车第三者责任保险、第三者责任险（新加坡港口运营游艇、船只）、航空责任险、船东海洋石油污染责任险、工伤保险、机场责任险、职业责任险（律师、建筑师、会计师、财务顾问、保险经纪人等）、临床试验责任保险、个人健康保险（持有工作许可员工方可）。

税费规定方面，要求所有财产险险种（包括水险、飞机责任险和健康险）要征收产品服务税（GST）为 7.0%。

第三节　新加坡保险业的特点及亮点

——发达的离岸保险业务

新加坡是东南亚保险业最发达的国家，保费收入居于东盟保险市场之冠，在亚洲中排名第五。作为东南亚乃至全球的保险中心，新加坡在行业监管、保险科技、产品开发、市场运营等多方面都具备领先性，但最突出的特征是“发达的离岸保险业务”。作为国土面积不足 750 平方千米、人口不足 600 万人的小国，2020 年根据金融监管局公布，新加坡总保费达到了 612.53 亿美元，人均保费达到了 10772.92 美元，人均保费相当于居民收入（中位数）的 1/5。如此规模的保费中有近 1/4 来自离岸业务，特别是再保险业务，90%以上是由离岸保险贡献。我们应当积极学习与借鉴新加坡保险行业的特点及模式，以促进我国离岸保险业务的发展。

《前期知识》专栏

离岸保险业务概述

一、离岸保险的定义

离岸保险业务与普通离岸业务、离岸金融业务类似，是指某些离岸地区提供诸如低税负、外币自由流通等优惠措施，吸引外资（保险）公司在当地注册，但这些公司实际上根本不经营或不被允许经营离岸地本土市场的业务，却享受着当地优惠政策的经营方式。

二、离岸保险业务的主要特点

离岸保险作为主要为非本国居民或企业提供境外保险服务的一种业务，其主要特征有三个：一是对于交易所在地而言，投保人或被保险人为非本国居民；二是保险标的处于境外或者在境外移动；三是通常情况下，交易双方在遵守国际惯例的基础上进行管理与运营。

三、发展离岸保险业务的优点及意义

第一，使保险国际交易更自由化与便利化。在保险主体的国际化和保险业务的跨国化的背景下，当前，保险业务的国际交易面临着很多阻碍，比如交易所在地金融法规限制、与境外居民交易及沟通的障碍等。离岸地的最大特点是交易主体为所在地的非居民，且受交易所所在地的金融法规限制较小，交易双方很大程度上是可以基于国际惯例进行管理和交易，从而使得沟通更加便利，交易成本大大降低，也有利于对全世界保险服务网络的覆盖。

第二，成为保险业务离岸地有诸多收益。某地区若成为业界公认的保险业务离岸地并聚集数量较多的保险经营主体，则这些公司自然会在当地开立公司的银行账户，因此相关资金频繁、大量地进出离岸地，则当地可以对这些资金加以利用。此外，离岸地还能获取房屋租赁收入、信息服务收入等其他收益。

第三，离岸业务是保险企业新的业务增长点之一。当前，全球各国保险市场的经营主体日趋增多，业务竞争越发激烈，国内已成为“红海市场”，而离岸业务由于具有监管限制较少、享有一定税收优惠、外币兑换相对自由等特点，经营成本相对低廉，其发展空间被不少保险企业看好，成了新兴的“蓝海市场”。

第四，离岸保险业务有助于推进人民币国际化进程、增强人民币的国际竞争力。离岸保险业务在运营过程中，会涉及大量的境外人民币交易，推动了人民币在海外地区的广泛使用，促进人民币成为可供国际交易的外汇，因此增强了人民币的国际竞争力。

资料来源：编著者根据公开资料整理。

一、特征体现一：离岸保险市场实力强劲

新加坡金融监管部门要求保险公司将本地账户与离岸账户分开运营，分为两类：新加坡保险基金（Singapore Insurance Business Fund，SIF）和离岸保险基金（Offshore Insurance Business Fund，OIF）。

（一）开展离岸业务的经营主体逐渐增多

将同一保险集团公司旗下的财产险及寿险公司进行合并统计，2020 年新加坡市场共存续有保险（集团）公司 113 家，其中有兼营产、寿险业务的综合原保险公司 9 家，综合再保险公司 9 家，单一财产原保险公司 52 家，单一财产再保险公司 23 家，单一人寿原保险公司 17 家，单一人寿再保险公司 3 家。在实际经营的情况中，除了 4 家公司没有实际经营任何业务外，经营离岸业务的公司有 85 家，占经营业务公司的比重为 77.98%，其中同时经营本土业务的公司 74 家，只专门经营离岸业务的有 11 家。

回溯历年，2011 年，新加坡市场共有保险（集团）公司 92 家，其中 71 家经营离岸业务，占比为 77.17%。2015 年，保险（集团）公司 111 家中 80 家经营离岸业务，占比

为72.07%。直至2020年的77.98%，可以说近十年来新加坡的保险公司数量增加了多少，其中经营离岸业务的公司数量也同比例增加了多少，比重一直保持稳定。

（二）离岸业务规模较大

通过对市场中全体保险公司的数据汇总，2021年新加坡市场总保费收入为804.74亿美元，上述总保费收入可依据业务来源地（本土业务与离岸业务）以及业务类型（财产险与寿险）两方面进行分类，并且两类业务下一层级细分还会出现彼此交叉的情况，新加坡市场总保费收入的具体分解及内部占比情况。可见，离岸保险业务占据了新加坡保险市场29.31%的份额，可以说，新加坡保险业务有超过1/4是来自海外。离岸业务最大的份额是离岸财产再保险，其保费收入为122.36亿美元，占新加坡离岸财产险业务比重达91.64%，占新加坡整体财产险比重也达72.82%。将新加坡离岸保险业务规模与我国的一般的省（区）进行对比，以广西为例，同年度广西整体保费收入约合121.04美元，新加坡仅离岸财产再保险这一项业务就超过广西全省（区），而新加坡整体离岸业务的235.83亿美元则几乎是广西的2倍。

（三）离岸业务发展趋势向好

由上述分析可知，2020年新加坡离岸保险业务发展强劲，进一步纵向比较历年来的业务发展趋势可知，新加坡离岸保险业务份额一直保持稳定。2011年至2020年十年来，离岸业务不论是在总资产规模上或净保费收入上，都随着新加坡整体保险业的持续增长而呈现同步的增长趋势，离岸业务比重基本没出现较大的波动，多年来一直保持着稳定的水平。离岸业务总资产比重在2011年为14.14%，2015年为12.08%，2020年为13.23%，多年来保持在10%~15%。离岸净保费收入占总净保费收入比重在2011年是25.79%，到2015年是24.74%，2020年则微微上升至28.58%，多年来也基本保持在23%~30%，即离岸业务长期占新加坡总保费收入近三成的份额。

（四）离岸业务的营利性优于本土业务

新加坡离岸保险业务尽管在规模上不及本土业务，但离岸业务为行业贡献了诸多利润，其营利性优于本土业务。例如，2021年寿险市场中，离岸业务贡献了0.78亿美元的净投资收益，而本土业务则亏损了0.37亿美元，并且同年离岸业务的资产负债率为133.10%，而本土业务则高达516.36%，可见本土寿险业务举债经营的程度远大于离岸业务，离岸寿险业务的经营风险更小，经营成效还更好；再如，2021年财产险市场中，离岸业务的总利润达11.35亿美元，而本土业务仅为38.76亿美元，离岸业务所贡献的3.10亿美元净投资收益远多于本土业务的0.87亿美元，并且离岸业务148.46%资产负债率低于本土业务的175.30%，10.9%的离岸业务管理费用比重（占已赚保费比重）也低于本土业务28.8%的比重，可见离岸财产险业务也是风险更小，成本把控更好，盈利能力还更强。

（五）新加坡离岸保险业务能充分覆盖全球各地

保险公司通过新加坡这一亚洲乃至全球的自由贸易港平台，能更便捷地开展国际业务，尤其对离岸财产再保险业务的促进作用巨大。在此，不考虑2020年后特殊原因的影响，从2019年新加坡离岸财产再保险业务的国别构成来看，业务不仅较好地覆盖了东盟保险市场及中、日、韩等亚洲地区，还能充分拓展到欧美地区。

二、特征体现二：国家层面赋予了离岸保险业务良好的宏观发展环境

除了稳定的国家与社会环境、发达的经济水平、优越的地理区位、低水平的税负外，下述的国家政策宏观环境因素也是新加坡离岸保险业务蓬勃发展的重要原因。

（一）社会与经济的长期稳定为离岸保险业务发展提供了可靠环境

新加坡繁荣稳定的经济为推动新加坡发展离岸保险提供了重要的市场环境。据世界银行统计，2021年新加坡的人均GDP高达72794.00美元，在亚洲排名第一，领先于第二位卡塔尔1万多美元，在全球位于第六，也领先于美国、德国等传统西方发达国家。新加坡的经济总量也一直保持着稳定的增长，GDP从2012年的3969.87亿美元，历经10年增加到2021年的2950.87亿美元，名义增长了34.53%，这在发达经济体中已属增幅较大。可见，新加坡繁荣稳定的经济发展，为新加坡发展离岸保险提供了重要的市场环境。便利的交通、发达的信息设施和有利的地理位置，是国际再保险中心形成的重要基础设施。目前，世界主要再保险中心几乎同时也是经济、贸易和航运中心。如纽约地处美洲东海岸，一直是美国重要的商品集散地，是世界最大的海港之一。而新加坡地理位置优越，位于连接印度洋与太平洋的马六甲海峡，所处的地理位置是世界的十字路口之一，海上航运十分繁忙。此外，新加坡拥有出色的电信基础，通信技术的发展对再保险交易成本的降低具有重要意义，也是成为保险和再保险中心的一个必要条件。

（二）灵活创新的货币政策奠定离岸保险业务的发展基础

第一，新加坡无外汇管制。居民和非居民均可自由汇入或汇出新加坡元（SGD），并可自由地在外汇市场买卖新加坡元。所有支付形式或资金转移均不受外汇监管手续或审批的约束，企业利润汇出无限制也无特殊税费。新加坡元是《国际货币基金协定》中约定的自由兑换货币，这使新加坡元成为离岸保险业务的支付工具，也成为其离岸业务发展的重要保证。第二，新加坡建立了亚洲美元市场，有助于离岸保险业务的结算。新加坡从取消外汇管制以来，逐渐成为一个类似于欧美市场的国际资金市场，新加坡以此积极发展亚洲美元市场（Asian Dollar Market，ADM），并专门设立新加坡亚洲货币单位

（Asian Currency Unit，ACU），用于对银行在亚洲美元市场业务下的外币业务进行簿记和管理。外国投资者因此将大量的资金投入新加坡亚洲美元市场中，从而促进了新加坡成为区域离岸保险中心。第三，新加坡采取以汇率为中心的货币政策，保证了离岸保险市场的稳定发展。离岸业务具有较高的汇率风险和套利风险，如果新加坡国内的利率与离岸市场利率不一致，国内的资金就会迅速转向离岸市场以谋取高额的套利利润，而新加坡将新加坡元的名义有效利率根据主要贸易伙伴国的货币汇率而设定，会通过对汇率波动的控制减小外部冲击，稳定离岸保险的发展。

（三）内外分离的金融模式促使保险公司专心经营离岸业务

全球离岸金融保险中心主要有四种发展模式，即内外混合型、内外分离型、有限渗透型和避税港型，新加坡是典型的内外分离型模式。在银行业方面，境内银行业务是本土业务，而亚洲美元市场的新加坡亚洲货币单位就是新加坡银行的离岸业务。在保险业方面，新加坡设立本土保险基金和离岸保险基金，两个账户分开运营。如果不实行本土账户和离岸账户分离的制度，就会产生政策套利。这一模式使得持有不同牌照的公司“各负其责”，由于国内与离岸业务之间不存在竞争关系，持有离岸业务牌照的公司就专心经营离岸业务，不存在“吃着碗里的看着锅里的”“越界”风险，也不会受到新加坡国内市场的干扰。

（四）完善的保险产业链可为离岸保险业务经营主体提供全方位服务

本国发达的保险业是形成国际保险中心及再保险中心的基础，新加坡保险业发展程度不仅遥遥领先于东盟保险市场等国际区域，并且其保险行业的产业链非常完备及多元化。新加坡市场中的保险公司类型有股份制公司、相互制公司、保赔协会、专属自保公司、塔卡福（Takaful）公司、劳合社等多元化业态，涵盖了全球所有保险公司的组织形式。此外，新加坡国内还集聚了大量与国际惯例接轨的保险经纪、保险代理、保险公估、财务咨询、银行、律师、会计等与保险业相关配套的专业服务机构。例如，截至 2021 年年底，新加坡国内存续的注册保险经纪公司就有 101 家、豁免保险经纪 40 家。保险产业链大量的经营主体及专业服务机构的云集，不断增强了新加坡离岸保险业务的竞争力。

（五）优惠的税收政策对离岸保险业务经营主体极具吸引力

离岸保险市场的发展离不开外资的投入规模，而优惠的税收政策则是吸引外资的关键，因此，新加坡政府在促进金融业全面发展的基础上重点刺激离岸保险业务的发展，不断推出优惠的税收政策。新加坡普通公司的公司所得税为 17%。在公司所得税方面，新加坡的立法与监管机构对由离岸风险的保险取得的收入进行了较大程度的税收优惠。新加坡离岸保险业务的税收优惠如表 5-3 所示。

表 5-3　新加坡离岸保险业务的税收优惠

业务类型	征税对象	税率
财产险离岸业务	离岸风险进行保险和再保险而取得的认可收入	10%
	离岸的回教保险与回教再保险业务取得的认可收入	5%
	海上责任险与船身保险取得的认可收入	免税
	特定的离岸风险（如极端主义风险、能源风险、航空航天风险、农业风险）保险取得的认可收入	免税
	被认可的专业自保公司承保的离岸保险与再保险	免税
寿险离岸业务	分配给保单持有人的认可收入	10%
	源于一个被许可的保险公司的离岸保险与再保险的认可收入	10%
	离岸的回教保险 2 与回教再保险业务取得的认可收入	5%
	被认可的专业自保公司承保的离岸保险与再保险的认可收入	免税

资料来源：编著者根据新加坡法律法规网站资料整理。

三、特征体现三：经营主体乐于经营离岸保险业务

（一）激烈的竞争迫使各公司必须发展离岸业务

新加坡保险市场竞争异常激烈，全球顶尖的保险巨头均已悉数在新加坡设立机构，保险公司数量非常饱和。新加坡仅是国土面积不足 750 平方千米，人口不足 600 万人的小国，然而，截至 2020 年市场中共有 113 家保险（集团）公司。对比同年度的国内城市，例如，在我国地级市生产总值排名中上游的省会城市南宁，同年度市区面积 9926 平方千米，市区人口 409 万人，也仅有保险公司 37 家（将财产险与寿险公司合并成集团公司统计）。再如，保险业发达的国内一线城市深圳，即使其 GDP 总量高于新加坡，市区面积达 1997 平方千米，人口达 1756 万人，全市保险公司（合并集团公司）数量也仅为 67 家。因此，在如此"僧多粥少"的市场竞争局面下，新加坡的保险公司必须通过拓展离岸业务以求更多生存空间。

（二）离岸保险业务能丰富保险公司的收入来源

从保费收入来看，2020 年新加坡保险市场的 113 家公司中，开展离岸业务的 85 家公司中有 61 家的离岸业务保费收入是大于本土业务的，占比为 71. 76%，说明这些取得离岸业务牌照的公司对离岸业务并不是"玩票"的经营思路，而是将离岸业务视为非常重要且是最主要的经营板块。

不仅是营收，经营离岸业务也使新加坡保险公司获得最终的利润，以兼营本土与离岸业务的 74 家公司为例，其中有 35 家公司的离岸业务净利润高于本土业务。在 2020 年特殊的不利环境下，经营本土业务的 98 家公司中亏损数量比重达 36. 73%，而专门经营

离岸业务的公司亏损比例仅为27.27%。

（三）离岸保险业务能切实享受足够的税收优惠

免税或低税率是开展离岸业务的重要动因，以2020年为例，该年度特殊环境下新加坡经营亏损的保险公司数据较多，即使是本土业务的税负也并不高。排除数据缺失的公司，相关的99家公司为本土业务累计缴纳的税款总额约8580.80万美元，除以税前利润得到的整体税率大致为3.57%，并且只有41家公司付出了税款成本，比率为41.42%。上述情况已经是新加坡作为国际自由贸易港低税率的表现，然而相比之下，离岸保险业务的实际缴税情况还能更为宽松。同样，排除数据缺失的公司，84家涉及离岸业务的公司中只有25家需要付出税款成本，比率仅为29.77%。换言之，现实中近七成经营离岸保险业务的公司都能免除税款成本，这对全球保险公司赴新加坡开展离岸保险业务具有极大的吸引力。

（四）依托新加坡平台开展离岸业务能有助于拓展国际业务

在企业微观层面，也有许多设在新加坡的保险公司利用其平台优势，极大地拓展了自身的国际再保险业务，这其中也不乏中资保险公司。以中国太平保险（新加坡）有限公司为例，2020年其发展了3024.91万美元的离岸财产再保险业务，其中2383.56万美元来自东盟地区，163.62万美元来自全球其他地区。再以中国再保险集团新加坡分公司为例，2020年其发展的20930.19万美元离岸财产再保险业务中，东盟地区业务为6334.18万美元，占比为30.26%，更多的业务是来自东盟之外的其他国家，业务量为14596.01万美元、占比达69.74%。

四、新加坡保险业特征的启示

新加坡离岸保险业务的保险市场如此发达，有诸多值得我们思考与借鉴的地方，目前，离岸保险在我国尚处于新兴业务阶段，是我国明确鼓励发展的保险业务，我们要更好地剖析与借鉴新加坡经验以发展自身的离岸保险业务。

《我国发展现状与东南亚各国保险业特征的对比》专栏

我国离岸保险业务的发展现状

一、多地政策明确支持发展离岸保险业务

离岸保险在我国尚处于新兴业务阶段，是我国明确鼓励发展的保险业务，我国多地政策明确支持要发展离岸保险业务（见表5-4）。

表 5-4 我国各地支持离岸保险业务发展的相关政策

地区	年度	政策文件名称	政策文件具体内容
中央	2017	《中国保监会关于离岸再保险人提供担保措施有关事项的通知》	主要对我国离岸保险业的运营规则作出了规范
南宁	2019	《广西建设面向东盟金融开放门户南宁核心区实施方案》（南府发〔2019〕10号）	逐步探索离岸保险等离岸金融业务
宁波	2016	《关于宁波建设国家保险创新综合试验区的实施意见》	大力发展离岸保险等业务，使宁波成为保险界创新和国际交流合作的聚焦点；以面向"一带一路"国家的离岸保险业务为重点，探索在宁波建立保险保税区发展离岸保险业务，以对接国家"一带一路"发展倡议

资料来源：编著者根据相关政策整理。

然而，由于我国目前保险监管以在岸监管为重点，此前国内还没有专业经营离岸保险业务的机构，因此，监管政策方面并没有专门针对离岸保险业务的监管法规。

二、离岸保险业务量较小且无公开统计

由于离岸保险在我国尚处于新兴业务阶段，因此只有部分省区市及在特定的金融试验区开展，且尚无官方公开的业务统计。上海自贸试验区是我国较早起步开展离岸保险业务的区域，离岸保险业务也是上海国际保险中心建设的重要组成部分。截至2014年12月底，自贸试验区内保险机构开展离岸直保业务保费收入2600万元，跨境人民币再保险业务保费收入1700万元，离岸保险业务合计4300万元。其中，太平洋产险上海分公司是较早探索离岸保险业务的企业，其离岸保险业务由自贸区分公司开展，2014年年底，业务规模为1779.21万元，主要集中在企业财产险、特殊保险等，其中企财险占比近70%，行业领域涉及能源、汽车、航空航天和卫星等，业务主要通过有国际背景的经纪人或有海外业务的大型企业合作开展。据原中国保监会副主席周延礼表示，2018年我国再保险分出保费规模为1800多亿元，约占全球的再保险市场份额的8%，而同年度离岸再保险公司和外资再保险公司分公司的市场份额已接近60%。2020年，境外500多家再保险机构以离岸方式参与我国再保险业务，我国每年分出到海外市场的再保险保费近700亿元。除上述信息外，业界尚未有公开的最新发展数据。

三、海外市场成为我国保险企业发展离岸保险业务的目的地之一

当前，我国部分保险公司正积极"走出去"，以海外市场进行直接投资的方式参与离岸保险业务。新加坡便是受中资险企青睐的市场，新加坡市场上有3家中资保险公司开展离岸业务。一家是久负海外经营经验的中国太平，2021年离岸财产险业务保费收入为1438.54万美元，其中离岸原保险为525.97万美元、再保险为912.57万美元，离岸业务占自身总财产险业务比重为10.81%。中国人寿则是2015年才新进入市场的公司，经营离岸人寿原保险业务，2019年保费收入为123.72万美元，仅占自身业务比重的1.40%。中再集团同样是新晋公司，人寿与财产险的离岸再保险业务兼作经营，2021年

离岸业务保费收入为 16678.82 万美元，占自身整体业务的 22.98%，其中财产险离岸再保险业务保费收入为 16653.73 万美元，占自身财产险业务的比重高达 87.44%。

资料来源：上海自贸区-离岸保险起步 仍期政策支持［EB/OL］.（2016-03-30）［2022-10-01］. 复旦发展研究院网站，https：//fddi. fudan. edu. cn/c9/cc/c18965a182732/page. htm。

新加坡保险业的特征“发达的离岸保险业务”对改善我国离岸保险业务带来了诸多启示，主要如下：

第一，完善顶层设计，开展全国性的离岸保险业务统筹试点。当前，尽管我国多地政府及业界已明确表示支持发展离岸保险业务，但各地之间尚处于“一城一策”的局面。建议将目前有意愿的广西、上海、深圳、宁波、江苏等地都选取成为试点地区，并从国家的顶层设计层面，以差异化经营的原则来统筹各试点地区的业务导向，例如广西可发展面向东盟的离岸保险业务，上海发展以航运为引领的离岸保险业务，深圳发展以再保险国际分保交易为核心的离岸保险业务，等等。

第二，鼓励中资保险公司到新加坡设立机构开展离岸保险业务。我国在短时期内确实无法使自身的行业环境水平全面达到新加坡的标准，既然“引进来”困难则就要主动“走出去”，鼓励中资保险公司到新加坡设立机构，直接在新加坡的平台上开展离岸保险业务，适应国际先进标准后再向国内移植与推广。

第三，采取税收优惠等一系列政策支持离岸保险业务发展。例如，要在国家层面针对离岸保险业务采取特殊的优惠政策，目前我国对于离岸保险业务没有专门的税制安排，保险业务不区分离岸与本土均适用同样的税率，而新加坡对离岸再保险业务免收营业税，所得税根据不同业务类型有不同规定，对自保公司业务、农业保险、海上责任险与船体保险等业务免税，其他征税类业务的税率最多不超过 10%，我国应以明确的税率优惠促进离岸保险的发展。此外，人才配套、货币汇兑、保险科技应用、风险管理等一系列完整的配套措施也应当明确。

第四，依托人民币国际化发展离岸保险业务。当前，越来越多国家接受以人民币计价的付款，人民币国际化程度已较高，离岸人民币业务已成为新加坡继 ADM、ACU 后离岸业务的重要组成部分，截至 2021 年 12 月，储备存款达 175 亿元。我国离岸保险业务的发展必须充分借助人民币的国际影响力，在东盟保险市场及亚太地区开展业务时，可积极利用新加坡这一重要人民币离岸中心的平台效应，各经营主体要在跨境计价结算、投融资等活动中不断加大人民币的使用比例。

复习思考题

1. 简答题：请谈谈新加坡保险业的发展对中国保险业有哪些借鉴意义。
2. 简答题：借鉴新加坡的经验，请谈谈我国应如何发展离岸保险业务。
3. 简答题：你认为新加坡建国以来经济腾飞的主要原因是什么？

第六章　马来西亚保险市场概述

马来西亚由马来半岛南部的马来亚和位于加里曼丹岛北部的沙捞越、沙巴组成，全境分成东马来西亚和西马来西亚两部分。马来西亚位于赤道附近，属于热带雨林气候和热带季风气候，终年高温多雨，无明显的四季之分，主要的农产品有棕榈油、橡胶、可可、木材、胡椒和热带水果等，是世界第二大棕榈油及相关制品的生产国和出口国、世界第三大天然橡胶出口国。马来西亚共分为 13 个州和 3 个联邦直辖区，首都为吉隆坡，全国人口总数的 80%主要分布在西马，马来西亚人口中 70%是马来人、华人占 23%、印度人占 7%、其他人种约 1%。马来西亚的国语是马来语，通用英语，华语使用较广泛。货币为马币，也称令吉，货币符号为 RM。

本章是对马来西亚保险市场发展及监管情况进行介绍，马来西亚保险市场的最主要的特点和亮点在于对东盟市场具有引领性的塔卡福业务。

第一节　马来西亚保险市场发展情况

一、整体保险市场

（一）经营主体

2021 年，马来西亚保险市场共有保险经营主体 172 家，其中原保险公司 36 家、专业再保险公司 7 家、塔卡福保险公司 15 家、保险经纪公司 26 家、保险公估公司 51 家、金融顾问公司 37 家。此外，还有财产险协会、寿险协会、塔卡福保险协会、本地保险公司协会、经纪人协会和公估人协会 6 家行业组织。行业拥有网点 881 家，行业从业人员 3. 70 万人，代理人从业人数为 12. 79 万人。总体来看，马来西亚保险市场对外开放程度较高，产寿险市场的主要参与者大多是合资保险公司。

（二）业务规模

据瑞再研究院公布数据，2021 年马来西亚整体保险业的总保费收入为 197. 1 亿美元，较上年增长了 4. 1%，保险密度为每人 601 美元，保险深度为 5. 3%。

据马来西亚本国保险监管部门数据，2021 年马来西亚总保费收入为 585. 19 亿令吉，较上年增长 3. 78%。行业总资产为 3296. 90 亿令吉，在金融市场中占比为 5. 26%。

保险深度为3.89%，保险密度为1795.05令吉/人。2021年，马来西亚保险业赔付总支出为330.00亿令吉，赔付率为56.39%，赔付率较上年下降了4.06个百分点。

二、财产保险市场

（一）经营主体

2021年，马来西亚财产险市场包括原财产险公司22家，专业财产险再保险公司5家、综合再保险公司1家，代理人从业人数为3.99万人。

（二）业务规模

据瑞再研究院公布数据，2021年马来西亚财产险业的总保费收入为51.5亿美元，较上年增长了0.9%，保险密度为157美元/人，保险深度为1.4%。

据马来西亚本国保险监管部门数据，2021年马来西亚财产险业保费收入为177.67亿令吉，较上年增长2.45个百分点。行业总资产为485.50亿令吉，保险深度为1.18%，保险密度为545.01令吉/人。2021年，马来西亚财产险业赔付总支出为77.38亿令吉，赔付率为43.55%，赔付率较上年下降了3.49个百分点。

（三）险种构成

2021年，马来西亚财产险市场中比重最高的险种为机动车辆保险，保费收入82.62亿令吉，占比为46.5%，第2位为企业财产险，保费收入36.03亿令吉，占比为20.3%，第3位为医疗费用和人身意外保险，保费收入为19.73亿令吉，占比为11.1%，未有比重超过10%的其他险种。

三、人寿保险市场

（一）经营主体

2021年，马来西亚人身险市场包括人身险公司14家，专业人身险再保险公司1家、综合再保险公司1家，代理人从业人数为8.81万人。

（二）业务规模

据瑞再研究院公布数据，2021年马来西亚寿险业的总保费收入为145.6亿美元，较上年增长了5.3%，保险密度为444美元/人，保险深度为3.9%。

据马来西亚本国保险监管部门数据，2021年马来西亚寿险业保费收入为407.51亿令吉，较上年的390.44亿令吉增长了4.37个百分点。行业总资产为3296.90亿令吉，保险深度为 2.71%，保险密度为 1250.04 令吉/人。2021 年，马来西亚人身险业赔付总支出为 252.62 亿令吉，赔付率为 61.99%，赔付率较上年下降了 4.41 个百分点。

（三）险种构成

2021 年，马来西亚人身险市场中，投资联结保险保费收入为 261.18 亿令吉，占比为 61.2%，两全寿险保费收入为 85.60 亿令吉，占比为 20.07%，终身寿险保费收入为 44.04 亿令吉，占比为 10.3%，定期寿险保费收入为 3.43 亿令吉，占比为 0.8%，其他的普通寿险保费收入为 32.33 亿令吉，占比为 7.6%。

四、塔卡福保险市场

马来西亚拥有亚洲最大的塔卡福保险市场，也是全球最重要的塔卡福保险市场之一。塔卡福和传统保险本质上有相同之处，运营模式类似互助保险，即保费形成风险基金，保险公司作为风险基金管理人获得管理费，风险由投保人承担。近年来，马来西亚的塔卡福年均增速均高于传统寿险。

（一）经营主体

2021 年，马来西亚塔卡福保险市场共有塔卡福保险公司 15 家，经营机构 268 家，行业员工 4223 人。行业有保险代理人 8.57 万人，其中人身险（“家庭险”）代理人 7.17 万人、财产险（“一般险”）代理人 1.40 万人。

在马来西亚，只有塔卡福保险公司允许经营塔卡福业务，但可以向所有居民销售产品。代理人是塔卡福业务销售的主要渠道，大部分是兼职代理人，塔卡福银行可以销售塔卡福保险产品。监管机构对塔卡福保险的监管政策较为宽松。由于马来西亚相关人口众多，市场空间大，外资保险集团正进入该市场。

（二）业务规模

2021 年，马来西亚回教保险的行业总资产为 458.03 亿令吉，净保费收入（净贡献金）规模为 138.04 亿令吉，保险深度为 0.92%，保险密度为 423.43 令吉/人。净赔付支出金额为 56.38 亿令吉，赔付率为 40.84%。

其中，财产回教保险的行业总资产为 55.44 亿令吉，净保费收入为 29.34 亿令吉，总保费收入为 38.33 亿令吉，保险深度为 0.20%，保险密度为 90.01 令吉/人。净赔付支出金额为 10.78 亿令吉，赔付率为 36.75%。

人身回教保险的行业总资产为 402.59 亿令吉，净保费收入为 108.69 亿令吉，保险深度为 0.72%，保险密度为 333.42 令吉/人。净赔付支出金额为 45.59 亿令吉，赔付率为 41.95%。

（三）险种结构

1. 财产塔卡福的险种结构

2021 年，马来西亚塔卡福财产险市场各险种比重为：机动车辆保险保费收入为 25.42 亿令吉，占比为 66.3%，火灾保险保费收入为 6.86 亿令吉，占比为 17.9%，医疗费用和人身意外保险保费收入为 3.34 亿令吉，占比为 8.7%，建筑工程一切险保费收入为 1.34 亿令吉，占比为 3.5%，责任保险保费收入为 0.47 亿令吉，占比为 1.2%，海上航空运输保险（MAT）保费收入为 0.22 亿令吉，占比为 0.6%，工人赔偿和雇主责任保险保费收入为 0.06 亿令吉，占比为 0.2%，其他保险保费收入为 0.61 亿令吉，占比为 1.6%。

2. 塔卡福人身保险的险种结构

2021 年，马来西亚塔卡福人身险市场各险种比重为：投资联结保险保费收入为 41.41 亿令吉，占比为 55.8%，两全保险保费收入为 16.78 亿令吉，占比为 22.6%，定期寿险保费收入为 3.17 亿令吉，占比为 4.3%，年金保险保费收入为 0.00 亿令吉，占比为 0，其他普通寿险保费收入为 12.88 亿令吉，占比为 17.3%。

第二节 马来西亚保险监管情况

一、监管机构

《金融服务法案》明确马来西亚中央银行负责监管马来西亚金融行业。

二、监管法律法规

2013 年 6 月，马来西亚颁布了《金融服务法案》和《沙里亚金融服务法案》，完善金融保险监管法律框架，对保险公司的经营范围和市场准入等进行了修改。《金融服务法案》规定保险公司不得同时经营寿险和财产险业务，持有综合牌照的保险公司需要在 2018 年 6 月前分拆为单一保险公司。意外险属于财产险类，寿险公司不允许销售单独的意外险产品，但可以作为附加险销售。

三、市场准入监管规定

保险公司的最低实缴资本为 1 亿马币，寿险再保险公司最低实缴资本为 5000 万马币，财产险再保险公司最低实缴资本为 1 亿马币。

四、对外资监管规定

外国保险公司进入马来西亚市场只能采取合资公司的形式。2009 年，合资公司中外资股比上限由49%提升至70%，但可以通过逐案审核方式允许100%的外资持股，目前，友邦保险和保诚保险持有其马来西亚公司100%的股权。外资公司收购马来西亚保险公司5%以上的股权需要获得BNM的事先批准。

五、偿付能力监管规定

BNM于2007年发布了RBC风险资本监管框架，自2009年起对传统保险公司实施RBC，《沙里亚金融服务法案》规定塔卡福保险公司于2014年起实施RBC。偿付能力充足率的计算方式为：实际资本/总资本需求。BNM规定偿付能力监管目标水平为130%。各保险公司可以根据自己的风险状况设定偿付能力水平，该水平可以低于BNM的监管目标水平，经BNM批准可作为该公司的监管目标水平。

六、资金运用监管规定

保险公司可以投资国债、企业债、股票、房地产和海外资产等。其中，对单个发行者的投资不能超过总资产的10%；对单个或关联集团发行的证券和非标资产不能超过总资产的25%；对非上市公司股权投资不能超过总资产的10%；对非标资产投资不能超过总资产的15%；对基金的投资不能超过总资产的10%；海外投资不能超过总投资的10%，且投资标的国信用评级不得低于马来西亚。BNM可以根据对某家保险公司风险和风险管理能力的评估结果，限制该公司对于一种或者多种资产的投资。

七、强制性保险及税费规定

马来西亚的强制保险包括机动车第三者责任保险（人身伤亡）、旅游险、劳工补偿保险、外籍员工保证保险、外国雇员雇主责任险、船东海洋污染责任险、职业责任险（律师、保险经纪人、金融顾问以及纳闽岛从业的核保经理及经纪人）、建筑物（如公寓）火灾保险、外籍员工健康险。

税费规定方面，针对被法律允许的无当地经营执照保险公司业务要征收预提税。预提税率为分出海外净保费的1.2%。无当地经营执照保险公司不用缴付消费税和印花税，无当地经营执照保险公司汇往马来西亚的赔款需要征税。

第三节　马来西亚保险业的特点及亮点

——对东盟市场具有引领性的塔卡福业务

马来西亚、印度尼西亚和文莱三国基于民众信仰因素，保险市场都重视发展塔卡福业务，但三国的特点不尽相同。马来西亚保险市场的特征在于其塔卡福业务对于东盟市场是具有引领性的，在发展历程、业务规模、监管架构、行业协会体系、发展目标五个方面都体现出对东盟市场的引领性地位。

《前期相关知识》专栏

塔卡福业务概述

一、塔卡福的定义

塔卡福是“Takaful”的音译，是依据沙里亚经济思想的保险种类。指一些人联合起来设立共同基金，以对遭受意外灾难的成员给予经济补偿的方式。总体上看，塔卡福采用与投保人盈亏共担的方式避免了“以钱生钱”和利息。

二、塔卡福业务的发展历程

20世纪70年代，中东及马来西亚等地区的民族复兴运动蓬勃兴起，这些地区否定和排斥西方的现代化模式，认为现代化不等于西方化，主张用自身的发展观解决所面临的问题，重新审视和思考现代化发展道路，逐步建立起特有的经济与金融体系。

传统保险机制不被上述地区认可，一是因为传统保险会涉及利息。由于传统保险公司会用保费基金投资，不可避免会“以钱生钱”，涉及利息，这与沙里亚法的“禁息”规定相抵牾。二是因为传统保险存在“不确定性”，被视为是一种赌博。一切事情都是确定的、有安排的，安排给你的东西就要接受，哪怕不好的事也要接受，然而传统保险却对风险进行补偿。保险服务的不确定性很强，客户买了保险后是否能享受保险是不确定的，只有风险事故发生才能享受，大部分人有可能在缴纳大量的保险金后并没有发生任何意外事故而无权获得补偿，这样保险公司将积聚大量财富。而且有些人为了得到保险的赔付，会故意伪造理赔事件，这似乎将诱惑世人以欺诈、投机、冒险等不正当手段谋取不义之财。

鉴于对传统保险机制的不认可，一些学者开始积极设计新的保障机制，要创造出与传统保险在风险评估及处理的方式上，以及保险基金的处理上存在本质区别的新机制，要基于“相互责任”“相互合作”和“相互提供援助和帮助”的原则设立，实际上是一种“联合担保”，即“当某个投保人遭受损失或损害时，由所有参与保险者联合承担风险的一种方法”。

1976年，一个重要的国际经济学会议在麦加召开，与会代表号召建立一项摆脱利息和投机的保险制度，以代替目前流行的商业保险形式。1979年1月，第一个塔卡福保险公司在苏丹宣布成立，它附设在苏丹费萨尔银行下，实付资本100万美元，苏丹政府给予免税的特权加以扶持。此后，相关国家纷纷仿效苏丹，塔卡福保险公司发展迅速。1979年迪拜设立塔卡福保险公司，1980年，勒巴拉卡集团在麦纳麦市成立巴林第一家塔卡福保险公司，1994年约旦设立互助保险基金并承办保险。随着塔卡福保险公司的增多，巴林发展为塔卡福保险业的中心。在东南亚地区，基于自身条件马来西亚在20世纪80年代率先发展塔卡福业务，马来西亚的成功带动了东南亚塔卡福业务的发展，随后文莱、新加坡、印度尼西亚等国也逐渐设立了类似的机构。

三、塔卡福业务的主要特点

塔卡福最根本的特点在于其运营模式类似于“互助保险”，保费会形成风险基金，保险公司作为风险基金管理人获得管理费，风险则由投保人承担，由于塔卡福保险公司不以营利为目的，成本低廉而让利投保人，加上互助保险的形式，因此是一种低成本的模式。塔卡福业务会在实践中采用各种手段，通过利息的合理置换，使其投资行为符合了沙里亚基本原则的要求。塔卡福保险主要特点如下：

一是风险由保险公司与投保人盈亏共担。投保人的保险费称作保险基金，由保险公司以盈亏共担的形式进行投资，盈利和亏损都由两者共同承担。投资盈利在减去赔偿金、准备金和日常管理费用后，在所有的投保人或未获得赔偿金的投保人之间进行分配，分配比例取决于保险公司的规定。在塔卡福保险公司中，投保人的保险费被分存在两个基金中，互助基金和投资基金，互助基金所占份额根据投保人的年龄和投保期限从2.5%至10%不等，剩余的进入投资基金。保险费的支出由互助基金提供，来自投资基金的盈利则根据事先规定的比例在投保人和保险公司之间进行分配，6：4、7：3、8：2不等。在塔卡福保险公司的投资活动中，投保人不参与具体的投资经营，不干预具体的投资品种和债券种类的选择，只能和保险公司一起按事先规定的比例分取利润、分担损失。

二是投保人保险数额的固定性。塔卡福保险业中，保险协议一旦签订，保险费的数目便固定下来，不随年龄和时间的推移而变化。同类生活财产保险的保险费数额是相同的，不像世俗的保险公司对那些风险比较大的或意外事故发生率较高的投保人收取高额的保险费。

三是塔卡福保险公司投资范围受限较多。塔卡福保险公司尽管也能进行直接投资和间接投资，但不能像世俗的保险公司那样通过银行存款或贷款而获得利润。此外，由于其金融体系的同业拆借市场也不发达，因此要有相当大的存款准备金以应不时之需。这在一定程度上限制了塔卡福保险公司用于投资的份额。

四是保险补偿的特殊性。塔卡福保险公司对所有死亡的投保人不管死因如何都给予相应的补偿，包括那些自尽或犯罪被判处死刑的，因为大部分民众相信，所有生命的死亡不管死亡方式如何最终都是由真主决定的，因而应该平等地获得补偿。当投保人死亡时，其继承人也可以获得相应比例的投资收益。

资料来源：编著者根据公开资料整理。

一、特征体现一：较早且丰富的塔卡福发展历程对东盟市场具有引领性

马来西亚是东盟各国中最早开展塔卡福业务的国家。早在1979年，全球首家塔卡福公司在苏丹宣布成立后，马来西亚就开始仿效苏丹，发展自身塔卡福产业。1984年，马来西亚就颁布了《塔卡福业务法》，并于1985年成立了第一家塔卡福公司——马来西亚塔卡福有限责任公司。1988年，马来西亚中央银行行长亲任上述公司的董事长。自此，塔卡福业务的运营正式纳入中央银行的整体监管之下，有效地保证了塔卡福产业的平稳发展。马来西亚塔卡福产业大体上可分为4个发展阶段，各年度的主要发展情况如

表 6-1 所示。

表 6-1 马来西亚塔卡福产业年度大记事

阶段	年度	具体事件
初创发展阶段 1982—1988 年	1982	成立特别工作组，以分析建立新型保险公司（塔卡福）的可行性
	1984	制定《塔卡福保险法》，成立马来西亚塔卡福有限责任公司
	1988	马来西亚中央银行开始对传统保险业务和塔卡福业务行使监管职权
稳固发展阶段 1993—2002 年	1993	成立 MNI 塔卡福有限责任公司
	1995	成立东盟塔卡福集团
	1997	在马来西亚纳闽岛国际离岸金融中心成立东盟再保险国际有限公司
	1998	MNI 塔卡福公司更名为国民塔卡福公司
	2000	马来西亚塔卡福公司与国民塔卡福公司制定了道德规范
	2001	成立 IBFIM，央行推出金融业总体规划
	2002	马来亚银行塔卡福保险有限公司开始营业，马来西亚塔卡福协会成立，沙里亚金融服务委员会成立
建立保险中心发展阶段 2006—2010 年	2006	公布沙里亚金融中心计划，成立了本国金融监管部门下的网络机构 MIFC，向汇丰、保诚等 5 家全球知名保险公司发放牌照
	2008—2010	向慕尼黑再塔卡福公司等 4 个国际知名再保险公司发放牌照，国际塔卡福运营商协议正式生效
	2009	IFSB-8 商议了塔卡福管理问题，IFSB-10 商议了沙里亚治理原则问题
	2010	IFSP-8 商议了塔卡福的偿付能力问题
现代化发展阶段 2011—2018 年	2011	央行推出 2011—2020 年金融业蓝图
	2012	修订沙里亚管理框架并颁布塔卡福运营计划
	2013	沙里亚金融服务法生效
	2014	为塔卡福业务引入风险资本
	2015	引入了塔卡福公司的内部资本充足评估程序，并实施了精算师和商品服务税
	2016	引入财务报告及运作财务申诉专员计划的合理化
	2017	引入人寿保险框架，引入机动车与消防车的费率自由化
	2018	将塔卡福业务转换成单一塔卡福业务

二、特征体现二：塔卡福业务规模对东盟市场具有引领性

作为全球第二大塔卡福市场，马来西亚塔卡福业务的保费收入在东盟保险市场中长

期保持着第一位的市场规模，相较印度尼西亚与文莱，具有压倒性的优势（见图 6-1）。

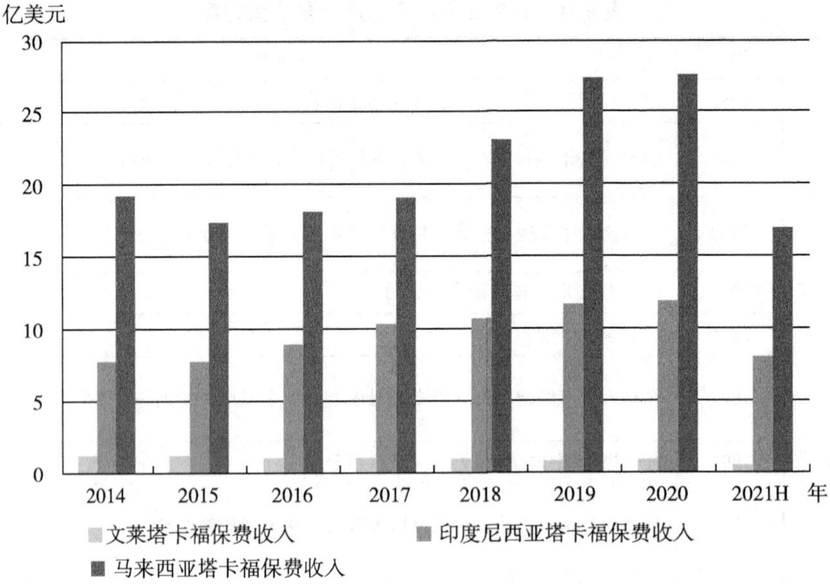

图 6-1　2014—2021 年上半年马来西亚、印度尼西亚、文莱的塔卡福保费收入比较

同印度尼西亚和文莱比较，马来西亚塔卡福保费收入从 2014 年的 19.34 亿美元（在三国中占比为 68.04%），一直到 2021 年上半年 17.00 亿美元（占比为 66.22%），一直稳定的保持着接近七成的比重（见图 6-2），可见马来西亚塔卡福行业在东盟保险市场中具有较强的引领性。

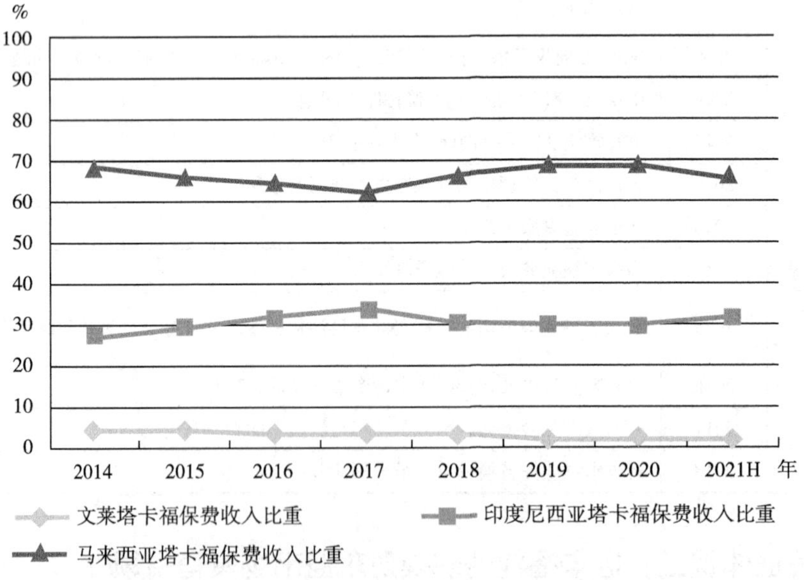

图 6-2　2014—2021 年上半年马来西亚、印度尼西亚、文莱的塔卡福保费收入占比情况

三、特征体现三："多框架"的塔卡福监管架构对东盟市场具有引领性

为更有效地对塔卡福业务进行监管，马来西亚中央银行近十年来发起了多个监管框架，这在东盟保险市场中是绝无仅有的，具有较强的引领性。

一是2010年的SGF治理框架。该框架全称为沙里亚治理框架，目标在于确保始终坚持以沙里亚原则开展业务，向沙里亚金融机构的董事会、委员会和管理层提供履行沙里亚原则的全面指导，通过审计确保沙里亚原则的正确实施。

二是2012年的TOF治理框架。该框架全称为塔卡福操作框架，目标是有序管理塔卡福产业的增长。该框架包含了塔卡福业务运营的统一性、确保塔卡福业务参与者的利益、保障可持续的塔卡福资金以及提高塔卡福运营的效率，该框架还涉及了运营成本、资金、收入、资产、负债和盈余以及资金不足等塔卡福业务的管理要求。

三是2015年的LIFTF监管框架。该框架全称为人寿保险与人寿塔卡福框架，该框架是支持人寿保险与家庭塔卡福业务发展的长期规划，主要目的是促进创新和竞争性的塔卡福保险市场，促进专业精神并鼓励产品和服务的透明度与完整性。

四是2017年的BSC监管框架。该框架全称为平衡积分卡框架，该框架是为马来西亚的消费者提供公平待遇，对经营主体的投诉数量、续保率、客户搜寻完成率、销售资质证书数量等进行了约束。

四、特征体现四：完善的保险行业协会体系对东盟市场具有引领性

在马来西亚，对塔卡福业务的管理不仅只是监管部门（BNM）的责任，马来西亚相关行业协会还在监管者与行业之间起到了很大的协调作用。马来西亚规定塔卡福经营者必须先加入行业协会，然后才能开展经营活动。目前，马来西亚的保险及塔卡福业的行业协会有四种，即马来西亚塔卡福协会、马来西亚人寿保险协会、马来西亚一般保险协会、马来西亚保险及塔卡福经纪协会。

在东盟保险市场中，马来西亚行业协会的设置是最为丰富且完善的，并且其还将传统保险业务与塔卡福业务进行了区分。作为对比，文莱保险和塔卡福协会是将传统保险业务与塔卡福业务统一管理，且该协会属于文莱信托集团旗下，该集团旗下还有2家塔卡福公司，这样"既当裁判员又当运动员"的局面难免会担忧其公平性。

五、特征体现五：以全球塔卡福中心的发展目标对东盟市场具有引领性

2006年8月，马来西亚政府公布了"沙里亚金融中心"计划，不仅只是立足东盟市场，而是谋求自身成为该领域全球中心的地位，为此马来西亚多措并举。

一是成立了本国金融监管部门下的网络机构MIFC，至今MIFC涉及26类机构，如马来西亚中央银行、马来西亚证券委员会、纳闽金融服务管理局、信托公司、沙里亚咨询公司等。"塔卡福与再塔卡福"也是MIFC的一类，可以说构建全球塔卡福中心也是马来西亚的目标之一，而成为东盟地区的塔卡福中心，是成为全球中心的首要过程。

二是制定了多项优惠政策，吸引东盟保险机构在内的全球投资者。如居民在本地投

资外币苏库克（债券）所获得的盈利免缴所得税等。保险方面优惠政策有：对从事国际交易的塔卡福业者予以10年完全免税优惠，给予在纳闽离岸金融中心注册的塔卡福机构以更大的业务灵活性，允许其在马来西亚任何地方开设分支机构，并同样享受原有的税收优惠。这样的优惠力度，当时在东盟相关国家是无法提供的。

三是推行自由化政策，快速发放多张沙里亚金融业务牌照。仅在政策实施的2006年当年，就发放了4张塔卡福业务牌照，值得注意的是，其中1张发放给了汇丰保险，这标志着以传统保险业务见长的头部保险公司，也开始寻求在塔卡福业务上进行发展。而后续，如英国保诚、加拿大永明、德国慕尼黑再保险、瑞士再保险、日本三井住友等全球保险业巨头也纷纷申请牌照，在马来西亚开展塔卡福业务。事实上，许多保险巨头在东盟开展塔卡福业务都是采取了“先在马来西亚，然后扩散到印度尼西亚、文莱、新加坡”的市场开拓历程。

四是在统计上对国内外业务以分开计量。马来西亚BNM对于塔卡福保险业务的统计，一直分为马来西亚本土市场和全球市场。尽管目前马来西亚的离岸塔卡福业务量不大，甚至在某些年度没有开展海外离岸业务，但对本土与全球市场的分开统计也彰显了其未来的发展目标。

六、马来西亚保险业特征的启示

任何一个民族、任何一个国家，都需要学习别的民族、别的国家的长处，学习人家的先进科学技术。因此，我们应当积极对马来西亚保险业的特征进行了解与研究，寻找启示意义。

《我国发展现状与东南亚各国保险业特征的对比》专栏

我国西北地区民族特色金融业务的发展现状

根据有关部门统计，我国西北地区有超过2000万人的少数民族人口，随着我国经济的不断发展，少数民族群体的收入也随之有了较大幅度的提高，其对金融产品和服务的需求不断增加。目前，我国主要是在宁夏进行了民族特色金融业务试点。

无利息银行在我国的发展现状：在宁夏银行开展的无利息银行业务主要提供三种产品：第一种是“色兰账户”，即根据“无息”原则，向客户提供的资金保管业务，宁夏银行以礼物的形式向客户支付回报；第二种是“财富账户”，即银行与客户签约，向个人或者机构募集资金，按照约定的条件，将资金投向符合规定的资产或项目，银行和客户按照事先约定的比例进行收益分配，与理财产品类似；第三种是“加价贸易”，即因为客户有延期支付货款的需要，客户与银行签订购买合约，约定由银行代客户向商品供应者购买商品，银行再以购买成本加上利润卖给客户，加价部分即为银行收益，属于贸易融资产品。截至2012年6月30日，累积开立保管账户1011户，账户余额5300万元，累计办理加价贸易业务222笔，发放金额13.4亿元。以后，公开信息数量较少。

苏库克债券在我国的发展现状：我国有面向国内市场发行的，也有面向国外发行的苏库克（Sukuk）债券业务。面向国内的案例如：宁夏是我国第一个发行苏库克债券的地方政府，2014 年 12 月 24 日，通过与中航证券合作，发行苏库克债券及美元债券，此次总融资规模不超过 15 亿美元，期限不超过 5 年。该债券名义上并不支付利息，但是给投资者支付该债券基础资产的“受益权”，把利息租金化，同时投资者在项目中拥有实物资产，不得投资酿酒、猪肉等禁止的领域；面向国外的案例有：2015 年年底，碧桂园在马来西亚发行了以马来西亚林吉特计价的苏库克债券，这是中国企业在国际金融市场上首次发行相关债券。整个发行计划的票面价值总额上限为 15 亿马来西亚林吉特，首期债券发行规模为 1.15 马来西亚林吉特，约相当于人民币 1.74 亿元，发行期限为 2 年，债券票面利率为每年 6%。本次发行计划投资级评级由马来西亚 RAM 担任，给予了碧桂园公司 AA3（s）的评级。然而，自此以后，我国苏库克债券业务的公开信息数量较少。

塔卡福业务在我国的发展现状：没有公开资料显示，我国内地地区目前已开展或曾经开展过塔卡福业务。

资料来源：编著者根据相关银行资料整理。

马来西亚保险业“对东盟市场具有引领性的塔卡福业务”的特征，主要启示在于要顺应当前“多元化并存”的时代趋势。马来西亚塔卡福业务与传统保险业务是同时在“并行不悖”的发展，呈现出典型的“双系统”特征，马来西亚的塔卡福业务是以社会和文化为动力在发展，而其传统保险业务则是以市场和商业为动力在发展，两者彼此互不干涉。可见，在对国家的治理中并不能一味的强调“大一统”、处处都只用一种模式，必须充分结合国情，多种模式并存也是现实的选择。因此，在经济社会运行当中要适当储备一些不一样政策制度的备选项，待有需要的时候启用以缓解燃眉之急。

复习思考题

1. 简答题：什么是塔卡福保险？塔卡福保险有哪些特点？
2. 简答题：中国有开展塔卡福业务的实践吗？如果有，请简单列举。
3. 简答题：你认为中国应当开展塔卡福业务吗？请说出你所认为的原因。

第七章　泰国保险市场概述

泰国全称泰王国，位于中南半岛中心地带，东南接柬埔寨，向南接马来西亚，西北邻缅甸，东北部与老挝接壤，东南临太平洋泰国湾，西南濒印度洋安达曼海。泰国具有悠久的历史和文化，古称暹罗，泰国是一个礼仪之邦，泰国人性情温和、注重礼仪、尊重长辈，人们见面时通常将双手合十于胸前、互致问候。泰国旅游资源丰富，旅游业是泰国的支柱产业。

泰国实行君主立宪制，全国分北部、中部、南部、东部和东北部五个地区，共有77个府，首都曼谷是全国最大城市、东南亚第二大城市，也是泰国政治、经济、文化、交通中心，第二大城市清迈是泰国著名的历史文化古城，是泰国北部政治、经济、文化、教育中心。泰国第一大民族为泰族，属汉藏语系壮傣语族民族，和中国的傣族、壮族族源相近，其他民族还有华族、马来族、高棉族、克伦族、苗族等。华人在人数上仅次于泰族，占总人口的14%左右。泰国国语为泰语，货币为泰铢。泰国实行自由经济政策，经济持续高速增长，成为世界的新兴工业国家和世界新兴市场经济体。

本章是对泰国保险市场发展及监管情况进行介绍，泰国保险市场的最主要的特点和亮点在于优秀的保险影视广告宣传。

第一节　泰国保险市场发展情况

一、整体保险市场

（一）经营主体

2021年，泰国保险市场共有保险公司74家，其中财产险公司52家，寿险公司22家。

（二）业务规模

据瑞再研究院公布数据，2021年泰国整体保险业的总保费收入为276.1亿美元，较上年增长了2.3%，保险密度为387美元/人，保险深度为5.3%。

据本国保险监管部门数据，2021年泰国保险业总保费收入为8903.96亿铢，其中财产险原保险业务2627.95亿铢，财产险再保险业务108.23亿铢，人身险原保险业务

6138.45 亿铢，人身险再保险业务 29.32 亿铢。总保费收入较 2020 年的 8643.22 亿铢增长了 3.02%，原保费收入较 2020 年的 8524.28 亿铢增长了 2.84%。保险深度为 5.42%，保险密度为 13247.19 铢/人。

二、财产保险市场

（一）经营主体与业务规模

2021 年，泰国财产险市场共有保险公司 52 家，据瑞再研究院公布数据，2021 年泰国财产险业的总保费收入为 118.3 亿美元，较上年增长了 3.8%，保险密度为 141 美元/人，保险深度为 1.9%。

据本国保险监管部门数据，2021 年泰国财产险原保费收入为 2627.95 亿铢，较上年增长 4.03%，保单数量为 7380.62 万张，平均每张保单保费为 3.56 铢。财产保险的保险深度为 1.62%，保险密度为 3970.67 铢/人。净赔付额为 1284.86 亿铢，净赔付率为 67.40%。包括 URR 和长期技术储备的综合比率为 104.52%，保费留存率为 71.46%。同年，泰国再保险市场保费收入为 108.23 亿铢。

（二）险种结构与营销渠道

2021 年泰国财产保险市场的险种构成，车险保费收入比重最大，为 1474.06 亿铢，比重为 56.1%，其中强制车险保费为 186.34 亿铢、自愿车险为 1287.72 亿铢。其次是个人意外险，保费收入 312.34 亿铢、占比 11.9%，第 3 位是工业一切险，保费收入 291.23 亿铢、占比 11.9%。

在营销渠道方面，经纪是最主要的营销渠道，仅此一个渠道的比重就超过 70%。在 2021 年 2542.69 亿铢的财产原保险保费收入中，首先为经纪渠道的 1833.87 亿铢，占比为 72.12%；其次为银保渠道的 262.27 亿铢，占比为 10.31%；再次为公司直销渠道的 204.98 亿铢，占比为 8.06%；往后依次为代理渠道 167.57 亿铢，占比为 6.59%；工程地点销售渠道 45.86 亿铢，占比为 1.80%；电话销售渠道 12.79 亿铢，占比为 0.50%；互联网营销渠道 6.83 亿铢，占比为 0.27%；邮政营销渠道 0.003 亿铢，占比为 0.0001%；其他渠道 8.51 亿铢，占比为 0.33%。

三、人寿保险市场

（一）经营主体与市场份额

截至 2021 年 12 月 31 日，泰国保险市场共有 22 家寿险公司。泰国人寿保险市场的集中度较高，占有率超过 10% 的公司有 4 家，分别为友邦（25.65%）、泰国人寿（14.75%）、富卫人寿（13.21%）、芒泰人寿（11.89%），市场集中度指数 CR3 =

53.61%、CR5=73.65%、CR10=93.19%。

（二）业务规模

2021年，泰国人寿保险市场的总保费收入为6167.78亿铢，原保险为6138.45亿铢、再保险分入收入为29.32亿铢，行业总资产为42342.59亿铢。总保费收入中，首年保费为975.64亿铢、续期保费为4445.81亿铢、趸交保费为729.28亿铢。人身保险的保险深度为3.79%，保险密度为9276.52铢/人，人身保险覆盖率为39.57%。

（三）险种结构与营销渠道

泰国人身险保费收入统计口径分为主险与附加险，2021年，主险总保费收入4948.58亿铢，占比为80.23%，附加险总保费收入1219.19亿铢，占比为19.77%。泰国人身险市场中比重最大的是普通寿险，占比接近70%，第2位是投连险，占比为7.47%，第3位是年金险，占比为2.31%。

营销渠道方面，代理与银保是最主要的两大渠道，两者之和占90%以上。在2020年6002.06亿铢的保费收入中，代理渠道保费收入3203.49亿铢，占比为53.37%，银保渠道2315.69亿铢，占比为38.58%，经纪渠道238.09亿铢，占比为3.97%，电话销售渠道11.88亿铢，占比为0.20%，网络营销0.45亿铢，占比为0.01%，其他渠道91.40%，占比为1.52%。

第二节　泰国保险监管情况

一、监管机构

2007年，为加强保险监管，泰国将商务部保险局改组为独立的保险委员会办公室。泰国保险委员会由12位委员组成，其中6位来自政界，分别是财政部部长、商务部部长、央行行长、证券交易委员会秘书长、消费者保护理事会秘书长和OIC秘书长，另外6位委员来自各专业领域，包括法律、商务、财务、经济学以及保险（2名）。保险委员会下设办公室即OIC，由秘书长负责全面工作，并设3个职能部门，分别负责保险促进与发展、保险稳定（监管与检查）和法律事务（诉讼和消费者保护）。OIC成立以后，制订了《保险发展计划（2010—2014年）》并得到内阁通过，主要从提高公众保险意识和信心、提高保险公司偿付能力和竞争力、提高服务和保障水平以及加强保险业基础设施和政策环境建设四个方面促进泰国保险业的发展。

二、监管法律法规

泰国早在1992年便颁布了自身的保险法，后续2008年还颁布了《人寿保险法》。泰国保险委员会办公室还出台了相关法条以逐步去除强制费率。

三、市场准入监管规定

对于1997年以前成立的产险公司，资本金要求是3000万泰铢，对于1997年以后成立的产险公司，资本金不低于3亿泰铢。此外，每个险种要求有350万泰铢的保证金。对于1997年以前成立的寿险公司，资本金要求是5000万泰铢。对于1997年以后成立的寿险公司，资本金不得低于5亿泰铢。除此之外，寿险公司的资本金还不得低于准备金的2%，并且必须有2000万泰铢的保证金以现金、泰国政府债券或者OIC规定的其他资产形式存在。

四、对外资监管规定

无论产险和寿险，外资只能通过设立分公司或者与泰国保险公司合资的形式进入泰国保险市场。为缓解本国资本不足，改善保险公司财务状况，2012年OIC将外资股比上限从25%提高至49%。外国保险公司如果想进一步提高股比，需要得到OIC和财政部的特批。

五、偿付能力监管规定

2011年9月，OIC宣布开始实施风险基础资本框架，规定最低资本充足率为125%，并自2013年1月起提高到140%，偿付能力溢额不得低于上一年度自留保费的10%，资产剩余至少要能覆盖3000亿泰铢的负债。2013年，OIC启动了风险基础资本框架的第二阶段工作，计划提高当前偿付能力制度的风险敏感度，推动与国际规则趋同，并且制定完善偿付能力制度以及建立自风险与偿付能力评估路线图。第二阶段的工作主要包括五个重点：一是对目前的风险边际进行评估；二是增加新的风险因子，如运营风险、流动性风险和集团风险等；三是风险分散；四是对实际资本进行定义；五是对非典型资产进行估值。目前，已经完成市场测试，正在试运行中，下一步将进行监管评估，至于何时全面实施将取决于监管机构和行业的讨论结果。这一工作是OIC与美国咨询公司韬睿惠悦合作开展的（见表7-1）。

表7-1　泰国资本充足率与OIC监管对应

资本充足率（CAR）	OIC监管政策
140%以上	无
120%以上不足140%	不可投资房地产及房地产抵押贷款
100%以上不足120%	不可投资房地产及房地产抵押贷款；不可新设分公司、销售新产品
不足100%	不可投资房地产及房地产抵押贷款；不可新设分公司、销售新产品；提交重组计划

资料来源：泰国保险委员会（OIC）。

六、条款费率与资金运用监管规定

泰国的保险产品费率一直被高度管制，直到现在，大多数主要险种仍然执行强制费率，即会规定最低、最高费率。保险条款、保单文本以及其他销售资料在使用前必须报OIC批准。为节省报批时间，保险公司多使用标准条款。寿险不设法定费率，而产险费率必须取得OIC的批准。除财产一切险和车险使用固定费率之外，其他保险险种的费率都要在OIC提供的浮动费率内浮动。固定费率是OIC在泰国产险协会的保险费率厘定事务所制定的参考费率基础上，加上适当的附加费率后得出。保险公司在OIC规定的费率浮动范围内制定自己的费率，取得OIC的许可后可以使用。保险金额超过20亿泰铢的企财险可自由厘定费率。

泰国保险公司最多可以将40%的资产投资到风险较高的类别，还可以投资带有回购和逆回购协议的证券，或者与泰国央行认可的交易对手开展上不封顶的证券借出和借入活动。

七、强制性保险及税费规定

泰国强制保险包括机动车第三者责任险（人身伤亡）、特定燃油燃气设施操作人员火灾爆炸责任险、航空责任险、危险物品运输责任险、劳工补偿、出租用途的水上摩托损坏险、船上个人意外伤害、工地核查人员责任险。

税费规定方面，泰国向被保险人征收7%增值税，向保险公司征收保费的0.1%作为保障基金，向保险公司征收0.05%~0.4%的印花税。

第三节　泰国保险业的特点及亮点
——优秀的保险影视广告宣传

泰国的总保费收入排在东盟地区第2位，其保险业之所以发展程度较好，是因为民众对保险认可度高，一个很重要原因在于泰国保险广告制作优秀、深入人心。泰国的保险影视广告采取平民视角、富有叙事性的故事情节、深度融入文化内涵，并且本身国家广告行业的实力较强，因此泰国保险影视广告的国际传播影响力非常广泛，即使不了解保险业的公众也同样对该国的保险广告作品耳熟能详，泰国的保险市场也因广告而繁荣。可见，泰国保险业的突出特征在于“优秀的保险影视广告宣传”。

一、特征体现一：广告行业实力强劲

泰国本身的广告行业实力较强，已经实现“冲出亚洲，走向世界”，不仅在东南亚、在亚洲乃至全球都充分认可泰国出品的广告。全球五大广告奖项——克里奥广告奖、戛纳广告奖、纽约广告奖、伦敦广告奖、莫比广告奖中也频频出现泰国作品。据Statista数据库统计数据，2021年泰国的广告业总额超过600亿泰铢，其中电视视频类广告达416

亿泰铢。泰国广告早已被全球业界贴上了“高水平创意、特色鲜明、夸张幽默”的标签，成为泰国国家的一张“名片”，泰国也是公认的东南亚广告强国。

泰国是舆论相对宽松自由的国家，政府保证不限制言论自由，只要不涉及国王或者政府的负面评价便不会受到严苛管制。从 2022 年全球各国的自由度指数（HFI）排名来看，泰国获得的评分为 6.89，排名全球第 96 位，在东南亚地区仅次于新加坡、马来西亚和印度尼西亚。舆论环境的相对自由，便不会束缚创作者的想象，能促进更多创意广告作品的诞生。

二、特征体现二：保险影视广告多以平民为视角

不同于大多数国家通常采取的以明星代言、借助明星良好形象来宣传品牌和产品的保险广告形式，泰国的保险广告大多是以平民，甚至是遭受不幸的底层人物来作为广告的主角。据统计，泰国的广告以平民素人做主角的占比为 85.25%，使用明星仅占比 3.12%，其余是以神话形象、动植物等非人物为视角。以与泰国保费收入排名前三的寿险公司泰国人寿、曼谷人寿、芒泰人寿为例，其主要的保险广告主角都是平民或底层人民（见表 7-2）。

表 7-2　泰国主要保险广告的人物形象

企业名称	广告名称	主体人物形象	社会阶层
芒泰人寿	很有道理的样子	癌症男主人	底层人物
	父爱	病重即将去世的爸爸	
	无声的爱	聋哑父亲	
	合唱篇	残障儿童	
	机会	离婚、丧子、沦落街头的女人	
	无名英雄	平凡男子	
曼谷人寿	打不死的蟑螂	保险推销员	平民

资料来源：赵阳阳．中泰两国保险广告的比较分析［J］．青年记者，2018（6）：97-98。

此现象的原因可能在于泰国的社会贫富差距悬殊，中低收入群体众多，人口比重约占全国 80%，但 20%的中上层富人却掌握着社会 80%的财富，底层 20%的穷人甚至只掌握 4%的财富。不论是在东盟或全球其他发展中国家，保险的主要消费群体都是中低收入阶层，泰国的底层民众并不喜欢信达雅的“高端”的广告呈现方式，更偏好于叙事性强的广告类型，因为后者可以更直接、更透彻地了解到自己所能得到的保障。明星的身份与生活对大多数人来说是遥不可及的，小人物的形象反而显得真切。在保险广告中大量使用平民与底层人物形象更接地气，通过对平民生活场景的加工再现，有效地拉近了与广大受众的距离。此外，广告讲述的多是曲折而感人的小故事，由被赋予悲情色彩的小人物来演绎，能够增强广告情绪的渲染，也更能够打动观众的内心。

三、特征体现三：保险影视广告的故事情节极富叙事性

泰国保险影视广告之所以让人印象深刻，主要原因是其故事情节上富有叙事性，手法上或幽默，或感人，或平实，以下选取三个优秀保险广告作品——《泰坦尼克号》《承诺》《一个保险广告的诞生》为案例，论述案例叙事性强的具体表现。

（一）案例分析一：柜台服务保险经纪公司广告《泰坦尼克号》

该广告由泰国柜台服务公司出品，是旅游综合意外险广告，共计 4 个篇章，时长 4′13″，属于“幽默类型”的广告。柜台服务公司是支付服务企业，同时拥有寿险和财产险的经纪人牌照，尽管不是保险公司，但是出品的广告依然叙事性极强。整个广告讲述的是乘坐飞机旅行的相关保险经历，但手法上采取了模仿电影《泰坦尼克号》（以下简称“电影”）的搞笑形式，将电影的“乘船”故意巧妙替换成“乘机”，并且将所能提供的保险责任内容一一幽默地展现在情节中。

开头预告部分，以模仿电影中男女主角在木板上深情遗言的桥段开场，但广告中男主的遗言是“旅行保险很重要”，此设计起到了直接引出主题的作用。第 1 章主题为“不会坠毁的飞机”，但主题刚一出现，模仿“杰克”的男主便马上在机场摔倒，手下意识地抓住类似于电影海洋之心的一颗项链，此时旁白告知“此意外情况能得到赔付”。之后，模仿“露丝”的女主角出现，表示自己是项链的主人，在第 1 章中完成了类似电影的男女主初次相遇过程；第 2 章“命运的邂逅”，同电影情节类似，女主和富豪男朋友吵架，此时广告片印象最深刻的幽默场景出现，女主竟然站在了机舱外的机翼上要跳下自尽，对于正飞行在高空的飞机显然是夸张的幽默手法，此时旁白告知“故意的情况得不到赔付”，知此原因女主便放弃自尽念头，并接住男主的手，同男主模仿了电影“张臂飞翔”的桥段，此处可以说是对保险除外责任的生动说明；第 3 章主题为“我的旅途”，该部分通过模仿电影多个桥段介绍了保险责任，包括男女主跳踢踏舞踩踏到其他乘客脚部——三者损失可赔，男主为女主画像在削铅笔时划伤手指——意外情况可赔，女主皮包丢失——财物丢失可赔。第 4 章主题为“相撞冰山”，飞机撞上冰山在现实中显然是无稽之谈，而旁白告知“不论怎样离奇的情形都可获得赔付”。飞机随即坠毁，重回到开头部分的木板深情遗言的画面，此时由女主问“怎样才能获得上述保障?”广告转成了投保流程，再次梳理了本旅游综合险可提供的意外、疾病、财物丢失、航班延误、三者损失等保险责任，告知了保费价格，并强调了公司名称，至此完成整个广告叙事情节的闭环。

该广告以模仿电影为框架可让故事更通俗易懂，还在每一个篇章及桥段都巧妙展示了产品所能提供的保障，并且手法上幽默，起到了极其深刻的营销宣传效果。

（二）案例分析二：友邦泰国保险公司广告《承诺》

该广告由友邦泰国保险公司出品，是寿险产品广告，时长 4′41″，属于“感人类型”

的广告。该广告并不同于通常保险广告的“父亲或母亲去世”“孩子重伤”“展示遗像”等惯常催泪方式，而是通过先笑后哭的类似小品手法来达到感人效果。

女主是即将结婚的美女，在广告便开头抛出“谁会终身信守承诺?”的疑问，是否为丈夫，抑或其他人。而后，女主一早起床便得到备好的豆浆、工作间歇得到外卖派送的水果、私家车上被放置蔬菜沙拉同时附上“多吃对心脏好”的贴心话语，但未婚夫却否认是自己做的，女主也觉得奇怪。一次女主跑步遇到下雨，一个猥琐的大叔主动过来撑伞，眼睛还直勾勾地盯着女主的胸口，女主非常反感，一度要报警。后来，大叔添加了女主的社交账号，道明目的，女主才终于知道大叔的身份。大叔在自己女儿要病故时，把女儿的心脏捐给了女主，自己便将终身信守承诺，把女主当成自己女儿一样去关爱。揭开故事面纱后，配上动人的背景音乐以及大叔与女儿先前的生活画面，催人泪下。画面转到婚礼现场，女主认大叔做自己父亲，因为大叔的父爱会终身信守承诺，最后画外音出现——信守每一份承诺，不让您失望，我们是友邦泰国保险公司，已在泰国扎根80周年。

可见，通过巧妙的叙事，保险公司用广告中特殊的父爱作为背书，展现出自己会同样地对客户终身信守承诺，并以自身80年的营业时间作为客户可托付的资本，如此的“承诺”手段才更富有力度。

（三）案例分析三：安联大城保险公司广告《一个保险广告的诞生》

该广告由安联大城保险公司出品，是健康保险产品广告，时长6′24″，属于“写实类型”的广告。或许是直接催人泪下的保险广告让人厌烦，该广告是以“广告工作者如何为保险公司设计广告”为叙事主题，这种“广告中的广告”手法极具创新性。

该广告是以一个广告公司员工向广告主（委托方）介绍广告脚本的形式展开的，据介绍，男主是中年上班族，被医生宣布患上重症，当即落泪、情绪零碎。男主到处打电话咨询，但得到的消息越发绝望，想起自己是安联大城公司的客户，以“病急乱投医”的心态打电话给保险公司，保险产品能提供专业的二次诊断医疗服务，由保险公司提供的医疗方案似乎更为先进有效，并且不产生额外费用，这让男主信心大增，此时咨询电话的图片出现，起到了“硬宣传”的效果。下一个桥段，男主与母亲相拥哭泣后，鼓足勇气走向手术台，手术也顺利完成。恢复阶段，男主也恨自己变成了躺在床上让人照顾的废人，此时护工出现，表示“保险公司已安排好，有需要尽管吩咐”，看护服务电话同时应景出现。介绍到此，广告公司员工问广告的结局需要如何？广告主表示“广告不应让人悲伤，就让男主露出微笑吧，保险就应该让人充满希望”。在介绍广告脚本结束以后，旁白也出现“除了治疗还有很多事情需要面对”的字幕，暗示保持好心态、选择合适的保险公司对于患病的治疗也非常关键。

该广告的成功之处在于在情绪的叙事刻画上该广告非常写实，不同于某些广告所展现出来的“自己买过保险，患重病时毫无忧虑，甚至还喜悦”，这样不真实心态会让客户缺乏信赖，真实的事、真实的心态才是能引起共鸣、打动客户的好广告。

四、泰国保险业特征体现四：保险影视广告深度融入泰国的文化内涵

当前，社会的消费者对于产品的选择已逐渐从单纯的功能性满足转向兼有精神文化层面的消费需求，富于文化内涵的广告能够获得更好的传播效果。泰国的保险广告通过巧妙的构思，将民族文化中的精华部分创造性地展示出来，而不是生搬硬套。在浓厚的氛围下，泰国保险广告被烙下了深深的传统文化痕迹（见表 7-3）。

表 7-3　泰国主要保险广告的文化内涵

广告名称	部分广告词	内涵
合唱篇	妈妈对我说，我们无法预见未来，世事不可强求，顺其自然吧	万事不强求、顺其自然
父爱	有时候我们不禁自问，我们为何生于此世，生而为人又是为何？	追问生命、讨论生死
无名英雄	他获得最多的就是感情，见证幸福，得到理解，感受到爱，获得金钱买不到的东西	行善积德、因果报应

资料来源：赵阳阳．中泰两国保险广告的比较分析［J］．青年记者，2018（6）：97-98。

这些广告虽然在视觉上没有加入龛盒、念珠、香烛等传统文化符号，却将传统的文化精髓渗透到故事情节与广告话语中，表现出对大爱与善行的执着、对生命的尊重与冷静处理生死命题的态度。除了具有广告宣传功能之外，还对大众有情感治愈作用，这样的广告能够抚慰泰国国民的内心，帮助他们更加淡然地看待生活中的种种不如意。

随着第二次世界大战后经济社会的发展，泰国逐渐形成了具有鲜明特色的当代文化。一是平民文化，主要体现是平凡的生活、朴实的情感、大众认同而非偶像崇拜。二是泰式幽默文化，体现在乐观对待生活、不抱怨不埋怨，甚至连病痛与死亡都要微笑面对。三是真情实感文化，体现在以真挚感情与人交往，情感单纯、不虚饰。泰国的保险影视广告不仅融入了传统文化，也融入了当下泰国新文化的特点，在泰国保险业“特征体现二”部分的三个广告案例便是典型代表。

五、泰国保险业特征的启示

由于我国的保险影视广告并没有过多的叙事性，往往采用明星代言并直接反复口播品牌和产品名称的形式，受众的记忆不深且容易反感，营销效果有限。因此，我国保险公司要借鉴泰国优秀保险广告的叙事性风格，以提升自身广告的艺术水平和营销效果。

《我国发展现状与东南亚各国保险业特征的对比》专栏

我国保险影视广告的主要表现形式

一、普遍采取用明星代言

我国大多数保险企业都不惜重金邀请明星担任广告代言人，这种广告策略的重点在

于借助星代言人的优质形象进行宣传与营销。例如，中国人寿邀请姚明担任广告代言人，利用其身材高大且在赛场上、家庭中乃至社会上都非常负责任的形象，为受众营造一种安心之感，与企业“相知多年，值得托付”的品牌理念高度吻合。再如，泰康人寿以网球球员李娜与姜山一家作为形象代言人，突出自身企业的“家文化”，营销“一张保单保全家”的产品。明星的代言确实增强了广告的说服力和受众的信任感，为产品打开市场带来了良好效果，但与观众有距离感，且不够生动。

二、口播形式广告居多，叙事性不强

我国保险影视广告多是单刀直入地宣传产品，即反复口播品牌和产品名称的形式，对受众者形成强迫记忆。但在如今保险产品差异化并不显著的情况下，只是简单地说明产品与品牌名称，或仅以具体的物质利益与功能为诉求点进行说服的叫卖式广告，难以给受众留下深刻印象。

三、画面中出现有传统文化符号，但内涵嵌入不深

我国的保险影视广告曾对历史文化进行过一定开发与利用，但稍显生搬硬套，例如中国人寿《书法篇》、平安人寿《天坛篇》、太平洋人寿《刻章篇》等广告中分别出现过毛笔字、太极、印章等代表中国传统文化的符号，但这些文化符号仅被当作一种点缀物出现在现代化风格的画面之上，而真正应该被着力彰显的儒家仁爱、道家自然等文化内核，反而没能真正体现。

泰国“优秀的保险影视广告宣传”的保险市场特征，对我国的主要启示意义如下：

第一，加强监管，规范保险广告市场。重点要保护好广告创意的知识产权，严厉打击翻拍、模仿、套用文案等抄袭行为。在广告准入、素材审核、广告形式合规、档案管理、数据合规等所有环节上加强监管。

第二，广告主要重视广告的艺术性。不能过分注重广告的营销转化率和覆盖率，要意识到树立起品牌在受众心中的深刻印象才是长期最大化利益所在，要对保险广告的期许从利益诉求转型为价值诉求，即口碑大于经济收益。所推出的保险广告不仅不要让受众反感，还要让其愿意看、自愿看、喜欢看。

第三，加强对保险广告叙事性技巧的创新设计。一是尽量少采用明星代言的叫卖式广告。二是要引入戏剧冲突，巧妙设计剧情，采用非线性叙事结构，并适当使用反转、时空转换、回忆交叠等创新表现方法。三是可采用泰国广告中创新的叙事方式，如闪回的叙事顺序、反常规的越轨式叙事框架等。四是要跳脱出保险广告的模式化套路，例如一定要以欢乐为结局、保险广告一定要有一位亲人去世、一定要展现出对保险理赔的感激之情等固有印象。

第四，培养适应当前新营销环境的创意保险广告人才。一是多聘用海外留学的广告人才，尤其是从泰国学成归来的。二是积极同泰方开展广告业培训活动。可采取委托泰方、直接赴泰国培训进修，或通过中泰双方合作办学、由泰方师资授课等方式。三是定期举办中泰广告业的研讨活动，就广告创意、叙事技巧、行业监管等领域进行长期的深入交流与研究。四是更多地包容和理解广告人才的创意设计，给予广告人才更大的发挥空间。

复习思考题

1. 简答题：请列举泰国文化的一个特点，并说说该特点对保险业的发展是否有利。

2. 简答题：请列举一则让你印象最深刻的泰国保险广告，并说说这个广告在哪里打动了你？

第八章　印度尼西亚保险市场概述

印度尼西亚共和国中文简称“印尼”，位于亚洲东南部，别号“千岛之国”，实际拥有大小岛屿超过17000个，以巴厘岛最为闪耀。印尼是全球最大的群岛国家，地跨南北两个半球、横卧两洋两洲，扼守马六甲海峡、巽他海峡、龙目海峡等重要的国际贸易航道。印尼是东南亚第一大国，人口、面积和经济总量均占40%左右，是世界第四人口大国，人口总数约2.7亿。印尼自然资源丰富，盛产棕榈油、橡胶等农林产品，其中棕榈油产量居世界第一，天然橡胶产量居世界第二。

实行总统制，总统既是国家元首，也是政府首脑，全国分为31个省、2个特别行政区和1个首都地区，首都是雅加达，其他的主要经济城市包括泗水、万隆、棉兰、三宝垄和巨港等。印尼有300多个民族，其中爪哇族占人口总数的45%、巽他族占14%、马都拉族占7.5%、马来族占7.5%、华人约占人口总数的5%，华人在印尼商贸和工业领域发挥着重要作用。印尼官方语言为印尼语，货币为印尼盾。

本章是对印尼保险市场发展及监管情况进行介绍，印尼保险市场的最主要的特点和亮点在于其后发优势突出的塔卡福业务。

第一节　印度尼西亚保险市场发展情况

一、整体保险市场

（一）经营主体

印度尼西亚的保险企业类型有11种，包括人寿保险公司、普通保险公司、社会保险公司、强制性保险公司、再保险公司、保险经纪公司、再保险经纪公司、损失评估公司、精算咨询公司、保险代理公司、（保险）协会。

2020年，印度尼西亚共有148家法人保险经营主体，其中寿险公司59家、财产险公司77家、专业再保险公司7家、社会保险机构2家、CSAFPPTPTA保险机构3家。另外，印度尼西亚还有保险与再保险经纪公司202家、保险公估公司27家。

（二）业务规模

据瑞再研究院公布数据，2021年印度尼西亚整体保险业的总保费收入为194.2亿美元，较上年增长了6.9%。保险密度为70美元/人，保险深度为1.6%。

据本国保险监管部门公布数据，2021年印度尼西亚传统保险业（不含塔卡福保险、社会保险、CSAFPPTPTA保险）的行业总资产为8022132.33亿印尼盾，保费收入为2844205.42亿印尼盾，赔付支出为2047131.04亿印尼盾，赔付率为71.98%。保险业投资额为6227606.37亿印尼盾。2020年，印度尼西亚保险业的保险深度为1.8%。

二、财产保险市场

（一）经营主体

2020年，印度尼西亚共有经营财产险业务的公司74家，其中本国资本公司55家、合资公司19家。

（二）业务规模

据瑞再研究院公布数据，2021年印度尼西亚财产险业的总保费收入为62.1亿美元，较上年增长了7.4%，保险密度为22美元/人，保险深度为0.5%。

据印度尼西亚本国保险监管部门公布数据，2021年印度尼西亚传统财产险业的行业总资产为1826955.57亿印尼盾，保费收入为768724.92亿印尼盾，赔付支出为323592.12亿印尼盾，赔付率为42.09%。财产险业总投资额为872628.97亿印尼盾。2020年，印度尼西亚财产险业的保险深度为0.6%。

（三）险种结构

印度尼西亚市场有丰富多样的财产险类型，各险种均有一定的份额，且没有出现“车险独大”的格局。市场份额超过10%的险种有4个，依次为信用保险（25.05%）、财产损失险（20.8%）、机动车辆保险（16.1%）、个人意外与健康险（12.7%），其余险种占全市场比重都各自在5%以内。

（四）市场集中度

2020年印度尼西亚财产险市场的竞争格局较为良好，作为东盟国家主体最多的市场，74家财产险公司中市场占有率超过10%的公司仅有1家，为西亚玛斯公司，并非“一家独大”，其市场占有率为15.84%。第2位至第10位的公司呈现平稳的梯度性，市场集中度指数CR3=28.96%、CR5=39.13%、CR10=54.94%，剩余的64家公司市场的份额达45%。

三、人寿保险市场

（一）经营主体

2020年，印度尼西亚共有经营寿险业务的公司53家，其中本国资本公司30家、合资公司23家。

2020年，中资保险公司中国人寿印度尼西亚公司的首年保费加续期保费之和为412.39亿印尼盾，在55家寿险公司中仅排名第48位，目前仍处于刚成立的扎根生存阶段。

（二）业务规模

据瑞再研究院公布数据，2021年印度尼西亚寿险业的总保费收入为132.1亿美元，较上年增长了6.6%，保险密度为48美元/人，保险深度为1.1%。

据本国保险监管部门公布数据，2021年印度尼西亚传统寿险业的行业总资产为5898077.88亿印尼盾，保费收入为1843240.33亿印尼盾，赔付支出为1596844.05亿印尼盾，赔付率为86.63%。寿险业总投资额为5183013.20亿印尼盾。2020年，印度尼西亚寿险业的保险深度为1.20%。

（三）险种构成

寿险市场占比最大的险种是投资联结寿险，市场占比为63.5%，近年来印度尼西亚投连产品销售增长迅猛，自2008年起超过两全保险成为市场第一大险种，2014年投连产品保费收入已占寿险总保费金的58%。第2位的险种是两全保险，市场占比接近20%，第3位是定期寿险，占比为8.1%，第4位是健康险，占比为6.8%，剩余险种的市场比重较小，未达到2%。

（四）市场集中度

2020年印度尼西亚寿险市场的竞争格局较为良好，作为东盟国家主体最多的市场，55家寿险公司中市场占有率超过10%的公司有3家，分别为Prudential Life（12.38%）、Asuransi Simas Jiwa（11.70%）、Asuransi Allianz Life IND（10.86%）。市场集中度指数CR3=34.93%、CR5=48.90%、CR10=70.16%，剩余的43家公司市场的份额将近30%。

四、再保险市场

截至2019年，印度尼西亚有专业再保险公司6家，再保险经纪公司42家。据印度尼西亚本国保险监管部门公布数据，2021 年印度尼西亚传统寿险再保险业的行业总资产为 297098.88 亿印尼盾，保费收入为 232240.17 亿印尼盾，赔付支出为 126694.87 亿印尼盾，赔付率为 54.55%。再保险业的总投资额为 171964.19 亿印尼盾。2020 年，印度尼西亚的 6 家专业再保险公司的市场占有情况呈现平稳的梯度性，除市场最末位的公司外，其余 5 家的市场比重均超过了 10%。

五、塔卡福保险市场

（一）经营主体

2020 年，印度尼西亚共有专营塔卡福业务的公司 13 家，其中财产险 5 家、寿险 7 家、再保险 1 家。此外，传统保险公司中，有 47 家公司经营塔卡福业务，其中财产险 21 家、寿险 23 家、再保险 3 家。

（二）业务规模

2021 年，印度尼西亚塔卡福保险业的总资产为 435501.52 亿印尼盾，总保费收入（贡献金）为 236911.69 亿印尼盾，保险密度为 86469.04 印尼盾/人，保险深度为 0.14%。行业赔付支出为 200908.41 亿印尼盾，赔付率为 84.80%。

其中，印度尼西亚塔卡福财产保险业的总资产为 66161.02 亿印尼盾，保费收入为 20357.57 亿印尼盾，保险密度为 7430.19 印尼盾/人，保险深度为 0.01%。行业赔付支出为 6361.51 亿印尼盾，赔付率为 31.25%；塔卡福寿险业的总资产为 349701.50 亿印尼盾，保费收入为 206520.11 亿印尼盾，保险密度为 75376.59 印尼盾/人，保险深度为 0.12%。行业赔付支出为 183300.37 亿印尼盾，赔付率为 88.76%；塔卡福再保险业的总资产为 19639.00 亿印尼盾，保费收入为 10034.01 亿印尼盾，保险密度为 3662.26 印尼盾/人，保险深度为 0.01%。行业赔付支出为 11246.52 亿印尼盾，赔付率为 112.08%。

（三）市场集中度

（1）塔卡福财产险市场集中度。2020 年，印尼塔卡福财产险市场的集中度较高，也呈现出"一家独大"的局面。市场份额超过 10%的公司有 4 家，排名第一的是 Asu Askrida Syariah，占比近 30%，其余 3 家是 Asu Astra Buana（12.25%）、Asu Jasindo Syariah（10.88%）、Asu Adira Dinamika TBK（10.84%）。市场集中度指数 CR3=51.37%、CR5=68.46%、CR10=85.60%，剩余的 16 家公司市场的份额仅占 14.40%。排名前十位的公司中，塔卡福保险公司占了 4 家，且排名第 1 位的也为塔卡福保险公司，说明塔卡福保险公司尽管数量较少，但支撑起了整个财产险市场的塔卡福业务。

（2）塔卡福寿险市场集中度。2020 年，印度尼西亚塔卡福寿险市场的集中度较高，"一家独大"的局面更为明显，但占比最高的保险公司是传统保险公司保诚人寿，塔卡福保险公司排名最高的处在第 3 位。市场份额超过 10%的公司有 3 家，分别是 Prudential Life Ass（37.61%）、Asu Allianz Life IND（15.33%）、Asu Jiwa Syariah Al Amin（11.03%），全市场的塔卡福寿险业务量也高度集中在这三家公司，市场占有率超 60%，其中第 1 位的保诚人寿市场份额就超过 35%。市场集中度指数 CR3 = 63.98%、CR5 = 78.95%、CR10 = 91.12%，剩余的 20 家公司市场的份额仅占 8.88%。

第二节　印度尼西亚保险监管情况

一、监管机构

印度尼西亚保险监管机构为印度尼西亚金融服务监管局（OJK）。OJK 成立于 2013 年 1 月 1 日，此前印度尼西亚财政部负责保险业监管。OJK 的最高管理层是管理委员会，委员会成员共有 9 人，其中 2 人由印度尼西亚央行和财政部任命，另外 7 人由众议员的专门委员会推荐，经众议院选举后，由总统任命。

自成立以来，OJK 不断加大保险监管力度，支持本地保险机构的发展。其中，对市场影响较大的监管新规如下：

2014 年 1 月，出台财产险和车险标准费率表，限制财产险公司非理性降价争夺市场，要求财产险公司必须按照费率标准拓展业务，否则予以暂停营业等处罚。

2014 年 12 月，出台再保险业务管理规定，要求保险公司必须选择在当地注册的再保险公司牵头进行再保险合同安排，临分业务优先在印度尼西亚当地市场安排，并对临分业务做了最低分保额度的规定，如财产险和工程险业务，至少优先在印度尼西亚市场安排 5000 万美元保额的临分。

2015 年 3 月，签发文件强调经营保险业务的各方需首先获得 OJK 的保险业务经营许可，禁止保险公司与未获得经营许可的经纪人和再保险经纪人开展业务合作。

二、监管法律法规

2014 年 10 月 17 日，印度尼西亚总统签署新《保险法》，取代了 1992 年的《保险法》，为 OJK 监管提供更全面的法律框架。

新《保险法》将保险公司分为财产险公司、寿险公司、再保险公司（统称传统保险公司）和塔卡福保险公司四类，严禁公司业务重叠。新《保险法》规定 1 家机构仅能控股 1 家寿险公司、1 家财险公司、1 家再保险公司、1 家塔卡福保险公司。任何控股 2 家以上同一类型保险公司的机构必须在 2017 年年底前完成合并重组。

三、市场准入监管规定

传统保险公司的最低实缴资本为 1000 亿印尼盾，塔卡福保险公司的最低实缴资本为 500 亿印尼盾，再保险公司最低实缴资本为 2000 亿印尼盾，塔卡福再保险公司最低实缴资本为1000亿印尼盾。外国保险公司进入印度尼西亚市场只能采取合资公司的形式。目前，OJK为了提高印度尼西亚保险行业竞争力，收紧发放新牌照，鼓励市场并购。

四、对外资监管规定

虽然原《保险法》也规定了外资股东在合资保险公司中最高持股80%，但允许外资通过双层结构持有超过80%的股份，目前，在印度尼西亚经营的合资保险公司中，外资均通过采用双层结构持有超过80%的股份。新《保险法》禁止使用双层结构，规定外资公司须在5年内将超出80%的股份通过出售或以IPO等方式转给印度尼西亚本国股东。

五、偿付能力监管规定

1999年，印度尼西亚财政部提出保险业实施风险资本要求（RBC）。2012年4月财政部完成RBC基本框架建设，并于2013年开始正式实施。印度尼西亚RBC框架借鉴澳大利亚监管模式，其框架建设得到澳大利亚监管机构的帮助，目前，OJK每年派遣工作人员赴澳大利亚学习偿付能力监管经验。

偿付能力充足率的计算方式为：实际资本/基于风险的最低资本。RBC规定最低偿付能力充足率目标为120%，OJK有权根据各公司风险状况提高其偿付能力要求。保险公司偿付能力在100%~120%，需要向OJK提交财务重组计划；偿付能力水平低于100%的，公司必须提交财务重组计划，并禁止向股东支付股息；偿付能力水平低于40%的，公司将受到最后的警告。近年来，共有14家保险公司因偿付能力不足而被吊销牌照。

OJK自2014年起实施风险分类监管，将保险公司依据破产风险高低和市场影响大小分为4类，针对不同类别的保险公司采取不同的监管政策（见表8-1）。

表8-1 印度尼西亚保险监管风险分类矩阵

破产风险	低	较低	较高	高	非常高
市场影响非常大（资产占行业总资产的30%以上）	Ⅰ类	Ⅱ类	Ⅲ类	Ⅲ类/Ⅳ类	Ⅳ类
市场影响大（资产占行业总资产的15%~30%）	Ⅰ类	Ⅱ类	Ⅲ类	Ⅲ类	Ⅳ类
市场影响较小（资产占行业总资产的5%~15%）	Ⅰ类	Ⅱ类	Ⅱ类	Ⅲ类	Ⅳ类
市场影响小（资产占行业总资产的5%以下）	Ⅰ类	Ⅰ类	Ⅱ类	Ⅲ类	Ⅳ类

注：印度尼西亚具体分类监管政策为，Ⅰ类公司要求日常监管，Ⅱ类公司要求在日常监管的基础上公司加强信息报送，Ⅲ类公司要求其提交并实施整改方案，Ⅳ类公司要求其重组。

六、强制性保险及税费规定

印度尼西亚强制保险包括公路铁路空运水路乘客意外险、无人机责任险、保险经纪人职业责任险、船东海洋污染责任险、工伤保险。

税费规定方面，对本国所有财产险业务都要收取印花税，但税率较低，几乎可以忽略。

第三节　印度尼西亚保险业的特点及亮点
——后发优势突出的塔卡福业务

印度尼西亚、马来西亚和文莱三国基于文化因素，保险市场都重视塔卡福业务的发展，但三国的特点不尽相同。印度尼西亚保险市场的特征在于其塔卡福业务呈现较强的后发优势，主要体现在经营业绩、政策支持、资源禀赋三个方面。

一、特征体现一：塔卡福业务经营业绩呈现很强的后发势头

（一）印度尼西亚塔卡福业务规模多年来持续增长

印度尼西亚塔卡福业务总保费多年来一直保持增长，且增速也较为稳定。2014年，印度尼西亚塔卡福保费收入为92813.80印尼盾，到2020年增长为173446.37亿印尼盾，而2021年上半年就达到155506亿印尼盾，同比增长51.89%（见图8-1）。

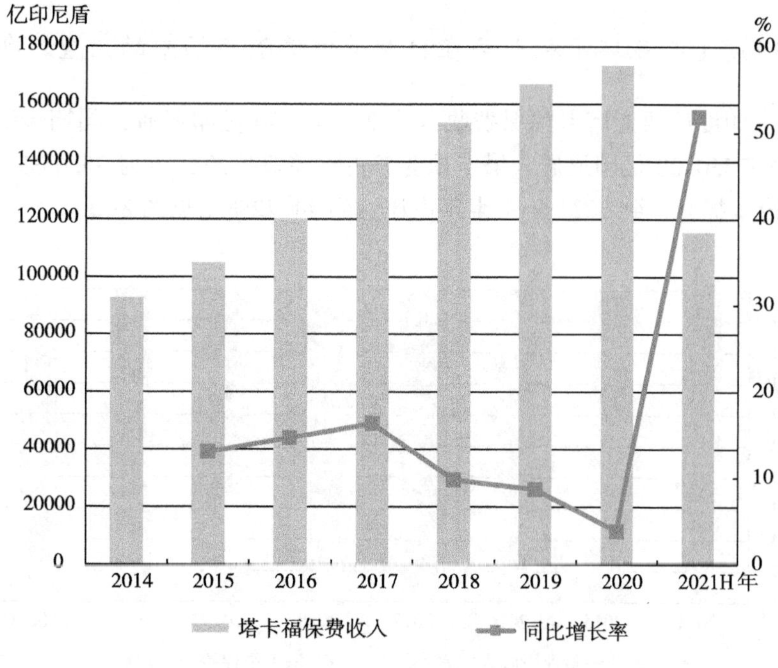

图8-1　2014—2021年上半年印度尼西亚塔卡福业务总保费收入规模情况

（资料来源：印度尼西亚金融服务监管局）

从总资产规模来看，多年来也一直保持着稳定的增长。从2014年的223643.50亿印尼盾增加到2020年的444397.68亿印尼盾。多年来总资产量仅在特殊的2020年有所下降，但2021年上半年就迅速复苏到428125.81亿印尼盾（见图8-2）。

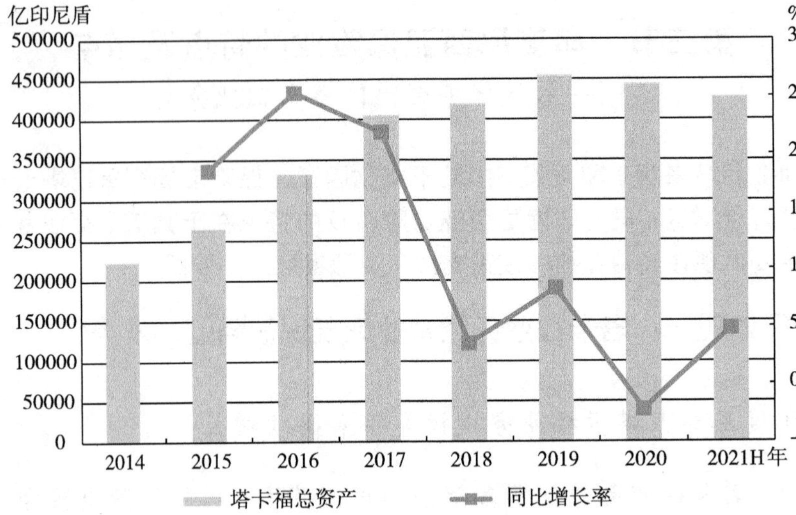

图 8-2　2014—2021 年上半年印度尼西亚塔卡福业务总资产规模情况

（资料来源：印度尼西亚金融服务监管局）

（二）印度尼西亚塔卡福业务在自身整体保险市场中的比重逐年增大

2014 年，印度尼西亚塔卡福保费收入为 223643. 50 亿印尼盾，同期传统商业保险的保费收入为 167550. 00 亿印尼盾，塔卡福业务占整体业务的比重为 35. 65%，多年来塔卡福业务比重稳步提升，到 2021 年上半年占比达到 44. 42%（见图 8-3）。

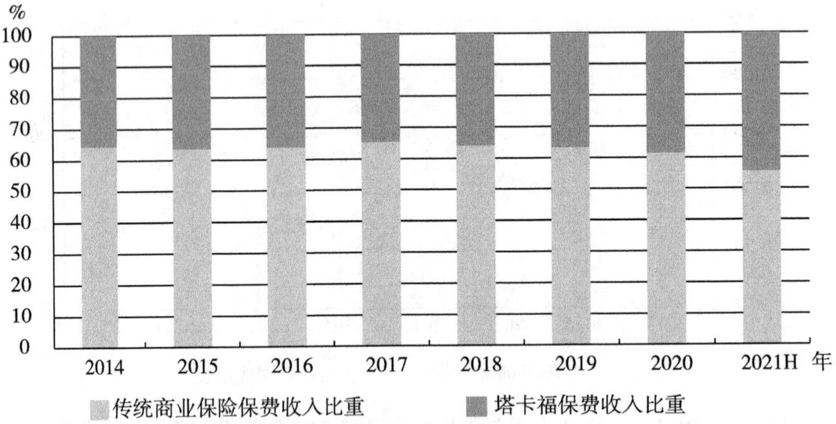

图 8-3　2014—2021 年上半年印度尼西亚塔卡福与传统商业保险的保费收入占比情况

（资料来源：印度尼西亚金融服务监管局）

印度尼西亚塔卡福业务的总资产规模相对于本国传统商业保险还存在不小差距，但其比重也是在逐年稳步增长的，2014 年塔卡福总资产在印度尼西亚市场中占比仅为 4. 32%，到 2021 年上半年提升到 5. 28%（见图 8-4）。

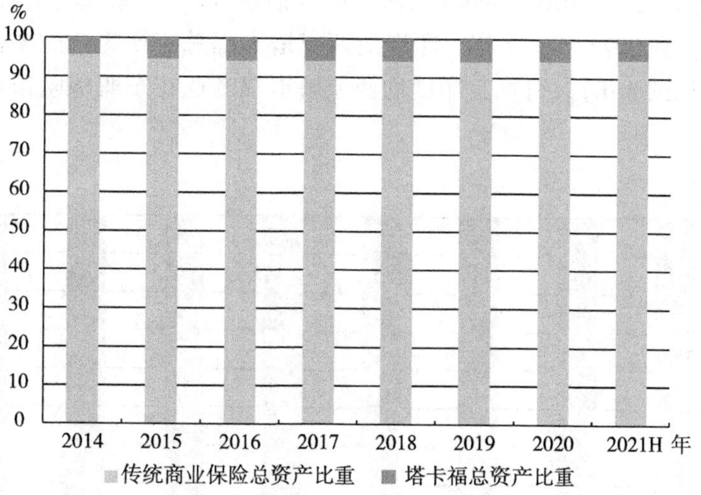

图 8-4　2014—2021 年上半年印度尼西亚塔卡福与传统商业保险的总资产占比情况

（资料来源：印度尼西亚金融服务监管局）

（三）印度尼西亚塔卡福业务在东盟保险市场中的比重逐年增大

印度尼西亚塔卡福业务在自身保险市场中越来越重要，保费收入规模的比重多年来业务稳步提升。2014 年印度尼西亚塔卡福保费收入在上述三国中的比重为 27.52%，到 2021 年上半年，印度尼西亚塔卡福保费收入为 155506 亿印尼盾，同期马来西亚为 17.00 亿美元、文莱为 0.56 亿美元，印度尼西亚占比提升到 31.61%（见图 8-5）。

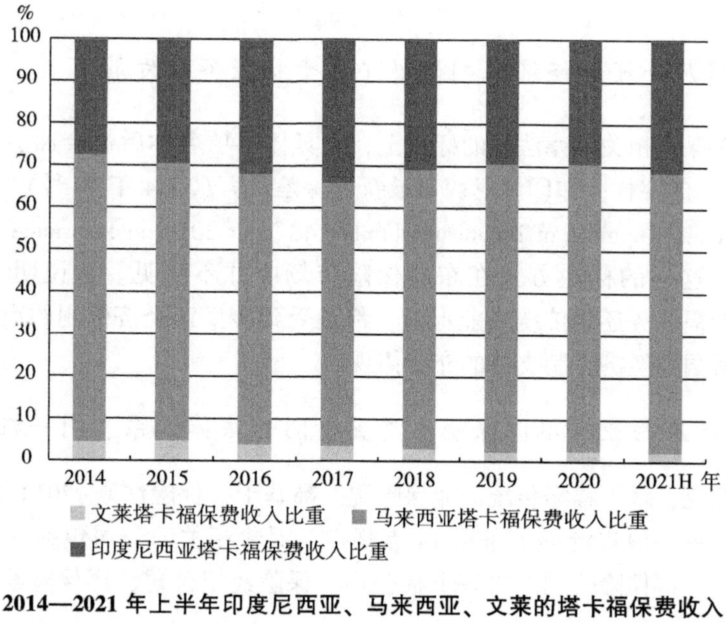

图 8-5　2014—2021 年上半年印度尼西亚、马来西亚、文莱的塔卡福保费收入占比情况

（资料来源：马来西亚中央银行、印度尼西亚金融服务监管局、文莱中央银行）

从总资产比重来看，2014 年印度尼西亚塔卡福总资产为 18.85 亿美元，在三国中的比重为 18.48%，到 2021 年上半年，印度尼西亚塔卡福总资产为 30.08 亿美元，比重提升至 21.26%（见图 8-6）。可见，印度尼西亚塔卡福产业在东盟保险市场上，正在逐渐展现出实力。

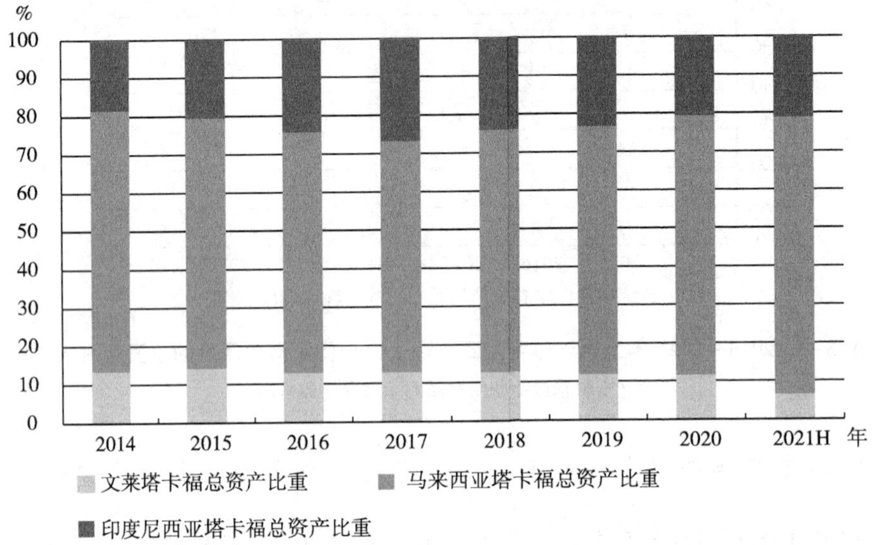

图 8-6　2014—2021 年上半年印度尼西亚、马来西亚、文莱的塔卡福总资产占比情况

（资料来源：马来西亚中央银行、印度尼西亚金融服务监管局、文莱中央银行）

二、特征体现二：塔卡福业务发展得到丰富的政策支持

（一）印度尼西亚的经济体制保障了塔卡福业务的发展

印度尼西亚保险相关法律法规的标题上，在具体事项名称后都会加上“by the Grace of Almighty God”的字样。如印度尼西亚最新《保险法》（2014 年 40 号），该法律的英文全称为“Law of the Republic of Indonesia Number 40 Year 2014 on Insurance by the Grace of Almighty God”，这样的标注方式在东盟保险市场中并不多见。这说明了在印度尼西亚，无论是塔卡福业务还是传统商业保险，都是受到沙里亚经济体制约束的，这是塔卡福业务发展有其国家经济体制支持的充分体现。

（二）印度尼西亚将不同保险类型置于同一法律体系、同一机构进行监管

在印度尼西亚，塔卡福与传统商业保险统一都基于《保险法》（2014 年 40 号）进行监管，该法第 1 章一般规定第 1 条第 14 点规定，保险相关的公司包括（传统）保险公司、塔卡福公司、再保险公司、再塔卡福公司、保险经纪公司、再保险经纪公司和保险公估公司。

在印度尼西亚，沙里亚的金融业或传统的金融业，都统一由金融服务监管局（Otoritas Jasa Keuangan，OJK）进行监管。具体到保险业，塔卡福业是沙里亚下“非银行”（IKNB）板块的重要的一部分，而传统保险分为人寿保险、财产保险、再保险、社会保险、公务员、武装人员、公共交通客运和道路交通事故保险计划（CSAFPPTPTA，另称强制保险计划）八个部分，其中后两部分具有明显的社会保障性质。东盟保险市场中的大多数国家，商业保险是由金融业监管部门监管，社会保险是由社会保障部门管理，而印度尼西亚在保险的监管方面可以说是将商业保险与社会保险由同一机构监管。

这样“大一统”的保险监管也有一定的优势，能在不同业务之间更便捷地进行资源调配，并有利于打通不同业务之间的界限，印度尼西亚的这一选择必定因其国情所需。

（三）印度尼西亚对塔卡福的部分监管要求略低于传统商业保险

印度尼西亚对塔卡福的部分相关要求略低于传统商业保险，这也给予了塔卡福业相对宽松的经营环境。如塔卡福公司的准入资本金要求比传统商业保险低。传统保险公司的最低实缴资本要求1000亿印尼盾，塔卡福公司只要求500亿印尼盾；传统保险的再保险公司要求2000亿印尼盾，而再塔卡福公司只要求1000亿印尼盾，较低的准入门槛对国外塔卡福公司会更具吸引力，事实上印度尼西亚的外资塔卡福公司数量多于马来西亚的2倍。

三、特征体现三：国家资源禀赋决定着塔卡福业务的前景广阔

（一）印度尼西亚的国土和人口资源决定了塔卡福业务前景广阔

国土资源方面，印度尼西亚是东盟第一大国，陆地面积190.44万平方千米，海洋面积316.62万平方千米，是世界上第14大国家，面积均占东盟40%左右，印度尼西亚是全球最大的群岛国家，实际拥有大小岛屿17508个，海陆联合面积更是排名全球第7。一般而言，国土面积与保费收入呈正相关关系，印度尼西亚的国土决定了未来其塔卡福业务的空间是很大的。人口方面，据其2019年全国人口普查，人口总数为2.68亿人，是世界第四人口大国。学界公认的，教徒人口是一个国家的沙里亚金融发展潜力的重要判断标准，更为关键的是，教徒约占印度尼西亚总人口的87%，这一数量全球最大，印度尼西亚不仅在东盟保险市场，在全球而言都是潜力最大的人寿塔卡福市场。

（二）印度尼西亚的经济体量资源决定了塔卡福业务前景广阔

受益于国土与人口因素，印度尼西亚天然地保持着较大的经济体量，2019年印度尼西亚GDP约1.12万亿美元，居全球第16位。并且印度尼西亚经济增速多年来一直保持在5%左右，在全球主要经济体中也名列前茅。作为东盟最大经济体和二十国集团重要成员，印度尼西亚在地区和国际事务中发挥着越来越大的作用。学界公认经济规模与保费

收入规模成正比，印度尼西亚未来的塔卡福业务空间在东盟保险市场中无疑是最为巨大的。

（三）印度尼西亚的塔卡福产业体量资源决定了业务前景广阔

尽管印度尼西亚还不是东盟保险市场中保费收入体量最大的国家，其塔卡福保费收入仅为马来西亚的 1/2，但印度尼西亚塔卡福产业的体量是巨大的。在经营主体数量上，截至 2021 年第三季度，印度尼西亚存续有 26 家财产塔卡福公司、30 家人身塔卡福公司、4 家再塔卡福公司，而马来西亚的财产加上人身的塔卡福公司总数也只有 15 家、再塔卡福也仅有 3 家。若每家公司都提升相同数量的业务额，印度尼西亚增量的总额会是马来西亚的 3 倍多。按照“三个 1 增长”的推算，印度尼西亚塔卡福产业规模每增长 1%，会带来 811.44 万美元保费收入的市场规模，保险密度每增长 1 美元，会带来 1.38 亿美元保费收入的市场规模，保险深度每增长 1%，甚至会带来 55.77 亿美元保费收入的市场规模。

四、印度尼西亚保险业特征的启示

《我国发展现状与东南亚各国保险业特征的对比》专栏

东南亚特殊金融与保险机制的学术启发

东南亚的金融与保险模式在学术上具有一定的启示价值，主要如下：

一、为反思现代金融体系的制度弊端提供一种借鉴

国际金融危机后，世界金融也仍未从打击中恢复，对世界经济的支持力量越来越弱，使世界经济复苏缓慢。金融创新与改革已刻不容缓，成为全球的共识。而我国的情况也不容乐观，改革创新势在必行。作为传统金融执牛耳的华尔街，经过 2008 年国际金融危机，已经证明其在理念上和实践中都存在很大的漏洞和制度弊端，很多具体金融产品对经济社会发展不仅无益反而有害，应该深刻反思反省。

二、为我国金融保险改革创新提供借鉴

我国的金融保险改革创新，应该首先从经营理念、组织架构、经营管理、服务产品的改革创新入手。由于沙里亚金融与传统金融在经营理念、组织架构、经营管理、产品业务等方面都有其独特性，可借鉴其经验，作为设计我国传统金融业的改革创新的参考。

三、为我国金融保险业强化市场监管提供借鉴选择

当前我国金融与保险业监管的主要问题是相关法律制度不健全，地方政府为局部利益行政干预等。要健全法律制度，还是要从理念入手，把核心价值观融入法律，形成具体明确的法律条款，以法律制度来监管比用道德约束更有强制力。虽然我们不能像马来西亚、文莱等国家那样合一，但把道德观念法律化还是可行的。要端正地方政府的政绩观，并完善制度，以规范地方政府的经济行为。监管要有严厉的处罚，处罚要法律手段和经济手段并行。例如东南亚部分国家金融的做法，把金融与保险机构不合法的收入分离出来，捐给福利机构，增加社会福利。

资料来源：编著者根据公开资料整理。

印度尼西亚“后发优势突出的塔卡福业务”的保险业特征的主要启示在于，要为在海外的“一带一路”沿线项目提供更契合的保障模式。党的十九大为“一带一路”倡议赋予了新的意义和期望，将极大地推动各项建设的深度和广度。“一带一路”倡议工程涉及了诸多地区，在印度尼西亚就有苏拉威西岛德龙工业园区、西爪哇万丹省西冷—巴宁邦高速公路等重点工程。当地群众因为信仰的原因，不能充分利用传统金融体系的服务，使他们的自身发展受到极大限制。在沿线地区发展塔卡福保险，通过塔卡福保险进行保障及资金聚集，这种方法是当地居民乐于接受的，效果也会更好，有利于国际区域各民族的平等、团结、互助、和谐，有利于“一带一路”倡议的推进。

复习思考题

1. 简答题：说说为什么中国人寿会选择进入印度尼西亚市场？
2. 简答题：说说在中国与印度尼西亚海洋经济合作中，如何发挥保险业的作用？
3. 简答题：请说说保险科技对印度尼西亚加强各岛屿间联系的作用。

第九章　菲律宾保险市场概述

菲律宾位于亚洲东南部，北临巴士海峡，南和西南隔苏拉威西海、巴拉巴克海峡与印度尼西亚、马来西亚相望，东临太平洋。菲律宾共有大小岛屿7000多个，其中吕宋岛、棉兰老岛、巴拉望岛、萨马岛等11个主要岛屿占全国总面积96%。菲律宾属季风型热带雨林气候，高温多雨，湿度大，台风多。

菲律宾实行总统制，全国划分为吕宋、维萨亚和棉兰三大部分，共有81个省、145个市，首都是马尼拉。菲律宾人口总数超过1.1亿人，是除印度尼西亚外第二个人口过亿人的东南亚国家。马来族占全国人口的85%以上，包括比萨扬人、他加禄人、伊洛克人等，少数民族及外来后裔有华人、阿拉伯人、印度人、西班牙人和美国人。此外，还有为数不多的原住民。菲律宾国语是以他加禄语为基础的菲律宾语，英语为官方语言，货币为比索。

本章是对菲律宾保险市场发展及监管情况进行介绍，菲律宾保险市场的最主要的特点和亮点在于商业保障体系中多元化的“类保险”业态、针对减贫大力发展小额保险与农业保险等。

第一节　菲律宾保险市场发展情况

一、整体保险市场发展情况

（一）发展历程

菲律宾保险业历史悠久，早在西班牙殖民时期，劳合社通过设立Strachman，Murray & Co.，Inc.公司，将保险的概念引入菲律宾，同时刺激了保险公司的大量涌入。1989年，加拿大永明人寿保险公司的进入成了菲律宾保险市场开端的标志。1906年，菲律宾国内第一家财产险公司益东林保险成立。1910年，菲律宾国内第一家寿险公司海岛人寿成立。1915年7月1日，菲律宾本土的《保险法》生效，该法律规定本国保险监管机构为财政局保险司，并由海岛人寿的财务主管担任菲律宾保险监督官，同时废除了原有的西班牙商业保险法。本土《保险法》鼓励外资公司投资菲律宾市场，其中1939年广州于仁洋面保险行通过任命Russel和Surgis作为其在马尼拉财产险业务的代理公司，这便是当时菲保险市场对外开放的典型案例。

在“二战”期间，保险司从财政部分离出来并隶属于银行局，战后保险司又重回财政部，1947 年保险司再次脱离财政部，并与银行局合并。尔后，菲律宾当局认识到需要建立一个独立部门来管理保险有关的事务，因此，随着 1949 年 1 月 3 日菲律宾中央银行的成立，第 275 号共和国法将银行局更名为保险委员会办公室。

1974 年 12 月 18 日，在第 612 号总统令下菲律宾制定了新《保险法》，原 2427 号《保险法》废除。第 63 号总统令将保险委员会办公室更名为保险委员会。1976 年 6 月 11 日，第 1460 号总统令将所有保险法合并为一个单一的法典——《1978 年保险法典》。随着保险业态的多样化发展，2009 年，菲律宾《预先需求法》颁布，规定预先需求业的监督由保险委员会负责。2013 年，第 10607 号共和国法案对《保险法》进行了修订，主要包括分步骤提高监管资本要求、使用国际会计准则、营业许可证有效期从 1 年延长到 3 年、扩大资金投资渠道等，旨在加强保险公司的经济生存能力和财务稳定性（见表 9-1）。

表 9-1　菲律宾保险业大记事

时间	事件
17 世纪	西班牙殖民者通过劳合社设立 Strachman，Murray & Co.，Inc. 公司，将保险的概念引入菲律宾
1989 年	加拿大永明人寿保险公司进入菲律宾，标志着菲律宾保险市场的开端
1915 年	本土的《保险法》生效，本土保险监管机构——财政局保险司成立
1939 年	广州于仁洋面保险行任命 Russel 和 Surgis 作为其在马尼拉财产险业务的代理公司，是当时菲律宾保险市场开放的代表
1949 年	保险委员会办公室成立，是首次具有独立性的保险监管部门
1974 年	制定新《保险法》，保险委员会更名成立并延续至今
1976 年	所有保险法合并为一个单一的法典——《1978 年保险法典》
2009 年	《预先需求法》颁布
2013 年	第 10607 号共和国法案对《保险法》进行了修订并延续至今

资料来源：笔者根据菲律宾保险委员会及公开资料整理。

（二）经营主体

经营主体方面，2020 年菲律宾保险公司（不含互惠协会）总数为 94 家，仅有 1 家为专业（本土）再保险公司，其余 93 家为原保险公司。

（三）业务规模

据瑞再研究院公布数据，2021 年菲律宾整体保险业的总保费收入为 79.5 亿美元，较上年增长了 19.7%，保险密度为 72 美元/人，保险深度为 2.0%。

据本国保险监管部门统计，截至 2021 年第三季度，菲律宾整体保险市场（含 MBA 业务）经营主体为 135 家，行业总资产 20134.97 亿比索，较上年增长 12.50%。总保费收入 2786.57 亿比索，较上年同期增长 28.71%。总赔付支出为 1012.23 亿比索，赔付率为 36.32%。保险密度为 2528.65 比索/人，较上年同期增长 27.07%，保险深度为 2.03%，较上年同期增长 0.34 个百分点，2020 年，人身险覆盖率为 63.97%，其中寿险覆盖率为 41.23%，互惠协会覆盖率为 22.74%。

（四）外资情况

在 2020 年菲律宾 94 家保险公司（不含互惠协会）中，外资公司共计 23 家，占比为 24.47%，其中 5 家综合性公司中 2 家为外资，28 家寿险公司中 10 家为外资，60 家财产险公司中 11 家为外资。

行业资产方面，2020 年菲律宾保险业（含财产险、寿险、再保险）总资产为 17723.21 亿比索，本土资产 6838.27 亿比索，占比为 38.58%，外资资产 10884.94 亿比索，占比为 61.42%。其中，本土的寿险业资产为 4829.11 亿比索、财产险业资产为 1857.00 亿比索、再保险业资产为 152.16 亿比索，外资的寿险业资产为 10492.57 亿比索、财产险业资产为 392.38 亿比索、再保险业没有外资资产。

保费收入方面，2020 年菲律宾保险业的保费收入中（其中财产险为净保费收入），本土公司贡献 1158.45 亿比索，占比为 40.64%，外资公司贡献 1692.12 亿比索，占比为 59.36%。其中，本土的寿险业保费收入为 838.96 亿比索、财产险业为 319.09 亿比索、再保险业为 0.41 亿比索，外资的寿险业保费收入为 1635.17 亿比索、财产险业资产为 56.94 亿比索、再保险业没有外资保费收入。

二、财产保险市场

（一）业务规模

据瑞再研究院公布数据，2021 年菲律宾财产险业的总保费收入为 19.6 亿美元，较上年增长了 10.1%，保险密度为 18 美元/人，保险深度为 0.5%。

据本国保险监管部门统计，截至 2021 年第三季度，菲律宾财产险市场的持牌经营主体数量为 66 家，行业总资产为 2942.84 亿比索，较上年增长 7.21%。总保费收入 643.10 亿比索，较上年同期增长 11.85%。行业总赔付支出为 162.90 亿比索，赔付率为 25.33%。

（二）险种结构

2020 年菲律宾财产险业 721.95 亿比索的总保费收入中，火灾保险保费收入 274.85 亿比索，占比为 38.0%，海上保险 51.99 亿比索，占比为 7.2%，车险 228.02 亿比索，占比为 31.6%，意外险 138.36 亿比索，占比为 19.2%，保证保险 29.05 亿比索，占比为 4.0%。

（三）市场集中度

2021 年，在经营财产险业务的 57 家公司中，市场份额超过 10%的有 3 家，分别是 Malayan Ins（14.41%）、Pioneer Ins（11.14%）、Prudential（10.77%），市场集中度指数 CR3 = 36.31%、CR5 = 46.01%、CR10 = 63.12%，其余 47 家公司分享着市场 36.88%的市场份额。

（四）外资情况

经营主体方面，2020 年菲律宾共计有经营财产险业务的原保险公司 65 家，包括综合险公司 5 家，其中外资综合险公司 2 家；财产险公司 60 家，其中外资寿险公司 11 家，外资保险公司总计 13 家，占比为 20.00%。

行业资产方面，2020 年菲律宾财产险业总资产为 2249.38 亿比索，其中本土 1857.00 亿比索，占比为 82.57%，外资 392.38 亿比索，占比为 17.44%。

保费收入方面，2020 年菲律宾财产险市场 376.03 亿比索的净保费中，319.09 亿比索的保费由本土公司贡献，占比为 84.86%，56.94 亿比索的保费由外资保险公司贡献，占比为 15.14%。

三、人寿保险市场

（一）业务规模

据瑞再研究院公布数据，2021 年菲律宾寿险业的总保费收入为 59.9 亿美元，较上年增加了 20.7%，保险密度为 54 美元/人，保险深度为 1.5%。

据菲律宾本国保险监管部门统计，截至 2021 年第三季度，菲律宾寿险市场的持牌经营主体数量为 32 家，行业总资产为 15968.34 亿比索，较上年同期增长 13.57%。总保费收入 2306.13 亿比索，较上年增长 32.78%。行业赔付支出为 776.33 亿比索，赔付率为 33.66%。

在 2020 年菲律宾寿险市场中，新单业务的保单数量为 98.32 万张，被保险人数为 2489.26 万人，总保额 21865.21 亿比索，年度退保率为 2.06%。年底有效保单数量为 631.11 万张，被保险人数为 4486.05 万人，总保额 105666.78 亿比索。

（二）险种结构

2020 年，菲律宾寿险业 2474.14 亿比索的总保费收入中（包含小额保险与农民工保险），普通寿险保费收入 337.53 亿比索，占比为 13.6%，团体寿险 188.08 亿比索，占比为 7.6%，意外险 19.14 亿比索，占比为 0.8%，健康险 102.08 亿比索，占比为

4.1%，变额寿险 1827.31 亿比索，占比为 73.9%。

（三）市场集中度

菲律宾寿险业的市场集中度较高，2021 年，在经营寿险业务的 31 家公司中，尽管市场份额超过 10% 的只有三家——Sun Life（14.65%）、AXA Life（12.55%）、Pru Life（12.27%），但前五位的公司的市场份额超过了 55%，前十位的公司的市场份额超过 80%，其余 21 家只分享不到 20% 的市场份额。市场集中度指数 CR3 = 39.47%、CR5 = 55.20%、CR10 = 82.90%。市场中各公司呈现两极分化，处于领先地位的前 1/2 公司实力平均，落后的后 1/2 公司市场份额都非常小。

（四）外资情况

在经营主体方面，2020 年菲律宾共计经营寿险业务的原保险公司 33 家，包括综合险公司 5 家，其中外资综合险公司 2 家；寿险公司 28 家，其中外资寿险公司 10 家，外资保险公司总计 12 家，占比为 36.36%。

在行业资产方面，2020 年菲律宾寿险业总资产为 15321.68 亿比索，其中本土 4829.11 亿比索，占比为 32.52%，外资 10492.57 亿比索，占比为 68.48%。

在保费收入方面，2020 年总保费收入的 2474.14 亿比索中，838.96 亿比索的保费由本土公司贡献，占比为 33.91%，1635.17 亿比索的保费由外资保险公司贡献，占比为 66.09%。尽管菲律宾外资寿险公司数量仅为本土公司的 1/2，但是保费的贡献确是本土公司的 2 倍。对比过去，2015 年菲律宾寿险市场本土保费收入占比为 89.91%、外资保费占比为 10.09%。而 2010 年，菲律宾寿险市场本土保费收入占比为 49.30%、外资保费占比为 50.57%。

四、再保险市场

据菲律宾本国保险监管部门统计，2020 年菲律宾专业再保险公司数量仅为 1 家，是本土公司。假定保费为 44.74 亿比索、总保费为 0.41 亿比索、分出保费为 12.77 亿比索、净保费为 31.97 亿比索。总保险的各险种构成为，火灾保险 0.21 亿比索，占比为 51.2%，海上保险 0.02 亿比索，占比为 5.4%，车险 0.08 亿比索，占比为 20.7%，意外险 0.09 亿比索，占比为 22.2%。

五、互惠协会市场

互惠协会是菲律宾特有的商业保障业态，被本国监管部门纳入“保险业”的范围。2021 年菲律宾互惠协会市场共有经营主体 38 家，行业总资产为 1181.79 亿比索，较上年增长 6.33%。总保费收入为 31.89 亿比索，较上年增长 2.90%。行业赔付支出为 26.15 亿比索，赔付率为 81.90%。

第二节　菲律宾保险监管情况

一、监管机构

菲律宾保险委员会（Philippine Insurance Commission）菲律宾保险委员会负责对保险市场相关主体进行监管，旨在促进保险业健康发展及保险公司财务稳定增长，充分保障受保群众和客户的权益。其主要职责是颁布和实施保险业相关法规和政策、评估保险公司的年度报告、处理投保人由于保险合同产生的损害或责任索赔。

菲律宾保险委员会职责体现出新兴市场的特点，除了保护投保人利益外，还包括发展壮大保险业和提高人民的保险意识等。保险委员会的愿景是，使每一位菲律宾人到2020年都有机会得到保险保障，并使保险业的各种做法符合地区和国际标准。

二、监管法律法规

1978年，菲律宾颁布了《保险法》。2013年，为了迎接2015年东盟经济共同体的建成，提高菲律宾保险业竞争力，总统阿基诺签署《共和国第10607号令》，对1978年《保险法》进行重要修改，主要修改内容包括分步骤提高监管资本要求、要求保险公司使用国际会计准则、保险营业许可证有效期从1年延长到3年、扩大保险资金投资渠道等。

三、市场准入监管规定

（1）资本金要求。根据2013年《共和国第10607号令》，该法令实施以前存在的保险公司，需要按阶段提高净值（净值=实缴资本+留存收益+资产减值之后的盈余+资产重估增值）：到2013年6月30日之前，提高到2.5亿比索；到2016年12月31日之前，提高到5.5亿比索；到2019年12月31日之前，提高到9亿比索；到2022年12月31日之前，提高到13亿比索。在该法令颁布之后新设立保险公司的，需要满足10亿比索实缴资本的条件，且满足分阶段提高净值的要求。保险委员会还可以要求股东以现金形式注资到盈余贡献账户且金额不少于100万比索。对于外资公司，除满足以上条件外，还要向保险委员会存缴一定数额的保证金。

（2）外资准入。菲律宾在1995年加入世贸组织时承诺，外资可以持有本土保险公司不超过40%的股权，但是非本国公民在董事会的人数不得超过董事会总人数的1/3。1996年，菲律宾通过了《共和国8197号令》，主动放开外资持股上限，允许外资持股100%。外国公司可以在菲律宾设立合资公司、子公司和分公司。

（3）营业许可证类别与时限。菲律宾允许设立财产险公司、寿险公司和综合性保险公司。综合性保险公司同时经营财产险业务和寿险业务的，需要分别获得财产险和寿险两个许可证。许可证在颁发后第3年的年底过期，每3年需要续期1次。

四、偿付能力监管规定

菲律宾风险基础资本要求，除资本金要求外，保险公司还需满足风险基础资本充足率不得低于125%的偿付能力要求。菲律宾的风险基础资本要求体系将考虑五个因子，包括固定收益投资、所有者权益、信用风险、赔款准备和净签单保费收入。

所有保单条款和附加险条款都需经保险委员会审批。车险、地震险、台风险和洪水保险等使用法定费率。2011年，保险委员会放开了农民工强制保险的费率管制。

五、资金运用监管规定

政府和准政府证券，是指本土保险公司的投资比例不得低于净值的25%。公司债，是指可以投资符合条件的菲律宾公司发行的债券。优先股或有担保股权，是指符合条件可以投资，但投资比例不得超过该优先股或普通股的50%。普通股，是指可以投资菲律宾任何一家公司的普通股。保险公司投资单家公司的，投资比例不得超过该公司净值的20%或该公司实缴资本的20%。外币资产，是指持有外币标价保单的保险公司可以投资于符合条件的同类外币证券，且总投资额不得超过该类外币标价合同准备金的1.5倍。房地产，是指投资自用房地产的比例不得超过净值的20%；寿险公司投资性房地产的比例不得超过认可资产的25%。

六、强制性保险及税费规定

菲律宾强制保险包括机动车第三者责任险（人身伤亡）、保险及再保险经纪人的职业责任险、陆上公共交通运营商和轮渡运营商的乘客个人意外责任险、企业和公寓的公众责任险（仅限于大型城市）、劳工补偿险、在海外工作的外籍员工的特定保险、国民医疗制度（国家保障计划）。

在税费规定方面，菲律宾针对所有经营财产险的保险公司征收监管费，费率各异；其余税种面向被保险人征收，针对财产险所有险种征收印花税（固定），每张保单15比索；对财产险征收增值税，税率为12%，征收消防税，税率为2%。此外，还征收地方税，在0~0.75%的区间税率各异。

第三节　菲律宾保险业的特点及亮点

——商业保障体系中多元化的“类保险”业态

菲律宾人口问题压力巨大且经济资源有限，但其依然通过商业保障体系中多元化的“类保险”业态较好地解决了国民保障问题。菲律宾拥有在东南亚甚至是在全球的最多元化的社会保障体系与商业保障体系，其社会保障系统由社会保险系统、政府服务保险系统、医疗保险公司、家庭共同发展基金构成，商业保障体系由商业保险行业、互惠协会行业、预先—需求行业和健康维护行业构成，因此为实现同一保障目的可以有多种不同路径选择。商业保障体系中的“类保险”业态地位重要、行业历史悠久且发展稳定、受到严格的监管，是其国民的可靠选择。

《前期相关知识》专栏

“类保险”业务概述

一、“类保险”业务的定义

“类保险”业态，指其经营主体不具有经营保险业务的资质，而其经营业务却极其类似于保险的行业，“类保险”业务的保障功能通常与保险产品类似，同样也采用保险原理、采用保险业经营方式，但并不是正式的保险产品。在日本，行保险之实，不以保险为名的互助组织被归为“类似保险”，并早在2005年修订的《保险业法》中就将这些由私人经营类似保险业务纳入了监管。

二、我国主要的“类保险”业务

我国的“类保险”业务主要包括两大类：一是以互联网公司形式开展互助业务的互联网类保险平台；二是运输公司提供的互助契约（见表9-2）。“类保险”业态，尤其是网络互助因其具有普惠性，对提升我国居民的保障水平、丰富获得保障的途径方面具有积极意义。但网络互助存在监管缺失的问题，存在较大的金融风险隐患，如部分平台采取前置收费模式，且涉众人数广已形成大量沉淀资金，存在“跑路”的可能，需要完善对网络互助的监管。

表9-2　我国主要的“类保险”业态

业态名称	主要业务形式及特点	功能类似于何种商业保险	保障群体	保障规模	监管情况
网络互助	是一种原始的保险形态与互联网的结合，利用互联网撮合会员之间通过协议承诺承担彼此的风险损失。价格较为低廉、参与者众多	重大疾病保险、医疗保险	全体公民，且以具备上网能力的年轻公民为主	2019年规模达到顶峰、覆盖人数达1.5亿人，救助总金额超50亿元	目前没有明确的监管主体和监管标准
汽车统筹	交通运输企业对营运车辆收取交通安全统筹费用，在遭遇交通事故时提供相应的经济赔偿。该行业属于民间互助合作性质	机动车辆保险	主要客户群是难以买到商业保险的大货车车主	全国百万辆以上的营运车辆参与	得到《关于加强道路交通安全工作的意见》文件鼓励，事实无严格监管

资料来源：笔者根据公开资料统计整理。

一、特征体现一：菲律宾商业保障体系多元化且包含多种“类保险”业态

菲律宾不仅拥有由社会保险系统、政府服务保险系统、医疗保险公司、家庭共同发展基金所构成的多层次的社会保障体系，菲律宾的商业保障体系同样也非常多元化，不仅包括商业保险行业，还有互惠协会行业、预先—需求行业和健康维护行业，其中，互

惠协会也被归入商业保险商业中（见图 9-1）。商业保障体系的所有行业以及社会保障体系中的政府服务保险系统统一由菲律宾保险委员会进行监管。

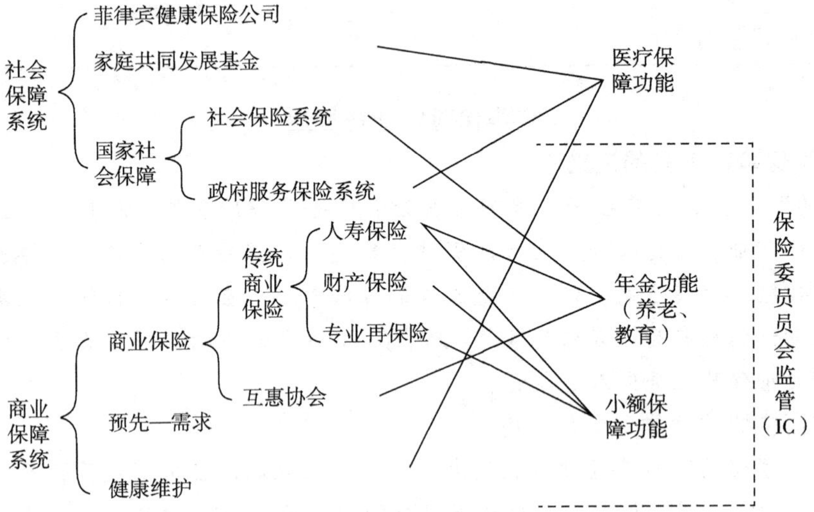

图 9-1　菲律宾的社会保障系统与商业保障系统框架

（资料来源：笔者根据公开资料整理）

二、特征体现二：菲律宾“类保险”业态与商业保险平行发展

在东盟保险市场中，部分国家的商业保障体系中存在传统商业保险与塔卡福保险两种业态可供国民选择。而在菲律宾，除传统商业保险之外还有预先—需求、健康维护、互惠协会等类似于保险的业态可供选择（见表 9-3）。互惠协会在菲律宾被归为商业保险行业的一类，是为其成员提供损失财物补偿的机构。互惠协会对会员收取会员费，类似于保险费，不少互惠协会机构宣称自身为非营利性质。在菲律宾，不少互惠协会机构直接经营小额保险业务，如早在 2014 年菲律宾的 34 家互惠协会中就有 21 家从事小额保险业务，因此互惠协会在菲律宾被列为保险行业的一部分；预先—需求是菲律宾才特有的行业，用于解决人们特定时间（大学教育、退休）或特定突发事件（死亡、疾病、残疾）下的特定财务需求。“预先—需求计划”是一种合同，购买时采取长期分期付款，终止日时将支付给持有者足够的各项费用，而不像商业保险仅支付事先约定的固定额度费用；健康维护充当着客户与医疗机制之间的中间人，能够让客户以固定月费或年费换取医疗机构提供医疗服务。健康维护组织可以通过向医疗机构提供大量客户来降低总体成本，并可为客户协商出更低廉的诊疗价格，100 比索即可起步。

表 9-3　菲律宾主要的“类保险”业态

业态名称	主要业务形式及特点	功能类似于何种商业保险	保障群体	保障规模	监管情况
互惠协会	为会员及其家属既提供小额人寿和意外保险，也提供工资、紧急、灾难等贷款援助、住房公积金等综合财务服务	相互保险、小额保险	全体国民	2020 年度覆盖全国 795.31 万人，保障支出 451.80 亿比索	受菲律宾保险委员会严格监管
预先—需求行业	解决人们特定时间（大学教育、退休）或特定突发事件（死亡、疾病、残疾）下的特定财务需求	年金保险（教育年金、养老年金等）	全体国民	2020 年度覆盖全国 38.31 万人，保障支出 210.66 亿比索	受菲律宾保险委员会严格监管，且有专项法律《预先—需求法》
健康维护行业	充当着客户与医疗机制之间的中间人，能够让客户以固定月费或年费换取医疗机构提供医疗服务	医疗保险、重大疾病保险	全体国民	2020 年度覆盖全国 421.47 万人，保障支出 427.10 亿比索	受菲律宾保险委员会严格监管

这些“类保险”业态都受到菲律宾保险委员会严格监管，在全国也形成了一定比重的保障规模，与商业保险是平行共存的关系。可以说，商业保障体系的三大业态均发展成熟，各自都有自身固定的客户群体覆盖面，并且各行业都有一定数量的经营主体可供客户选择（见表 9-4）。

表 9-4　2020 年菲律宾商业保险体系下各业态的经营情况

行业			公司数量（家）	业务收入（亿比索）	资产规模（亿比索）	覆盖人群（万人）	保障支出（亿比索）
保险业	传统商业保险	人身险	33	2474.14	15321.68	4486.05	749.20
		财产险	65	376.03	2249.38	—	162.62
		专业再保险	1	32.0	152.16	—	20.06
	互惠协会		36	114.61	1099.09	795.31	451.80
预先—需求			14	186.81	1360.24	38.31	210.66
健康维护			29	507.45	606.98	421.47	427.10

三、特征体现三：菲律宾“类保险”业态发展稳定已成为国民的可靠选择

（一）“类保险”业态在自身商业保障体系中地位重要

由表 9-4 可见，不论从公司数量、业务收入、资产规模和覆盖人群等各方面来看，保险业在菲律宾商业保障体系中并非“一家独大”，而是与预先—需求业、健康维护业呈现“三足鼎立”的局面。在此，以对民众的保障支出额作为衡量不同业态覆盖面的标准，作出 2020 年菲律宾商业保障体系构成情况，在该年度中，传统商业保险业的赔

付支出额占商业保障体系总保障支出额的61.9%（不含互惠协会），“类保险”的保障支出占33.0%，其中，预先—需求为11.2%、健康维护为21.8%、互惠协会为5.1%。整体而言，传统商业保险与“类保险”覆盖面的比例为6∶4。

（二）“类保险”业态历史悠久且发展稳定

菲律宾的各类“类保险”业态均具有几十年的发展历程，因此其居民的接受程度高。例如预先—需求行业，早在20世纪60年代，全球纪念信托基金会的美国商人便以葬礼计划的形式在菲律宾国引入了第一个预先—需求计划，致使1966年太平洋计划公司正式出售的第一个产品便是葬礼服务计划，20世纪70年代预先—需求计划主要用来安排葬礼。此后，该行业快速增长，逐渐开始解决生活支出的其他方面，1976年第一个养老金计划推出，1980年第一个教育计划推出，1990年菲律宾预需公司联合会成立。但随后，经历了1992年取消学费上限导致学费飞涨幅度高于行业投资利率和1997年亚洲金融危机等不利因素，行业历经了十余年的低迷。后续行业改革，2009年《预先—需求法》颁布，将行业监管划归为保险委员会，行业发展由此得到有效带动；再如健康维护业，从20世纪80年代起便从美国引入了菲律宾，起初健康维护成员有90%以上都是参加公司计划，由雇主缴纳费用，并且公司计划几乎完全纳入社保体系下的医疗保险公司，即治疗费用首先由医疗保险公司支付，其余部分才由健康维护组织结算。因为个人和家庭的健康维护计划费用比公司计划费用贵得多，所以健康维护业务的个人成员非常少。此后，又侧重于将毕业生群体吸收为成员，后续该细分市场最终得到扩大。菲律宾的各类“类保险”业态不仅历史悠久，而且长期以来的发展十分稳定，无论在收入方面还是在总资产积累方面，近年来一直保持着稳步增长的趋势（见图9-2）。

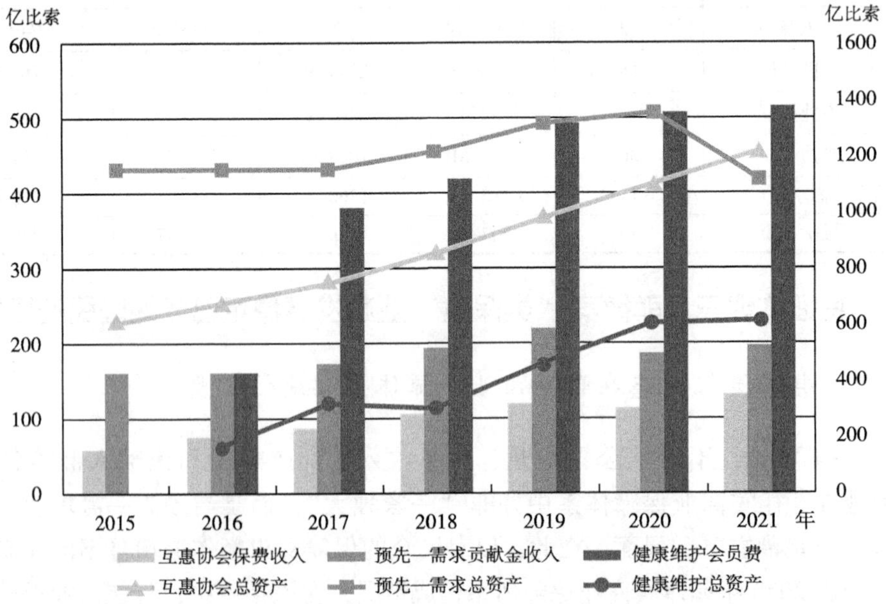

图9-2　2015—2021年菲律宾各“类保险”业态的收入与总资产情况

（三）“类保险”业态受到严格监管与法律保障

菲律宾所有各种“类保险”业态都受到严格监管和法律保障。在菲律宾，保险委员会（IC）不仅监管保险行业，也负责对互惠协会、预先—需求、健康维护等所有商业保障体系下的各种“类保险”业态进行监管，可以说菲律宾保险委员会是东盟保险市场中职责范围最宽的监管机构。菲律宾不仅有《保险法》，“类保险”业态也有专门法律，如2009年颁布了《预先—需求法》。

综上所述，基于“类保险”业务长期的发展实力，且价格通常比商业保险更为低廉，对于菲律宾国民而言，同样也是成熟可靠的保障选择。

四、菲律宾保险业特征的启示

菲律宾是印度尼西亚之外第二个人口破亿人的东盟国家、属于典型的人口大国，然而，菲律宾在所面临国民保障问题如此艰巨且自身经济资源有限的情况下，依然通过多层次、多业态的方式较好解决了问题，并且其国民为实现同一保障目的可以有多种业态进行选择，各种业态的监管到位、发展井井有条。因此，研究菲律宾保险市场的特征，并从中汲取发展经验，对于同样属于人口大国、面临艰巨社会保障任务的我国而言现实意义非常大。

《我国发展现状与东南亚各国保险业特征的对比》专栏

我国“类保险”业态的发展现状

菲律宾与我国的商业（人身）保险覆盖率几乎是相同的，但是在商业保险之外的“类保险”业态上，我国与菲律宾的差距非常大，主要体现在以下几方面。

一、“类保险”产品对于我国居民是无奈之选

我国公民可选择的“类保险”产品种类并不多，并且由于缺乏监管，我国的“类保险”业态可以说是一种处在“灰色地带”的“灰色产品”。事实上，我国公民也知道商业保险更为稳妥，也知悉“类保险”产品并不完全可靠，可以说选择“类保险”产品体现出的是无奈之举，一方面原因在于传统保险无法实现自身保障。例如，大货车车主往往都是在无法办理商业保险的情况下才选择购买汽车统筹；又如，部分居民是因为自身已有基础疾病或疾病隐患，无法通过保险公司的核保环节才去选择健康告知较为宽松的网络互助。另一方面原因则是由于传统保险产品价格过高，无法负担才选择“类保险”产品，虽然明知“类保险”产品的保障责任远不如传统重疾险，但传统重疾险即便设计成消费型的年交保费也接近2000元，兼具有身故返还功能的重疾险价格更是在5000元以上，高昂的价格让我国居民“望而却步”，而网络互助每年仅100元左右，尽管不一定能获得终身的稳妥保障，但低廉价格让不少公众愿意将自身的保障“押宝”在了网络互助上。

二、“类保险”业态在我国商业保障体系中的地位无足轻重

相较之下，我国的局面与菲律宾完全不同。在社会保障方面，我国已经建立起“多层次的社会保障体系”，但在商业保障方面，我国并没有形成多层次的商业保障体系，商业保障体系基本上由商业保险体系构成，可以说是“商业保障体系=商业保险体系”。除商业保险外，其他“类保险”业态远不能动摇商业保险的地位。在此，以最主要的、规模最大的“类保险”业态“网络互助”为例，该业态从2010年兴起，2019年达到顶峰，而后2020年下半年行业规模骤减，选取最“高光时刻”的2019年进行分析。为便于比较，同样以保障支出额作为衡量不同业态覆盖面的依据，以相同的饼图刻画，我国的商业保障体系构成情况如图9-3所示。

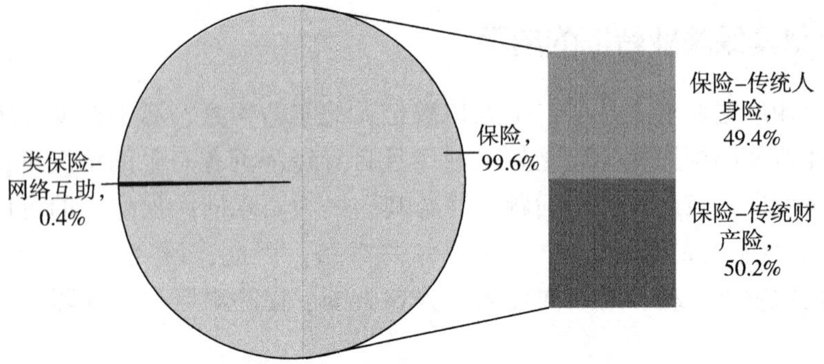

图9-3　2019年我国商业保障体系中各业态的保障支出构成情况

（资料来源：中国银保监会）

菲律宾各种“类保险”业态与商业保险形成了良性的平行竞争关系，彼此之间处于同一量级，而我国则是商业保险“独霸天下”，“类保险”业态的规模非常小，不足0.5%，可以到忽略不计的程度，如此无足轻重的业态，必然无法得到我国居民的信赖。

三、我国“类保险”业态历史较短且成效昙花一现

我国的网络互助是在互联网时代才开始诞生，确切而言，从2011年第一家互联网互助平台——抗癌公社（现更名为康爱公社）发展至今也仅13年，其间经历了四个发展阶段。第一阶段为2011—2013年的探索期，抗癌公社的诞生引发对网络互助的创新热潮，此时网络互助平台规模较小但数量多达上百家、参差不齐；第二阶段为2014—2017年的行业规范期。该阶段轻松互助、水滴互助等专业化的平台进场，同时保监会明确界定网络互助不属于保险产品并进行专项整治；第三阶段为2018—2020年上半年的高速发展期。以蚂蚁金服的相互宝等为代表的多家互联网巨头进入市场，行业野蛮式的快速增长。据艾媒咨询《2020上半年中国网络互助发展专题研究报告》，2019年年底我国网络互助覆盖人数达1.5亿人，救助总金额超50亿元，救助人数超3万人；第四阶段为2020年下半年起至今的关停衰退期。随着分摊金额的增长，参与者逐步退出，而经营的公司利润受损难以持续，众多网络互助平台纷纷关停，网络互助行业由盛转衰，2022年1月

国内最大规模的网络互助平台相互宝也正式关闭。从表 9-5 所示的我国主流网络互助运营情况看，除了“老四家”之外，几乎所有后续成立的互助平台目前均已关停，且并非投资方实力雄厚就能存续更长，关停的各家平台营业年限均不超过 5 年，大多都只是“昙花一现”式的发展。

表 9-5　我国主流网络互助运营情况

平台名称	投资方	成立时间	存续或关闭时间	经营年限
康爱公社	张马丁（个人）	2011-05	存续	11 年多
e 互助	泛华金融	2014-06	存续	8 年多
壁虎互助	必互科技	2015-03	存续	7 年多
夸克联盟	顺为资本	2015-03	存续	7 年多
轻松互助	轻松集团	2016-04	2021-03	5 年
水滴互助	水滴集团	2016-05	2021-03	4 年 11 个月
相互宝	蚂蚁金服	2018-10	2022-01	3 年 4 个月
点滴互助	滴滴集团	2018-12	2021-10	3 年 11 个月
360 互助	360 集团	2019-06	2021-05	3 年
美团互助	美团集团	2019-06	2021-01	2 年 8 个月
悟空互助	悟空集团	2019-06	2021-03	2 年 10 个月

资料来源：笔者根据公开资料统计整理。

五、我国“类保险”业态监管缺失

我国资金量最巨大、涉及面最广的“类保险”业态——网络互助，在经历多轮整改后至今仍没有明确的监管体系归属。自 2011 年创立以来，我国网络互助取得了较快发展，随着该行业资金集聚的增多，其经营风险问题逐渐得到关注。2015 年 10 月，原中国保险会发布了《关于“互助计划”等类保险活动的风险提示》，提出大多数“互助计划”与保险产品存在本质差异，现有“互助计划”经营主体没有纳入保险监管范畴。2016 年 10 月，保监会联合了中央宣传部、中央维稳办等 14 个部门发布了《互联网保险风险专项整治工作实施方案》（保监发〔2016〕31 号），重点纠正了保险公司与不具备经营资质的第三方网络平台开展合作。2016 年 12 月，保监会又发布《中国保监会关于开展以网络互助计划形式非法从事保险业务专项整治工作的通知》（保监发〔2016〕241 号），要求网络互助与保险产品划清界限，不得使用任何保险术语，不得与保险产品进行任何形式的挂钩或对比。后续，保监会对以网络互助计划形式非法从事保险业务进行了一系列专项整治，全国最大规模的网络互助，蚂蚁金服旗下的“相互保”被更名为“相互宝”便整治成效的代表。

然而，比较上述一系列的监管措施及相关文件，保险监管部门的工作核心一直是在与网络互助“划清界限”，一再强调网络互助不是保险产品、不属于保险监管部门的监管范围，但实际上从不去解决网络互助这样的“类保险”行业到底由谁来监管，至今网络互助平台仍处于非持牌经营状态，涉众风险不容忽视。而在欧美发达国家，P2P 保险平台普遍被纳入监管范围，受到保险监管部门监管，必要时还要接受证券部门监管，行业不会游离于监管体系之外。可以说，我国保险监管部门“踢皮球”的操作无法真正解决问题，没有明确的监管归属，网络互助等“类保险”业务就不可能长期规范化经营。

资料来源：陆峰．东盟保险市场国别特征研究之菲律宾：商业保障体系中多元化的“类保险”业态［J］．沿海企业与科技，2022（4）：3-7。

菲律宾“商业保障体系中多元化的‘类保险’业态”的保险市场特征，对我国的主要启示意义如下：

第一，逐步建立与完善我国多层次的商业保障体系。我国要在建立多层次社会保障体系的基础上，不能让商业保障体系只有商业保险这一种单一支柱，我国的商业保障体系应当是多层次、多支柱的。第一支柱应当是由商业保险构成，同时也是我国商业保障体系的主体与基础；第二支柱应当由各类互助构成，包括各行业间互助、各企事业单位互助、网络互助等；第三支柱应由其他各类创新型小众范围的“类保险”业态构成。各支柱之间要加强融合与承接，做到功能互补、综合增效。

第二，不断创新各类“类保险”新兴业态。只要是能提升人民群众保障水平的业态可以积极引入或开发，大胆创新实践，可采取“先推广、后规范”的实施方式，不断丰富我国商业保障体系的业态种类、经营主体和产品类型。同时，监管部门要加强指引性监管，放宽新兴业态的发展路径。

第三，加强对各类“类保险”新兴业态的有效监管。一方面要以明确监管主体作为责任落实的手段。每出现一种新兴业态都必须迅速确定由哪个部门、由哪个单位，甚至由哪个领导负责监管，不能出现“划清界限”式的逃避监管职责行为。另一方面要及时制定监管规则，让监管有规可依、有章可循。应当采取“谁监管，谁定规”的原则，并且相关规则可以“先执行、后上报”，以便及时控制经营风险、规范行业发展。

第四，精细化发展商业保险业务。要从经营主体的专业化出发，参考菲律宾小额保险公司、互惠协会等专业化经营主体的设置，我国可成立专业性的小额保险公司、普惠保险公司、跨境保险公司、绿色保险公司等，以垂直细分风险群体的方式，走专业化经营的道路。

复习思考题

1. 简答题：请说说你自己对中菲两国关系未来走向的判断，说说其是否会影响中菲两国经济与保险业。

2. 简答题：谈谈结合菲律宾的经验，说说保险对我国扶贫的作用。

3. 简答题：请列举一项菲律宾与中国所共同面临的巨灾风险。

第十章　越南保险市场概述

越南位于中南半岛东南端，三面环海，地形狭长，略呈“S”形。南北最长处约1640千米，东西最宽处约600千米，最窄处仅50千米，地势西北高、东南低，境内3/4为山地和高原，有红河三角洲和湄公河三角洲等两大平原。越南按地域划分为8个大区，设有5个直辖市和58个省。越南人口目前已超过9800万人，预计2025年将突破1亿人，共有54个民族，京族（也称越族）为主要民族，约占86.2%。此外，岱依族、泰族、芒族、高棉族、华人等少数民族各占1.5%左右。越南官方语言为越语，货币为越南盾（Dong）。主要城市包括位于北部红河三角洲的首都河内，位于南部湄公河三角的胡志明市。

越南一直以来重视融入国际经济体系，1986年开始施行革新开放，1996年提出要大力推进国家工业化、现代化，2001年确定建立市场经济体制，2006年加入世界贸易组织，越南已签署15个自由贸易协定，其中包括《越南—欧盟自由贸易协定》等高标准自贸协定，极大地促进了外贸与经济的发展。

本章是对越南保险市场发展及监管情况进行介绍，越南保险市场的最主要的特点和亮点在于高度外向性型的国际化发展策略。

第一节　越南保险市场发展情况

一、整体保险市场

（一）经营主体

据越南保险监管部门资料，截至2021年12月31日，越南保险市场上共有77家法人经营主体，含保险公司51家，其中财产险公司32家、寿险公司19家、专业再保险公司2家、保险经纪公司24家。另外，外资险企在越南还设有18家代表处，其中财产险公司代表处9家、寿险公司代表处6家、保险经纪公司代表处3家。包括保险公司员工及代理人在内，保险业从业人员共计有115.60万人。

（二）业务规模

据瑞再研究院公布数据，2021年越南整体保险业的总保费收入为93.3亿美元，较上年增长了12.9%，保险密度为87美元/人，保险深度为2.3%。

据本国保险监管部门数据，2021年越南保险业总资产为7085340亿越南盾，总保费收入为2183570亿越南盾，其中财产险保费收入为591350亿越南盾、寿险1592220亿越南盾。保费收入同比2020年1874470亿越南盾，增长了16.49%。行业投资总额为5831890亿越南盾、投资收入375190亿越南盾。保险深度为3.38%，其中财产险深度为0.92%、寿险深度为2.08%，保险密度为221.7万越南盾/人。行业总赔付额为523220亿越南盾，赔付率为23.96%。行业从业人员总计115.60万人。

（三）外资情况

从公司数量看，2021年越南共有51家原保险公司，外商投资公司数量为45家，数量占比为88.24%。其中，32家财产险公司中有26家为外商投资公司，19家寿险公司全部是外商投资公司。

从总资产看，2021年7085343.06亿越南盾的总资产中，本土公司贡献了189691.96亿越南盾，仅占比2.68%，外商投资公司则贡献了6895651.10亿越南盾，占比为97.32%。

从保费收入看，2021年2183565.82亿越南盾的保费收入中，本土公司贡献了104369.57亿越南盾，仅占比4.78%，外商投资公司贡献了2079196.25亿越南盾，占比为95.22%。

二、财产险市场

（一）业务规模

据瑞再研究院公布数据，2021年越南财产险业的总保费收入为25.2亿美元，较上年降低了0.1%，保险密度为27美元/人，保险深度为0.7%。

据本国保险监管部门数据，2021年越南财产险业总保费收入为591350亿越南盾，同比2020年566770亿越南盾，增长了4.34%。保险深度为0.92%。财产险业总赔付额为198810亿越南盾，赔付率为33.62%，净赔付额为126250亿越南盾，在预防及减轻被保险人的风险方面发挥了良好的作用。2021年财产险业准备金为282550亿越南盾，比2020年的272370亿越南盾增长了3.74%。

（二）险种结构

2021年越南财产险市场中健康保险所占比例最高，为32.05%，其次是机动车辆保险（27.44%）、财产与灾害保险（13.12%）、火灾与爆炸保险（12.83%）、货物运输保险（4.65%）、船体与船东赔偿保险（3.96%）、责任保险（2.27%）、航空保险（1.80%）、信用与金融风险保险（1.28%）。与此同时，其他行业仍处于非常低的水平，如商业中断保险（0.44%）、农业保险（0.10%）、保证保险（0.05%）。

2021 年大多数财产险险种的保费收入与 2020 年相比有所增加，其中一些险种增长率较高，如航空保险增长了 38.77%、农业保险增长了 32.67%、货物保险增长了 21.58%、责任保险增长 21.58%、火灾与爆炸保险增长了 17.66%、责任保险增长了 11.04%、船体与船东赔偿保险增长了 13.26%、财产与灾害保险增长了 6.63%、商业中断保险增长了 5.73%、健康保险增长了 3.77%。与此同时，也有较上年下降的险种，分别为信用和金融风险保险下降 11.2%、汽车保险下降 6.25%、保证保险下降 6.05%。

（三）市场集中度

越南财产险市场集中度较高，2021 年的 32 家财产险公司中，市场份额超过 10%的有 2 家，分别是 Bao Viet（15.13%）和 PVI（14.02%）。排名前三位的公司市场占有率接近 40%、前五位的公司超过 50%、前十位的公司超过 75%、其余 22 家分享着不到 25%的市场份额。市场集中度指数 CR3 = 39.02%、CR5 = 53.27%、CR10 = 76.12%。

（四）外资情况

从公司数量来看，2021 年越南的 32 家财产险公司中，包括多股东的有限公司 10 家、单一股东的有限公司 4 家、股份制公司 17 家、国外独资公司分支机构 1 家，除了股份制公司中的宝龙（Bao Long）、MIC、VNI、BSH、BHV 以及单一股东有限公司中的 HDI 之外，其余 26 家均为外商投资公司，数量占比为 81.25%。

从总资产来看，2021 年 1090850.00 亿越南盾的总资产中，本土公司贡献了 189691.96 亿越南盾，占比为 17.39%，外商投资公司则贡献了 901158.04 亿越南盾，占比为 82.61%。

从保费收入来看，2021 年 591347.35 亿越南盾的保费收入中，本土公司贡献了 104369.57 亿越南盾，占比为 17.65%，外商投资公司则贡献了 486977.78 亿越南盾，占比为 82.35%。

三、寿险市场

（一）业务规模

据瑞再研究院公布数据，2021 年越南寿险业的总保费收入为 68.1 亿美元，较上年增长了 18.6%，保险密度为 60 美元/人，保险深度为 1.6%。

据越南保险监管部门资料，越南寿险业总保费收入为 1592220 亿越南盾，同比 2020 年 1307700 亿越南盾，增长了 21.76%。保险深度为 2.47%。

截至 2021 年年底，越南寿险业有效保单业务数量为 1319.87 万张，比上年增长 13.47%，总保额 47253310 亿越南盾。其中，个人保险合同张数达到 1319.79 万张，团体保险合同的数量为 833 份，这些团体保险合同保障人数为 33.48 万人。2021 年越南寿险市场的总赔付支出为 324410 亿越南盾，赔付率为 20.37%。

2021 年，越南寿险业新签合同数量达 356.00 万张，较上年增长 11.94%。其中，个人险合同的数量为 355.95 万张，团险合同的数量为 425 张，对应被保险团体成员的人数为 17.65 万人。寿险新单合同的总保费收入达 495500 亿越南盾，比上年增长 18.12%。这些保单的总保额达 15231340 亿越南盾。2021 年新个人保险合同的平均保险金额达到 42160 万越南盾，团体平均保险金额为 527 亿越南盾，相当于每位成员 12690 万越南盾。

（二）险种结构

越南寿险市场 2021 年有效保单业务中，主险保费收入占比为 90.07%，附加险保费收入占比为 9.93%。投资连接及万能险的保费收入占比最高，比重达 68.27%，其次是两全保险，占比为 19.85%，其他各类险种仅占市场总保费的 1.95%。此外，附加险的比重为 9.93%。

2021 年，越南财产险业对于航空保险、营业中断险、火灾与爆炸保险、财产与灾害保险、船舶赔偿保险等领域的重大风险能有效使用再保险作为风险转移的工具。对于其他风险敞口较小的业务，例如保证保险、健康保险、汽车保险等几乎没有对外分保，其中留存率最高的是保证保险、留存率为 99.79%，其次是汽车保险，留存率为 84.89%，最后是健康保险，留存率为 80.01%。

（三）市场集中度

越南寿险市场的集中度非常高，主要由五大公司占据。2021 年的 19 家寿险公司中，市场份额超过 10%的有 5 家且有 3 家接近 20%，具体为 Bao Viet Life（19.19%）、Manulife（18.70%）、Prudential（18.10%）、Daiichi（11.70%）、AIA（10.40%），除上述 5 家之外，其余没有任何一家公司的市场份额能超过 5%。排名前三位的公司市场占有率超过 55%、前五位的公司超过 75%、前十位的公司超过 90%，其余 9 家公司的市场份额之和甚至不足 10%。市场集中度指数 CR3 = 55.99%、CR5 = 78.09%、CR10 = 92.19%。

（四）外资情况

2021 年，越南的 19 家寿险公司中，有多股东的有限公司 15 家、单一股东的有限公司 3 家、股份制公司 1 家，但上述三类公司中均含有外资股东，即所有的 19 家寿险公司均为外商投资企业。即使国有的保越人寿，因其 100%的控股公司 Bao Viet Holding 中有日本 Sumitomo Life22.09%的股权，同样也可视为外商投资企业。因此，越南寿险市场罕见的可视为 100%全外资，5994493.06 亿越南盾的总资产和 1592218.47 亿越南盾的保费收入 100%由外商投资保险公司贡献。

四、再保险市场

（一）业务规模

2021 年，整体保费收入的 2183570 亿越南盾中，再保险分出保费为 250510 亿越南盾，分出率为 11. 47%，留存的净保费为 1933060 亿越南盾，留存率为 88. 53%。其中，在财产险保费收入的 591350 亿越南盾中，再保险分出保费为 212280 亿越南盾，分出率为 35. 90%，留存的净保费为 379060 亿越南盾，留存率为 64. 10%；在寿险保费收入的 1592220 亿越南盾中，再保险分出保费为 38230 亿越南盾，分出率为 2. 40%，留存的净保费为 1553990 亿越南盾，留存率为 97. 60%。

（二）业务留存

2021 年，越南再保险业对于航空保险、商业中断保险、火灾与爆炸保险、财产与灾害保险、船体与船东赔偿保险等领域的重大风险，能有效使用再保险作为风险转移的工具。对于其他风险敞口较小的业务，例如保证保险、健康保险、机动车辆保险等几乎没有对外分保，其中保留率最高的是保证保险、留存率为 99. 79%，其次是机动车辆保险、留存率为 84. 89%，最后为健康保险、留存率为 80. 01%。

在按险种划分的净自留保费分布中，占比最高的是健康险，占比为 40. 01%，其次是机动车辆保险 36. 34%、火灾与爆炸保险 6. 98%、财产与灾害保险 5. 96%、货物运输险 4. 49%，船体与船东赔偿保险 2. 63%。其他市场份额较低的险种为保证保险 0. 08%、农业保险 0. 09%、营业中断保险 0. 09%，航空保险 0. 37%、信用与金融风险保险 1. 25%、责任保险 1. 71%。

五、保险中介市场

（一）保险经纪

2021 年，通过经纪渠道承保的总保费（包括原保险与再保险保费）为 147170 亿越南盾，较上年增长了 32. 88%。其中，由经纪渠道承保的原保险保费 77330 亿越南盾，占比为 52. 55%，较去年增加了 12. 16%。由经纪渠道向外分出的保费为 48850 亿越南盾，占比为 49. 1%，较去年减少了 5. 49%。经纪渠道承保的保费（包括原保险保费和再保险保费）占财产险业总保费的 24. 85%，经纪渠道承保的原保险保费占财产险业原保险保费的 13. 04%。

经纪渠道业务主要由财产险相关业务构成，其占比为 77. 59%，其次是健康保险，占比为 22. 27%。但是寿险业务只占 0. 14%，份额非常小。经纪渠道的保费主要来自财产与灾害保险（47. 74%）和保健及护理保险（21. 57%）。与 2020 年相比，经纪渠道的大部分关键业务实现了高增长率，例如农业保险增长 193.0%、火灾与爆炸保险增长 98.2%、机动车辆保险增长 90%。

然而，就绝对价值而言，经纪渠道的业务线实现了高速增长，其中包括财产与灾害保险增加 15770 亿越南盾、健康保险增加 8350 亿越南盾、责任保险增加 1340 亿越南盾。与 2020 年相比，有一些业务线的经纪费有所下降，如航空保险减少了 1240 亿越南盾、保证保险减少了 10 亿越南盾。

经纪渠道业务仍然高度集中在 5 家公司上，这 5 家公司的市场份额为 92.75%，公司具体是 Aon、Marsh、Willis Tower Watson、Nam A 和 Bao An，这些公司的总保费占 95.07%，另外 9 家经纪人的保费收入仅占 4.93%。

2021 年，保险经纪渠道佣金总额为 11630 亿越南盾，较上年增长了 21.33%，其中直接保险经纪佣金达到 7900 亿越南盾，较上年增长了 17.90%。再保险佣金达到 2260 亿越南盾，较上年增长了 17.90%。经纪渠道佣金占总保费的百分比为 6.9%，其中直接保险经纪佣金占比为 10.2%，再保险占比为 3.2%。

（二）保险代理

2021 年，越南保险业共有代理人 111.9 万人，较上年增长 5.4%，其中人寿保险代理人 91.21 万人，较上年增长 1.86%，财产险代理人 20.79 万人，较上年增长 24.38%。全行业有独立代理人 81.06 万人，从属于代理公司的代理人有 30.93 万人，代理公司数量为 3805 家。

寿险业共有代理人 91.20 万人，寿险业代理人数量占全保险业的 81.45%，其中独立代理人有 66.87 万人，从属于代理公司的代理人有 24.33 万人，代理公司数量为 574 家；财产险业共有代理人 20.79 万人，财产险业代理人数量占全行业的 18.55%，其中独立代理人有 14.18 万人，从属于代理公司的代理人有 6.60 万人，代理公司数量为 3231 家。

第二节　越南保险监管情况

一、监管机构

越南财政部是保险业监管部门。2003 年越南财政部成立保险司负责保险业监管，2009 年将保险司改组为保监局（Insurance Supervisory Authority，ISA），作为财政部的下属机构对保险业进行直接监管，并颁布决议明确保监局的组织架构和职权。此外，成立于 1999 年的越南保险业协会负责保护保险人和被保险人的权益。

二、监管法律法规

《保险业务法》No. 24/2000/QH－10 和《保险业务法》No. 61/2010/QH12 是越南核

心保险法律。2016 年 7 月生效的法令 No. 73/2016/ND-CP 是对保险业务法 No. 24/2000/QH-10 的修订，其中涉及寿险、财产险、健康险和再保险公司的成立和运营，以及外资财产险公司（外资分支机构）、保险经纪公司、保险代理公司、跨国界保险服务供应商、保险公司代表处和外资保险经纪公司的成立和运营的相关规定。

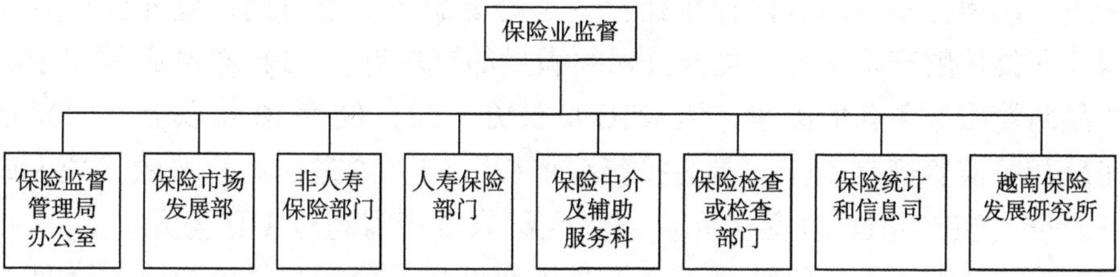

图 10-1　越南保险监管处组织结构

2018 年，越南政府发布了关于农业保险的 2018 年 4 月 18 日第 58/2018/ND-CP 号法令，该法令有助于支持农业、林业和渔业领域的制造组织和个人以克服财务损失。同时，于 2018 年 3 月 21 日，第 48/2018 号法令/ND-CP 修改并补充了第 98/2013 号法令/ND-CP 的若干条款，涉及商业领域行政违法行为的处罚。2018 年 2 月 23 日，政府颁布的第 23/2018 号法令/ND-CP 规定了强制性火灾和爆炸保险，创建了一条法律通道来支持保险企业实施新产品。这些政策有助于确保政府的社会保障目标。

越南第十四届国会通过了一项决议，批准了《跨太平洋伙伴关系全面进步协议》（CPTPP），该协议有保险辅助服务的内容；财政部修订了有关保险辅助服务的《保险业务法》，为企业创建了透明的法律通道，并履行了国际承诺。

财政部在 2019 年继续完善法律框架，修订和补充《关于保险辅助服务的保险业务法》的法律；制定指导小额保险实施的法令；制定一项法令，以取代 2008 年 9 月 16 日关于机动车所有人的强制性保险的第 103/2008/ND-CP 号法令；同时，财政部将部署信息技术系统的建设，以连接负责保险业务的国家管理机构和保险企业；继续简化保险业务领域的行政程序。

2022 年，越南再次对《保险业法》进行了修订，该次修订已于 2022 年 6 月获得国民议会多数票通过，修订后的《保险业法》共 7 章 157 条，从 2023 年 1 月 1 日起正式实施。

三、市场准入监管规定

越南对在其境内设立保险公司或跨境提供保险服务的总资产要求是 2000 万美元，具体情况为：财产保险公司方面，设立不包括航空与卫星保险在内的非寿险和医疗保险业务的公司要求 3000 亿越南盾，而经营航空和卫星保险每个险种都需要另加 500 亿越南盾；在寿险公司方面，寿险公司（含健康险，不含投连险和养老金业务）的资本金要求为 6000 亿越南盾，经营投连险或养老险业务则每项需另加 2000 亿越南盾。在再保险公司方面，经营非寿险和健康险再保险业务需要4000亿越南盾，而要多经营寿险再保险业务则需要7000亿越南盾，经营所有类型保险的再保险业务11000亿越南盾。

四、对外资监管规定

外资进入越南保险市场有四种途径：一是跨境服务。越南允许境外公司对在越外国人及外国公司提供财产险服务。境外公司须满足的要求有：（1）总部必须位于与越南签有保险产品跨境服务条款的国家，如WTO成员方。（2）经营10年以上。（3）近三年盈利且未违反相关监管规定。（4）具有投资级评级。（5）通过越南合法的代理人或经纪人开展业务。（6）资产超过20亿美元。离岸经纪人资产需超过1亿美元。（7）必须在越南的银行存有500万美元的保证金。二是在越南设立子公司。母公司除须满足上述跨境服务的要求外，还须满足与越南内资公司要求相同的最低资本金要求。三是设立财产险分公司。根据越南的"入世"承诺，2012年以后外国财产险公司可在越南设立分公司。四是设立财产险公司分公司除须满足在越设立保险公司的要求外，还须满足以下条件：（1）越南财政部与外国分公司母公司所在国的保险监管部门就该分公司监管问题签有协议。（2）分公司具有1000万美元的资本金。

五、偿付能力监管规定

越南的偿付能力监管与我国"偿一代"较为类似。偿付能力溢额的计算方式为认可流动资产减负债。流动资产的认可比例根据其类型在50%~100%。财产险公司的偿付能力溢额不得低于净自留保费的25%与直保总保费收入同再保险保费收入之和的12.5%两者之大者。寿险公司的偿付能力溢额要求为：5年以下的寿险合同为保险准备金的4%加风险保额的0.1%，5年以上的寿险合同为保险准备金的4%加风险保额的0.3%。

越南财政部对保险公司开始实施分类监管，将保险公司分为四类：一是具有良好流动性和盈利能力的保险公司。这类公司只要有合理的商业计划，便可扩张业务，财政部将实施事后监督。二是虽满足偿付能力充足率要求，但经营成本较高或无法实现连续两年盈利。财政部将评估该类公司的经营效率。三是可能无法达到最低偿付能力要求的公司。财政部将对这类公司进行评估，并视情况要求其重新配置其投资资产或将部分承保业务转移至其他公司。四是偿付能力不足的公司。该类公司将会被强制并购或强制进入破产清算程序。

六、条款费率与资金运用监管规定

越南财产险产品的条款费率无须审批即可销售，但财政部有权叫停对保险人财务稳定性有负面影响或损害被保险人利益的保险产品，并责令保险公司修改产品，修改后的产品未经财政部批准不得销售。寿险和健康险产品的条款费率必须经财政部批准。

越南对保险公司投资政府债券、政府担保的公司债和存款无比例限制。投资于股票以及无担保债券，财产险或再保险公司不得超过闲置资本（保险准备金减去日常经营支出）的 35%，寿险公司不得超过 50%。投资于房地产及发放贷款，财产险和再保险公司不得超过闲置资本的 20%，寿险公司不得超过 40%。

七、强制性保险及税费规定

越南强制保险包括机动车第三者责任险、基金管理公司职业责任险、劳工赔偿（国家计划）、监督建筑工程施工的承包商职业责任险、航空第三方旅客责任保险及国际认可的定期航班额外保险、医生及执业医师执业责任险、涉辐射业务组织及个人职业责任险、律师职业责任险、16 个不同类型高风险行业的火灾和爆炸保险、保险经纪人职业责任险、工程承包招标的担保保险、建筑师职业责任险、某些工程承包相关的保险、工程师职业责任险、内陆水运运输者乘客责任险及内陆水运易燃易爆物品保险、证券公司职业责任险、公证人职业责任险、违反《国际油污民事责任公约》规定的石油污染险、独立审计师职业责任险。

在税费规定方面，越南所有险种均被征收 10%的增值税，财产险保单和能源保单下强制的火灾和爆炸险按防火管理费 5%收取。

第三节　越南保险业的特点及亮点

——高度外向性型的国际化发展策略

一、特征体现一：保险市场的国际化发展程度高

（一）经营主体的国际化构成度高

在 2006 年尚未加入 WTO 之前，越南保险市场共有 25 家保险公司，其中外资公司为 8 家，财产险市场 17 家，公司中外资占 7 家，寿险市场 7 家，公司中外资占 6 家，再保险公司仅有 1 家且是本土公司。

“入世”后外资在越南保险市场迅速发展，得到了充分的国民待遇，目前越南保监局不再以东盟保险市场所惯常采用的“外资保险公司”“本土保险公司”作为属性划分，而是以“有限责任公司—单一股东”“有限责任公司—多股东”“股份制公司”三类划分，甚至不包括在东南亚等国际通用的“合资公司”类型，可见上述三个类型中均有可能涉及外资，这也体现出越南将内、外资真正一视同仁。在此，将有外资股东的公司一并视为“外商投资公司”进行统计。截至 2020 年，越南共有 52 家保险公司，其中外商投资保险公司已达 46 家，比例高达 88. 46%。寿险市场与再保险市场所有公司悉数均为外商投资公司，数量分别是 18 家和 2 家。财产险市场共有 32 家保险公司，其中外商公司 26 家，占比为 81. 25%。

在市场对外开放的同时，越南保险也积极扩展海外业务。2020 年，越南保险业总计

海外直接投资额为3.54兆越南盾，其中财产险公司2.47兆越南盾、寿险公司1.07兆越南盾。一些合资公司已成为当地有实力的知名公司，例如，越南投资发展银行保险公司于2008年与老挝外贸银行合资成立的老越保险公司长期保持着老挝市场规模的第2位，于2009年与柬埔寨投资发展公司合资成立的柬越保险公司也同样是当地市场名列前茅的公司。

（二）外资在越南保险市场中份额非常大且增长迅速

据越南保监局统计，2006年越南尚未正式成为WTO成员方之前，全国原保费收入为14.93兆越南盾，外商投资公司的保费为5.72兆越南盾，占市场比重为38.29%。可见，越南保险业在尚未迎来全球大开放之前外资早已积极参与。上述比重主要是寿险市场贡献，外商投资公司在寿险市场中的保费占比高达63.48%，因为当时仅有保越人寿一家本土寿险公司。与此同时，财产险市场中外商的保费比重仅为5.14%。在加入WTO短短5年后的2011年，外商投资公司的保费收入就猛增至28.44兆越南盾，占市场比重达77.76%。

到2020年，越南保险市场总保费收入为189.89兆越南盾，其中人身险市场与再保险市场的所有公司均涉及外商投资，因此两市场的129.29兆越南盾与3.93兆越南盾的保费收入均计为外商口径，财产险市场56.67兆越南盾保费中涉外保费为48.00兆越南盾。加总后涉及外资的总保费为181.22兆越南盾，占整体市场份额高达95.43%，如此高的比重在东盟保险市场中首屈一指，已经超过了以依赖外资为特点的老挝。若仅考虑外资独资企业，则相应保费收入为98.96兆越南盾，占整体市场份额也能达到52.12%。

外资在越南中介市场中也实力强劲，2020年4家外资保险中介公司——达信、怡安、韦莱韬悦、怡和的保费贡献就占整体中介市场达90.73%，而其他3家经纪人的贡献很小，仅有9.27%。

（三）保险产品和服务能与国际标准深度融合

越南保险公司在售的保险产品有1200种以上，其中财产险产品有900多种、寿险产品有400多种，而所有保险产品均是以发达国家的国际通行标准条款与条件进行设计。如财产保险方面，财产损失险适用于英国保险协会的ABI标准条款、货物保险适用ICC标准条款、船舶保险适用ITC条款、技术保险适用于慕尼黑再保险公司和瑞士再保险公司的标准条款。人身险方面，尽管种类繁多，但偿付充足因子、储蓄因子、投资因子方面也均符合国际标准。可以说，世界市场上有什么保险产品，在越南市场上就能相应提供同样的保险产品。

（四）经营主体是以“主动”的姿态引入外资

不同于东盟保险市场中大部分国家，是由于行业竞争才与外资产生交集，越南的保险经营主体却是主动“拥抱”外资的，并不是因为在竞争中被外资“打败”，许多越南保险公司将外资公司视为“战略股东”，并积极引入，改变自身股权结构。在越南财产保险业中，市场份额前十名的公司中有 8 家都有外商投资，排名前五位的公司（Bao Viet、PVI、PTI、Bao、Minh、Pjico）更全部由外商投资。其中于 1964 年便成立的，国有垄断经营 30 年，一直在市场中规模居于首位财产险公司——保越保险公司，其在 2012 年也选择了将日本住友人寿引入战略股东，且股权分配 22.09%。而在寿险市场中，更是在 20 世纪末依靠英国保诚、加拿大宏利等外资公司率先带领下，国有的保越公司才开始提供寿险业务，并共同逐渐构建了整个国家的寿险市场。

二、特征体现二：国家开放型经济战略明确了行业发展方向

越南自革新开放以来，采取了与国际市场深度融合的全球化经济发展战略，已成全球经济最为开放的国家之一，国家的开放型经济战略也为保险业奠定了发展方向。越南的开放性发展战略主要体现在如下几方面：一是从革新开放初始便奠定了国际化发展方向。1986 年便将开放市场作为市场经济建设的三大核心之一，并鼓励外国直接投资、减少对国有企业的补贴、积极参与国际分工。二是以国际贸易融入全球价值链。早在 1986 年革新开放伊始便将出口确定为三大主要经济部门之一，1996 年将商品出口确立为主要产业之一，近十年来持续丰富出口商品的种类以提升国际贸易竞争力。三是通过签订多个自由贸易协定构建起全球贸易网。截至 2022 年 6 月 30 日，已同全球近 60 个国家、地区和经济体签署了 15 个自贸协定，已生效协定中不乏新一代的高标准自贸协定。四是以发展制造业打造国家名片。在中美关系紧张的环境下，越南承接了大量来自中国的中下游制造业，并通过自身人口红利优势有效消化，塑造“世界工厂”。目前，让越南以小型开放经济体的身份在全球价值链上占据重要一席之地。

表 10-1　越南经济国际化发展大记事

年度	事件
1986	开始实行革新开放
1987	颁布《外国投资法》
1995	加入东盟
1995	与美国关系开始正常化
2007	正式成为 WTO 成员方
2010	中国—东盟自贸区生效
2016	取消固定汇率
2018	所加入的 CPTPP 生效
2020	所加入的 EVFTA 生效
2020	防控措施得力、经济保持正增长

续表

年度	事件
2021	宣布解封、再次向全球敞开经济大门
2022	所加入的 RCEP 生效

资料来源：笔者根据公开资料整理。

保险业的本身就担负着保障与助推国家战略的任务，是体现国家意志的重要行业，既然越南采取高度外向性型经济发展战略，那么保险业必须在对外开放与拓展海外市场两方面满足国家需要，上述当中国家所倚重的国际贸易、吸引外商投资、出口型制造业等经济部门无一不需要保险“保驾护航”，可以说“国家利益走到哪里、保险业就必须跟到哪里”。因此，越南保险业采取外向性型国际化发展策略是其国家战略决定下的必然发展方向。

三、特征体现三：早期初次开放保险业时就已采取较高开放水平

越南是东盟保险市场中较早开放保险业的国家，并且“开局”就直接采取非常高的开放水平。越南在2007年1月正式成为WTO成员方时，其GATS项下的保险服务贸易开放承诺如下，直接让越南居于东盟保险市场开放水平的前列。其开放性主要体现在：第一，除商业存在外对保险的所有分部门（非寿险、不包括健康险的寿险、再保险、保险辅助服务、保险附属服务）均实现开放。第二，外资险企可以以代表处、合资企业、100%控股企业、分公司（须在2012年1月1日之后开业，且限于财产险业务）等多种所有权形式存在。第三，在越南境内没有商业存在的外资险企，也允许向外企客户和在越外国人提供保险服务、再保险服务、国际运输保险服务、保险经纪和再保险经纪服务、保险辅助服务。第四，不限制为海上进出口越南货物提供保险服务的保险企业类型。因此，越南托运人不仅可以在越南险企处购买货物保险，也可以从不在越南的外国险企处购买货物保险。第五，对保险境外消费没有限制。因此，出国经营、学习、工作和经商的越南组织、企业以及个人，都有权从外国险企处购买保险。第六，对在越南外资险企的再保险业务没有分保限制。向本国再保险公司分保，是柬埔寨、缅甸等东南亚国家的限制性要求，但在越南的外资险企可以直接从外国保险公司那里进行再保险，无须与任何特定的越南企业进行再保险。

以当时横向比较，即便是全球的自贸港、营商环境长期居于全球前三位的东南亚经济最发达国家新加坡，其当初在GATS项下时，对寿险、非寿险、保险中介的跨境提供不予开放，对非寿险及保险中介业务的境外消费存在限制，并且规定外资公司的股权比例上限为49%，任何外国投资方都不能作为企业最大的持股者。新加坡也只是在加入WTO之后，后续的“ASEAN+1”协定中，才逐渐开始进一步开放。可见，越南保险业从“第一步”就确立了外向性型国际化发展的决心。

四、特征体现四：多个自由贸易协定中进一步提升行业开放水平

近年来，越南通过建起面向全球的自贸协定网络，成了全球经济最为开放的国家之一。截至 2022 年 3 月 31 日，已同全球近 60 个国家、地区和经济体签署了 15 个自贸协定，并且还有 2 项协定正在积极谈判中，已生效协定中不乏新一代的高标准自贸协定。在此，选取近年来越南签订的 CPTPP（《全面与进步跨太平洋伙伴关系协定》）、RCEP（《区域全面经济伙伴关系协定》）、EVFTA（《欧洲—越南自贸协定》）三个最新的代表性自贸协定作为案例分析（见表 10-2）。

表 10-2　越南代表性自贸协定保险服务贸易领域的市场准入限制比较分析

方式		CPTPP	RCEP	EVFTA
市场准入限制	跨境提供	①外国保险公司，当提供越南附件 11-A（跨境贸易）未涵盖的跨境保险服务时，只能通过在越南设立和运营许可的保险经纪进行营业；②外国保险经纪，当提供越南附件 11-A（跨境贸易）未涵盖的跨境保险服务时，只能通过在越南设立和运营的保险公司或外国非寿险保险公司的分支机构提供服务；③除提供再保险服务的一般条件外，外国再保险公司还必须满足强制性信用评级的额外条件	对以下服务没有限制：①为外商投资企业和在越工作的外国人提供的保险服务；②再保险服务；③与国际运输有关的保险服务，包括：国际海洋运输或国际商业航空服务中所涉及的保险标的，例如，运输的货物、货物运输工具，以及任何因此产生的责任；国际过境商品；④保险和再保险经纪服务；⑤咨询、精算、风险评估和理赔服务	对以下服务没有限制：①为外商投资企业和在越工作的外国人提供的保险服务；②再保险和转分保服务；③与国际运输有关的保险服务，包括国际海洋运输或国际商业航空服务中所涉及的保险标的，例如，运输的货物、货物运输工具，以及任何因此产生的责任；④国际过境商品；⑤保险和再保险经纪服务；⑥咨询、精算、风险评估和理赔服务
	境外消费	没有限制	没有限制	没有限制
	商业存在	①除外国非寿险保险公司外，任何外国保险公司不得在越南设立分支机构。②为了获得在越南设立非寿险保险公司分支机构的许可，外国的非寿险保险公司必须满足越南法规定的条件，包括外国非寿险保险公司在越南的运营和金融能力以及分支机构管理和监督能力。在管理和监督外国非寿险公司在越分支机构方面，必须与该公司总部所在国的外国保险公司管理机构合作，以及与越南保险公司管理机构合作	在遵守审慎规定的情况下允许外国的保险企业设立非寿险分支机构	①除水平承诺外没有限制；②允许外国的保险企业设立非寿险分支机构，自本协议生效之日起 3 年后，应允许外国再保险企业设立分支机构；③上述两种商业存在要遵守审慎规定

续表

方式		CPTPP	RCEP	EVFTA
市场准入限制	自然人流动	①公司内部调动人员：入境和首次居留准予3年，并可延长。经理、高管和专家总数中至少有20%应为越南国民，但非越南籍经理、高管和专家至少3名。公司内部调动人员的配偶和家属的停留期限应相同。②其他人员：入境和首次居留准予3年，或与其雇佣合同期限一致的居留许可，二者较短为准，并可延长。③销售服务人员：停留期限为6个月。④负责设立商业存在的人员：停留期限为1年，配偶和家属的停留期限应相同	①公司内部调动人员：入境和首次居留准予3年，并可延长。经理、高管和专家总数中至少有20%应为越南国民，但非越南籍经理、高管和专家至少3名。公司内部调动人员的配偶和家属的停留期限应相同。②其他人员：可获得雇佣合同期限的入境和居留许可，或首次期限为3年，二者较短为准，并可延长。③销售服务人员：停留期限为90天。④负责设立商业存在的人员：停留期限为90天。⑤合同服务提供者：所允许行业不含保险业	①商务访客和公司内部调动人员：经理或高管期限最长为3年，专家3年，实习员工1年，建立为目的的商务访客90天；②商业卖家：90天；③合同服务提供者：所允许行业不含保险业；④独立专家：协定生效5年后，可考虑扩展至独立专家
国民待遇限制	跨境提供	不允许外国自然人在越南境内提供保险代理服务	没有限制	没有限制
	境外消费	没有限制	没有限制	没有限制
	商业存在	除对设立和经营许可规定的一般条件外，申请设立外国保险企业外国保险经纪企业和再保险企业的，缔约方的金融服务提供者或投资者，必须满足下述方面的额外条件：从业最低年限、总资产价值、盈利未违反保险法律规章或未违反其母国其他法律	没有限制	没有限制
	自然人流动	与市场准入限制的条款相同	与市场准入限制的条款相同	与市场准入限制的条款相同

资料来源：笔者根据协定文档 CPTPP/Annex Ⅲ/VietNam、RCEP/Annex Ⅱ/VietNam、EVFTA/Annex 8-B/VietNam 整理及简化。

CPTPP 是在美国主导下产生的，尽管体现出有意凌驾于 WTO 的美国意志，但不可否认该协定是代表着未来发展方向的高标准贸易协定，该协定已于 2018 年 12 月正式生效，越南是 11 个成员国之一。该协定的保险服务贸易领域条款文字数量增多，这不代表开放性降低，而是体现出 CPTPP 更高标准的规范性要求。CPTPP 在保险领域较先前的 GATS 与“ASEAN+1”更为开放，一方面是自然人流动的开放水平更高。配偶和家属也获准停留，销售服务人员停留时间从 90 天延长至 6 个月，负责设立商业存在的人员从 90 天延长至 1 年。另一方面外资险企对于附件 11-A（跨境贸易）未涵盖的跨境保险服务，也并非绝对不能从事，可以通过越南本地险企来开展。事实上 CPTPP 采取了负面清单、冻结机制、棘轮机制等方式，涉及了很多边界内议题，因此越南在 CPTPP 项下进一步提升了保险业的标准及开放水平。

RCEP 是东盟国家主导的全球最大自贸区，于 2020 年 11 月正式签署，我国也参与其中，RCEP 充分考虑发展中经济体的需求，其最大特点是“务实”。越南在 RCEP 项下的开放水平较 CPTPP 下降，如销售服务和负责设立商业存在的人员的停留期限仅为 90 天等，而 CPTPP 则是 1 年。看似“倒退”，实则是为了保护越南等东盟国家自身的利益，RCEP 并不会以最新的自贸协定标准为标杆去移植 CPTPP 条款，而是充实当下的适用性。

EVFTA 是发达经济体与发展中国家之间签订的高开放水平双边协定，协定已于 2020 年 8 月生效，越南成为继新加坡之后第二个与欧盟签署自贸协定的东南亚国家，而我国至今都尚未与欧盟达成自贸协定。EVFTA 达到了越南所有自贸协定中最高的开放水平。一是允许进行跨境提供的转分保业务。二是可开设分支机构外资险企将包括再保险企业，而不再仅局限于非寿险企业。三是自然人流动方面允许商务访客，并可扩展至独立专家，即在未来甚至是保险业普通从业者均可在越南长期工作。

综上所述，越南在自贸协定战略中，每签订一份自贸协定其保险领域就又经历一次更为开放与国际化的过程。

五、特征体现五：政策法规持续调整以不断契合新的国际标准

越南有关保险业务活动的法律法规一直在进行调整，以接近国际标准。越南多年来一直对保险公司负责人职称标准、保险准备金、精算师、专业准备金、偿付能力、投资活动等规定进行逐步补充和修订，以不断适应国际管理标准。例如，2010 年《保险业务法》就对 2000 年的《保险业务法》的一些条款进行补充和说明；2016 年的第 73 号法令《指导保险业务法》取代了先前的指导法令，既能确保对国家进行严格管理，又能为保险市场的健康发展创造条件。

2022 年，越南再次对《保险业法》进行了修订，其中鼓励行业国际化发展的修订内容有三处：一是不再限制外资方的持股比例，外资在越南保险公司或再保险公司中的持股比例可达 100%；二是保险、再保险或保险经纪合同的当事人至少一方为外国组织或个人的，可以约定适用国际惯例，但若保险或合同在国外履行，如果适用国际惯例与越南法律的基本原则相抵触，应采用越南法律；三是赋予财政部监督和检查外资险企的职责。规定财政部应当配合外国保险监管机构对外国险企在越南的分支机构进行管理、监督、检查和审查，建立与越南国家银行和其他与保险相关的部委共享、管理和监督信息的机制。该次修订已于 2022 年 6 月获得国民议会多数票通过，修订后的《保险业法》共 7 章 157 条，从 2023 年 1 月 1 日起正式实施。

六、越南保险业特征的启示

《我国发展现状与东南亚各国保险业特征的对比》专栏

我国保险市场中外资的发展现状及与越南的对比

1. 经营主体数量已较为充足

2000 年我国加入 WTO 之前，共有保险公司 32 家，其中外资与合资公司 19 家。历经 20 多年的发展，牌照逐步发放，截至 2021 年上半年，境外保险机构在我国内地共设立 66 家外资保险机构、85 家代表处和 17 家保险专业中介机构。在 88 家产险公司中，外资占了 22 家，比重正好为 1/4，在 91 家寿险公司中，有外资公司 29 家，接近 1/3。从数量来看，已较为充足。

2. 自身与环境的双重因素下外资公司市场份额一直非常小

据我国保监会统计，我国在 2020 年尚未加入 WTO 之前，外资保费收入仅 25. 11 亿元，占总保费 1610. 76 亿元的 1. 56%，相较于越南加入 WTO 之前 2006 年的 38. 29%，我国的“开局”已经落后。然而在后续 20 年的时间里，我国外商投资公司的比重提升幅度非常小，在 5%左右的水平波动，从未突破过 10%（见图 10-2）。到 2020 年，外商投资公司的原保费收入为 3524. 44 亿元，市场份额也仅为 7. 79%。

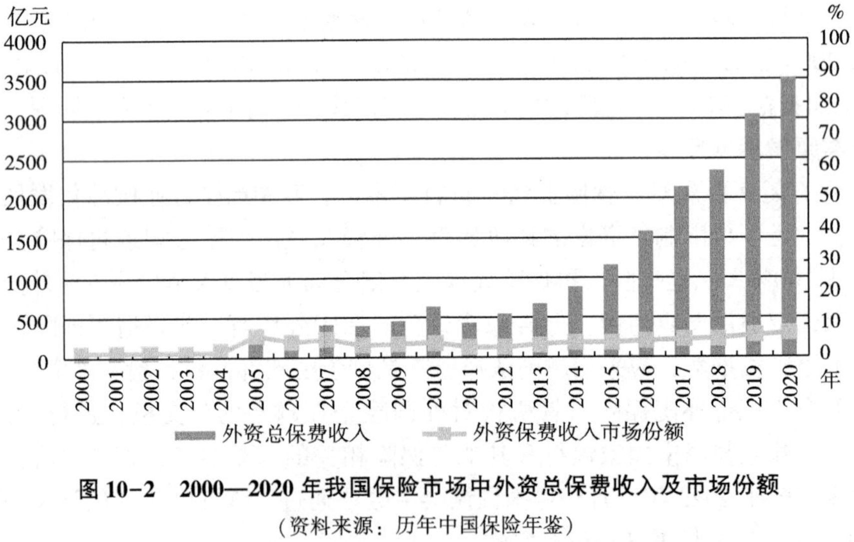

图 10-2　2000—2020 年我国保险市场中外资总保费收入及市场份额

（资料来源：历年中国保险年鉴）

导致上述情况既有外资自身原因也有我国市场环境原因。外资自身原因方面，外资的经营理念是“稳扎稳打”，并不认同中资险企在规模上“急功近利”的粗放式增长方式。外商投资公司通常以服务好本国“在华利益”为首要任务，并不急于迅速做大，对于能扩大规模但缺乏利润的业务不感兴趣，通常只抓住优势业务和高端业务，因此外商投资险企的赔付率更低、偿付能力更好、盈利能力更强。而在我国市场环境方面，从一开始外资在企业形式、股权结构、经营地域和业务范围等方面均受到限制，尤其是股权低导致外资缺乏话语权，无法决定未来的发展方向。此外，国内保险业务渠道早已形成固定的“关系网”，外资后发介入较为困难。

3. 限制取消过程太长，导致多年来发展速度缓慢

越南保险业对外开放非常“干脆”，从开始便“一步到位”地落实了大幅度的开放政策，然而相较我国保险业表面上是我国最早开放的金融行业，但在开放之初我国对外资险企的公司形式、业务经营范围、经营地域都有诸多的限制，后续对外资逐渐“松绑”的过程竟长达20年，这也导致了外资险企在我国市场发展速度缓慢。

表10-3　外资在我国保险市场的发展过程大记事

年度	事件
1980	允许外资保险公司在我国设立代表处
1992	上海被选定为保险业对外试点城市；《上海外资保险机构暂行办理办法》颁布；国内首家外资保险机构“友邦保险”（上海分公司）成立
1994	国内首家外资财产险公司“东京海上”（上海分公司）成立
1995	放宽外资经营地域限制，保险业对外试点城市扩大至广州、深圳
1996	首家中外合资保险公司“华泰保险集团”成立，首家全国性股份制财产保险公司“华泰财险”成立，首家合资寿险公司“中宏人寿”成立
2001	中国加入WTO，保险业作为最早开放的金融行业，开始陆续履行承诺；《外资保险公司管理条例》颁布
2003	在此放宽外资经营地域限制，外资业务范围扩大至北京、天津、苏州、成都、重庆、厦门、宁波、沈阳、武汉、福州等城市
2004	颁布《外资保险公司管理条例细则》
2012	对外资开放交强险业务
2019	颁布《关于修改〈外资保险公司管理条例〉的决定》《关于明确取消合资寿险公司外资股比限制时点的通知》；首家外资养老保险机构恒安标准养老保险获批筹建；安达保险和德华安顾等外资险企增资持股或由合资转为外资独资
2020	首家外资独资人身保险公司由友邦人寿以“分改子”模式成立；首家外资独资保险控股公司安联（中国）保险控股开业
2021	颁布《关于修改〈外资保险公司管理条例实施细则〉的决定》，正式取消外资持股比例限制

资料来源：笔者根据公开资料整理。

由表10-3可见，在经营地域方面，一开始是限制在试点城市上海开展，历经3年才将试点城市扩大至广州、深圳，之后更是历经8年才进一步放宽到10个城市以上，直到加入WTO 3年后才完全取消了对外资险企业务的地域限制。

在业务范围方面，外资只能在有限的范围内开展业务，自然无法带动规模。如我国一直以来都不对外资开放作为法定保险的交强险业务，尽管外资险企可以经营商业车险，但现实中客户都会将两者置于同一家公司投保，并且交强险也是车险业务的“敲门砖”，而车险通常是各类型财产险公司的“生命线”，因此该限制就将外资财产险公司牢牢锁定。到2012年，交强险对外资开放，但此时交强险市场早已形成既定的业务格局，已经是到打价格战的低利润阶段，此时外资接到的也只是一个“烫手的山芋”。2015年，以史带、美亚等为代表的外资财险公司甚至直接放弃车险业务。

在股权结构方面，外资所受到的限制是最为长久且结果最严重的。除“入世”前成立三家外资保险公司友邦保险（独资）、中宏人寿（合资）和中德安联（合资），得以按照“祖父条款”保留了股权的初始设置，而“入世”后对外资股权则有明确的限制。财产险业的限制较为宽松，外资企业可以通过“分改子”的形式实现独资，但关乎民生福祉的寿险业，我国规定必须要采取合资的形式，且外资股比不能超过50%。因此，近20年以来外资由于股权劣势在合资形式下没有话语权，无法施展自身先进的本源治理机制，导致了业务规模长期停滞不前。

直到2019年下半年，银保监会发布修改《外资保险公司管理条例》，放宽保险行业外资股比限制、机构设立限制，扩大外资机构在华业务范围等开放新政策下，外资险企才逐渐松开“枷锁”，而2021年，银保监会颁布了《关于修改〈外资保险公司管理条例实施细则〉的决定》，正式取消外资持股比例限制，外资险企才终于“熬出了头”，彻底脱离了股权限制，外资从合资为主的单一业态向多元专业特色机构转变，迎来了最猛烈的一波改革：2020年6月，首家外资独资人身保险公司由友邦人寿以“分改子”模式成立，自2019年起，工银安盛资管和交银康联资管等5家外资资管公司得以成立，2020年1月，首家外资独资保险控股公司安联（中国）保险控股开业，2019年3月，首家外资养老保险机构恒安标准养老保险获批筹建，自2019年起，安达保险和德华安顾等外资险企增资持股或由合资转为外资独资。

综上可见，我国市场历经了20年，才终于让外资险企与本土险企处在同一规则和环境下公平开展竞争，外资险企长期以来的市场份额必然停滞不前。

资料来源：编著者根据公开资料编写。

第一，化解对外资险企的隐性壁垒。造成我国与越南在保险业开放成效上差距较大的原因并不在于政策因素，因为政策开放不等于实际开放，是诸多隐性壁垒构成了外资在我国保险市场发展障碍。一是明确保险经营主体法无禁止即可为。坚持允许试错的改革精神，要“大胆试，大胆闯”，同时废除各种不合理的发展偏向规定。二是不能抬高政策范围外的准入门槛。监管部门对外资险企的准入做到公开透明，在条件上应当符合一个批准一个，对不符合原因要公开进行说明。三是给内外资险企公平的市场竞争环境。要做到同越南一样，给予外资充分的国民待遇，不能因为害怕打乱本土险企的旧有利益格局便阻滞外资险企的发展空间。四是做好对险企服务的“最后一公里”。要简化行政审批事项，削减前置审批，推行业务项目网上核准与电子审核。

第二，转变对待外资险企的态度，建立中外股东之间的沟通协调机制。我国的部分合资公司只将外资视为利用的工作、是掠走利润的一方、是影响公司发展战略的一方，将外资视为“狼来了”。反观越南将外资视为战略投资者，重视外资在自身公司治理中的作用，一些本在市场中生存状态良好的大型险企也积极引入外资。因此，我国合资公司要转变经营理念，主动了解对方的公司文化理念和经营方式，不能仅将外资视为融资工具，要意识到外资的经营机制仍是领先于我国的，而本土资方则具有本地化优势，双方充分利用自身优势才能取得“1+1>2”的效果。要搭建以管理者高层参与为主的股东沟通交流平台，减少经营决策分歧。

第三，丰富外资险企的来源地，积极吸纳东南亚国家的保险公司。在越南市场中，外资的来源地非常多样化，既有来自欧、美、日、韩等发达市场国家，也有来自泰国等新兴市场国家。我国保险市场应当借鉴越南，不能只是吸纳西方的大型保险集团，要丰富外资险企的来源地。鉴于东盟地区与我国山水相邻、地缘地位特殊，也是“一带一路”倡议重点推进的区域，并且作为我国第一大贸易伙伴，双方彼此经贸联系已更为紧密，因此当前尤其要重点吸纳东盟地区的保险公司到我国设立分支机构，为“国际大循环”提供支持。基于东盟保险市场中的大部分本土保险公司规模普遍较小，达不到在我国设立机构的条件，建议银保监会可采取特事特办的方式，允许东盟国家保险公司在我国进行试营业，试营业阶段可将其营业领域限定在服务本国在华利益上，以合理控制经营风险。网点选址建议可以落地在广西南宁的保险创新产业园，该产业园已有 28 家保险机构集聚，并且以打造成为中国面向东盟的区域保险集聚中心为目标，成熟的条件是东南亚保险公司驻华第一站的良好选择。

第四，在未来自贸协定谈判中赋予保险业更有利的规则。谈判及签订区域自贸协定已成为我国重要国际经济策略之一，为此，一是要将保险服务贸易领域作为当前我国自贸协定谈判的重点领域。在我国未来的 FTA 谈判中要充分意识到保险服务贸易具有保障和“乘数效应”的双重作用，能影响国际贸易的诸多领域，因此不能只聚焦于货物贸易减税、知识产权、国有企业待遇、跨境电商、通信服务、建筑业等领域，保险服务贸易也应当作为重点诉求。二是对标越欧自贸协定等新一代高标准自贸协定规则，以使我国保险业更具国际竞争力。越南近年来已通过参与高标准自贸协定对我国经济产生一定的“虹吸效应”，我国必须对标越南并提供出更具开放性的条款内容，才能在国际区域中具有比较优势。三是要在谈判中统筹好我方既有利益。我国不必同越南一样在自贸战略中“冒进”改革，不能让自贸谈判过多涉及我国的边界内议题，不能总是以牺牲我方利益来推进谈判，要做到双向对等开放、确保条款适用性及执行的渐进空间、维护好 WTO 框架下的国际多边机制等。

《我国发展现状与东南亚各国保险业特征的对比》专栏

越南与中国（广西）深化合作发展跨境保险业务

保险创新综合试验区被评为广西建设面向东盟的金融开放门户 2019 年度十大创新之一。

一是设置境外机构，专门设立了越南海外保险办事处，常驻越南河内，专门负责处理跨境保险业务承保理赔相关事宜，能有效推动和协调跨境保险业务开展。

二是与越南公司签署合作协议，双方就《中越出境车辆保险代查勘、代定损合作协议》，相互委托及提供出入境机动车辆交通事故境内和境外双向报案通道，提供代查勘、代定损、理赔协调、保险公估等高效便利服务，为双方跨境车辆提供全方位的方便快捷保险保障。

三是与越南保险业加强沟通联系。2019 年，相继拜访了越南保监局、越南保险行业协会，包括越南本土保险公司保越保险公司、保明保险公司、PVI 保险公司、富邦越南等，以及 Marsh 越南、Willis 越南、Aon 越南等保险经纪公司，探索跨境保险合作。同时，积极拜访中国驻越机构和中资企业，为驻越中企提供保险保障，服务越南与广西经济贸易往来。2020 年，受大环境影响暂未能派出工作组出国。2018 年出单 8 笔，保费规模为人民币 154. 21 万元，2019 年出单 46 笔，保费规模为人民币 316. 70 万元，2020 年截至 8 月底出单 35 笔，保费规模为人民币 164. 10 万元。

四是跨境保险业务规模取得突破。2019 年累计为 72411 辆次的跨境车辆提供保额超 72. 32 亿元的风险保障，同比增长 84. 6%；为 4. 77 万名跨境人员办理保额为 234. 11 亿元的意外伤害险服务，同比增长 83. 6%；为广西企业提供进出口货运险业务 3179 笔保额达 127. 61 亿元的进出口货物险保障；强化与海关合作，创新进口贸易“先放行、后缴税”通关便捷服务，累计为 106 家企业出具 403 笔关税保证险保单，同比分别增长 1077. 8%和 795. 6%，为企业释放 6. 89 亿元的关税保证金。2020 年 1—8 月，累计为 3. 08 万辆次的跨境车辆提供保额 30. 10 亿元，同比增长-52. 2%；为 1818 名跨境人员办理保障金额 13 亿元的意外伤害保险服务，同比增长-92. 4%；为企业提供进出口货运险业务 1794 笔保障达 120. 62 亿元的进出口货物险保障，同比增长 14. 23%；累计为 76 家企业出具 111 笔关税保证险保单，同比分别增长-16. 5%和-66. 1%，为企业释放 2. 36 亿元的关税保证金。

五是协同构建对外开放新格局。首先，持续加大与边境贸易服务机构合作。其次，与国家开发银行广西分行共同研究海外投资风险分析及海外投资商业保险安排。再次，与中国检验认证集团广西有限公司开展战略合作并整合保险保障与检测认证。最后，作为供应商积极参与到 2019 年由自治区商务厅、建行广西壮族自治区区分行共同启动的“桂企出海+”综合服务平台中。

复习思考题

1. 简答题：请列举一些越南采取外向性型经济发展战略的具体举措。

2. 简答题：请列举在越南寿险市场上业务规模占比较高的一个国际保险集团，并说说上述保险集团在我国是否设有分支机构来开展业务。

第十一章　文莱保险市场概述

文莱全称为文莱达鲁萨兰国，位于加里曼丹岛西北部，东南西三面与马来西亚的沙捞越州接壤，整个国土被马来西亚所分割、环绕。文莱人口将近 50 万，其中马来族约占 65%，华人约占 10%，其他土著人和外籍人口约占 24%。

文莱属于君主制国家，实行“三位一体”的政治制度，苏丹是国家元首及政府首脑，拥有崇高威望。文莱全国共划分为四个区，即文莱—摩拉区、都东区、马来奕区和淡布隆区，首都为斯里巴加湾市。国语是马来语，通用语为英语，文莱货币为文莱元，采取钉住汇率制、与新加坡货币按 1∶1 兑换。由于文莱油气资源丰富，已探明石油储量为 11 亿桶，天然气储量为 2000 亿立方米，因此文莱产业结构单一，经济高度依赖油气产业。

本章是对文莱保险市场发展及监管情况进行介绍，文莱保险市场的最主要的特点和亮点在于其由王室直接支持的塔卡福业务。

第一节　文莱保险市场发展情况

一、整体保险市场

（一）经营主体

截至 2021 年 12 月 31 日，文莱保险市场有 7 家已营业的传统保险公司，其中寿险公司 3 家，财产险公司 4 家；传统保险公估公司 1 家、经纪公司 1 家。文莱有塔卡福保险公司 4 家，财产险（一般险）与人身险（家庭险）公司各 2 家。

（二）业务规模

据瑞再研究院公布数据，2021 年文莱整体保险业的总保费收入为 2.4 亿美元，较上年增长了 3.1%，保险密度为 535 美元/人，保险深度为 1.8%。

2021 年，文莱传统保险市场总资产为 79.20 亿文莱元，较上年 73.96 亿文莱元同比增长 7.08%，其中传统保险业总资产 54.73 亿文莱元，塔卡福保险业总资产 24.48 亿文莱元。

文莱保险业的总保费收入为 3.10 亿文莱元，较上年 3.00 亿文莱元同比增长

3.14%，其中传统保险保费收入1.65亿文莱元，塔卡福保险保费收入1.44亿文莱元。

文莱保险业的总赔付支出为1.06亿文莱元，较上年1.62亿文莱元同比下降34.29%，其中传统保险赔付支出0.65亿文莱元，塔卡福保险保费收入0.41亿文莱元，整体保险业的赔付率为34.34%。

二、财产保险市场

（一）经营主体及市场构成

2021年，文莱国内共有四家已营业的传统保险公司。第一家是国家保险有限公司，该公司成立于1969年，在国内财产险市场居于领导者地位。公司于1996年获得ISO 9002认证，并于2017年重新获得了新的ISO 9001：2015标准的认证。1998年，Allianz Global Corporate & Specialty AG、MSIG Holdings（Asia）Pte Ltd.、Baiduri Holdings Berhad三家公司收购了国家保险公司的股权。如今国家保险公司拥有大约162名股东，其中151名是文莱本地投资者。在800万文莱元的股本中，70%由文莱公民或文莱企业持有。当地最大的两个股东是Sumber Mulia Holdings Sdn Bhd（29%）和Baiduri Holdings Bhd（10%），安联全球企业和专业股份公司拥有25%的股份，而MSIG Holding（Asia）Pte Ltd.拥有5%的股份。2021年国家保险有限公司的总资产为6675.67万文莱元，保费收入为2339.75万文莱元，赔付支出为806.88万文莱元，赔付率为34.49%。第二家为Audley Insurance Sdn Bhd，总资产为4333.27万文莱元，保费收入为1340.58万文莱元，赔付支出为34.79万文莱元，赔付率为2.60%。第三家为Standard Insurance Sdn Bhd，总资产为2530.37万文莱元，保费收入为1642.93万文莱元，赔付支出为327.59万文莱元，赔付率为19.94%。第四家为Tokio Marine Insurance Singapore Ltd.，总资产为2404.16万文莱元，保费收入为957.76万文莱元，赔付支出为240.18万文莱元，赔付率为25.08%。

（二）业务规模

据瑞再研究院公布数据，2021年文莱财产险业的总保费收入为1.5亿美元，较上年增长了3.6%，保险密度为328美元/人，保险深度为1.1%。

据本国监管部门公布，2021年文莱财产险业的行业总资产为6.83亿文莱元，保费收入为0.69亿文莱元，较上年的0.74亿文莱元同比下降7.50%。赔付支出为0.15亿文莱元，赔付率为22.40%。

（三）险种结构

依据各财产保险公司数据加总，2021年文莱财产险市场的险种结构为机动车辆保险保费收入1545.36万文莱元，占比为22.7%，工人补偿保险保费收入1226.14万文莱元，占比为 18.0%，责任保险保费收入 1120.14 万文莱元，占比为 16.5%，火灾保险保费收入 702.66 万文莱元，占比为 10.3%，海上航空运输保险保费收入 354.74 万文莱元，占比为 5.2%，其他保险保费收入 1854.52 万文莱元，占比为 27.3%。在文莱财产险市场中，虽然也是车险比重最高，但并不像其他国家的车险“一险独大”，车险比重仅为市场的 1/4 左右。

（四）市场集中度

2021 年，文莱财产险市场共有 4 家财产险公司，4 家公司的实力较为均衡，各占市场 1/4 左右的份额。市场份额最大的仍是国家保险公司（National Ins）保费收入为 2339.75 万文莱元，占比为 35.4%，余下的依次是 Standard Ins 保费收入 1642.93 万文莱元，占比为 24.9%，Audley Ins 保费收入 1340.58 万文莱元，占比为 20.3%，Tokio Marine Ins 保费收入 1287.05 万文莱元，占比为 19.5%。

三、人寿险市场

（一）经营主体

文莱传统寿险业共有 3 家公司，其中最大第一家是友邦保险文莱公司（AIA Brunei Company Ltd.），该公司主要经营寿险业务，于 1957 年成立，是文莱寿险市场中资产规模最大、代理数量最多、保费收入市场占有率最高、保单持有人数最多的公司。文莱 79%的百万圆桌会员（The Million Dollar Round Table，MDRT）都是来自友邦保险文莱公司。2021 年，公司总资产为 74254.17 万文莱元、保费收入 7107.98 万文莱元、赔付支出 4651.35 万文莱元、赔付率为 65.44%。第二家是大东方人寿（Great Eastern Life Assurance Co. Ltd.），同年公司总资产为 38480.05 万文莱元、保费收入 2339.16 万文莱元、赔付支出 1037.02 万文莱元、赔付率为 44.33%。第三家为东京海上人寿（Tokio Marine Life Insurance Singapore Ltd.），同年公司总资产为 6379.40 万文莱元、保费收入 216.70 万文莱元、赔付支出 244.80 万文莱元、赔付率为 112.97%。

（二）业务规模

据瑞再研究院公布数据，2021 年文莱寿险业的总保费收入为 0.9 亿美元，较上年增长了 2.5%，保险密度为 207 美元/人，保险深度为 0.7%。

2021 年，文莱人身险业的行业总资产为 47.90 亿文莱元，保费收入为 0.97 亿文莱元，较上年的 0.89 亿文莱元同比增长 8.95%。赔付支出为 0.50 亿文莱元，赔付率为 51.79%。

（三）险种构成

文莱各家寿险公司之间的险种结构分类口径并不一致，将各公司的险种进行大致的口径统一，可分为三大类：一是“可获额外收益保险”，英文名称为 Insurance Contracts With Discretionary Participating Feature（With DPF），这类保险合同的保单持有人不仅能获得保证收益，还能获得年度或终期分红等形式的额外收益，但这些额外收益是不确定的。可获额外红利保险主要包括终身寿险和两全保险。二是“固定收益保险”，英文名称为 Insurance Contracts Without Discretionary Participating Feature（Without DPF），这类保险合同的保单持有人只能获得保证的收益，不能获得不确定的额外收益。固定收益保险主要包括定期寿险和意健险。三是“投资联结保险”，英文名称为 Investment - Linked Insurance，其定义与中国国内差别不大。

可获额外收益保险（With DPF）占市场比重超过 3/4，该情况与我国 2010 年前后的分红险“一险独大”的市场格局有相似之处。排名第 2 位的险种是投资联结保险，占比接近 15%，前两个保险产品的共同特点在于其具有理财收益功能，体现出文莱公众对人身险产品的投资功能十分看好。固定收益类保险产品仅排第 3 位，占比仅为 6.2%，剩余的其他险种仅占比 1.1%。

（四）市场集中度

2021 年，文莱人身险市场共有 3 家人身险公司，实力最强的是友邦保险，市场份额超过 70%。其次是大东方人寿，市场份额接近 25%。再次东京海上人寿，实力非常弱，市场份额不足 3%。虽然东京海上人寿是全球实力顶尖的日本跨国企业，但在文莱经营人身险业务的仅是东京海上人寿新加坡公司的分支机构，其与总公司存在“日本—新加坡—文莱”的三层从属关系，因此实力远逊于市场中另两家公司。

四、塔卡福保险市场

（一）经营主体

2021 年，文莱共有 4 家塔卡福公司，其中财产塔卡福与人寿塔卡福公司各 2 家。

两家塔卡福财产险公司中，第一家为：STBD-TBA（Takaful Brunei Am Sdn Bhd）。主要经营塔卡福财产险（一般险）业务，是 Syarikat Takaful Brunei Darussalam Sdn Bhd（ST-BD）的子公司，Takaful Brunei 成立于 1993 年。Takaful Brunei 由两家塔卡福保险公司组成，分别是 Takaful Brunei Am Sdn Bhd（TBA）和 Takaful Brunei Keluarga Sdn Bhd（TBK）。Takaful Brunei 股东有 2 个，“苏丹·哈吉·哈桑纳尔·博尔基亚基金会”持股 69%，“塔卡福银行文莱有限公司”持股 31%。塔卡福在文莱的所有四个地区拥有 8 个分支机构和柜台，约有 200 名工作人员。2021 年 TBA 公司总资产为 27645.50 万文莱

元，总保费收入为 8307. 50 万文莱元，占文莱塔卡福财产险市场近七成，公司的赔付支出为 3607. 30 万文莱元，赔付率为 43. 42%；第二家为：TAIB - IITGT（Insurans Islam TAIB General Takaful Sdn Bhd）。该公司是由 Insurans Islam TAIB Holdings Sdn Bhd（IITH）公司于 2010 年成立的，IITH 公司则是 Perbadanan Tabung Amanah Islam Brunei（TAIB）的子公司，成立于 1993 年 3 月，是文莱的第一家回教保险公司。根据 2008 年的塔卡福保险法令，在 2010 年 IITH 成立了两家子公司，分别是 Insurans Islam TAIB General Takaful Sdn Bhd（IITGT）和 Insurans Islam TAIB Family Takaful Sdn Bhd（IITFT），并移交了其业务。2021 年 IITGT 公司总资产为 12697. 25 万文莱元，总保费收入为 3906. 03 万文莱元，占文莱塔卡福财产险市场约三成，公司的赔付支出为 110. 39 万文莱元。

两家塔卡福人身险公司中，第一家为：STBD - TBK（Takaful Brunei Keluarga Sdn Bhd）。该公司主要经营塔卡福人身险（家庭险）业务，也是 Syarikat Takaful Brunei Darussalam Sdn Bhd（Takaful Brunei）的子公司之一。2021 年 TBK 公司总资产为 13144. 40 万文莱元，总保费收入为 1747. 60 万文莱元，占文莱塔卡福财产险市场近七成，公司的赔付支出为 620. 80 万文莱元，赔付率为 35. 52%；第二家为：TAIB - IITFT（Insurans Islam TAIB Family Takaful Sdn Bhd）。该公司同样是由 Insurans Islam TAIB Holdings Sdn Bhd（IITH）公司于 2010 年成立的。2021 年 IITFT 公司总资产为 8699. 91 万文莱元，总保费收入为 830. 59 万文莱元，占文莱塔卡福财产险市场约三成，公司的赔付支出为 280. 58 万文莱元，赔付率为 33. 78%。

（二）业务规模

2021 年，文莱塔卡福保险市场的总资产规模为 24. 48 亿文莱元，占文莱整体保险市场的 30. 90%。总保费收入为 1. 44 亿文莱元，较上年的 1. 37 亿文莱元增长了 5. 12%，占文莱整体保险市场保费收入的 46. 65%。总赔付金额为 0. 41 亿文莱元，赔付率为 28. 34%。

其中，2021 年，文莱塔卡福财产保险市场的总资产规模为 15. 79 亿文莱元，占文莱财产保险市场的 69. 80%。总保费收入为 1. 19 亿文莱元，较上年的 1. 10 亿文莱元增长了 8. 20%，占文莱财产保险市场保费收入的 63. 43%。总赔付金额为 0. 32 亿文莱元，赔付率为 26. 62%。

2021 年，文莱塔卡福人身保险市场的总资产规模为 8. 69 亿文莱元，占文莱人身保险市场的 15. 36%。总保费收入为 0. 26 亿文莱元，较上年的 0. 28 亿文莱元下降了 7. 15%，占文莱人身保险市场保费收入的 20. 93%。总赔付额为 0. 09 亿文莱元，赔付率为 36. 36%。

（三）险种构成

在塔卡福财产险方面，根据 2 家财产险公司的数据汇总，机动车辆险保费收入

7026.43 万文莱元，占比为 57.5%，责任保险保费收入 818.88 万文莱元，占比为 6.7%，火灾保险保费收入 494.94 万文莱元，占比为 4.1%，其他险种（包括商业一切险、航空保险、能源保险、医疗保险等）保费收入 3873.29 万文莱元，占比为 31.7%。

塔卡福人身险方面，根据 2 家人身险公司的数据汇总，储蓄型保险保费收入 1708.82 万文莱元，占比为 66.3%，团体人身险保费收入 474.18 万文莱元，占比为 18.4%，两全保险保费收入 395.20 万文莱元，占比为 15.3%。

（四）市场集中度

在塔卡福财产险市场集中度方面，市场中只有 2 家塔卡福财产险公司，STBD-TBA 公司的保费收入 8307.50 万文莱元，市场占比为 68.0%，TAIB-IITGT 公司的保费收入 3906.03 万文莱元，市场占比为 32.0%。两家公司呈现“一强一弱”的局面，但并非强者过强、弱者过弱，两者市场比重约为 7∶3。

在塔卡福人寿保险市场集中度方面，市场中只有 2 家塔卡福人身险公司，STBD-TBK 公司的保费收入 1747.60 万文莱元，市场占比为 67.8%，TAIB-IITFT 公司的保费收入 830.59 万文莱元，市场占比为 32.2%。与塔卡福财产险市场相同，两家公司同样呈现“一强一弱”的局面，两者市场比重也约为 7∶3。

第二节 文莱保险监管情况

一、监管机构

文莱实施混业监管，文莱达鲁萨兰国金融管理局管理与监督包括保险业在内的金融机构，并制定与实施货币政策，管理货币等事务。AMBD 成立于 2011 年 1 月 1 日，是文莱独立运作的政府机构，由先前财政部管辖下的金融机构局、研究与国际局、文莱国际金融中心，以及文莱货币与金融委员会四个部门拆分重整后合并而成。

二、监管法律法规

保险业相关法规有：《保险令 2006》《保险规定 2006》《国际保险和塔卡福保险令 2002》《机动车保险（第三方风险）法》《塔卡福保险令 2008》和《塔卡福保险规定 2008》。2013 年 11 月，文莱成立了“传统和塔卡福保险协会”，旨在加强行业内的交流合作，为传统和塔卡福保险公司营造公平竞争的环境。该协会的前身是“财产险保险协会”。

现行的监管法律主要包括 2015 年 7 月颁布的《保险令》（修订版）以及 2015 年《塔卡福保险令和管理条例》（修订版）。

三、市场准入监管规定

在文莱设立财产险和寿险公司的资本金要求为 800 万文莱元，并需要在 AMBD 缴存 100 万文莱元的保证金。文莱不限制外资保险公司在其境内经营，但必须提供公司所在国监管机构关于其符合本国监管要求并同意其在文莱展业的相关批准文书。对于在境外设立并在文莱经营的保险公司，必须确保文莱境内的资产和负债差额大于 800 万文莱元。文莱本土保险公司如需经营境外业务，须按照《国际保险和塔卡福保险令 2002》申请相应的牌照。

四、偿付能力监管规定

文莱保险公司最低偿付能力溢额要求为上年保费收入的 20%。准备金提取要求为：计提准备金的基数为扣除退保和再保后的净额。除海运保险外，未决赔款准备金至少采用 1/24 法计算，海运保险必须至少计提年保费 25%的准备金。

五、资金运用监管规定

文莱允许四种形式的保险资金运用：一是投资于 B 级以上评级公司的普通股，不超过可投资资金的 40%；二是投资于单一信托计划，不超过可投资资金的 10%；三是投资于具有完全担保的债权，不超过可投资资金的 25%；四是投资于不动产，不超过可投资资金的 25%。保险资金运用余额的 25%必须在文莱境内。

文莱要求保险公司会计核算采用国际会计准则。寿险公司使用新的投保单，销售新产品以及印制新的宣传材料前，必须向 AMBD 备案。

六、强制性保险及税费规定

文莱强制保险包括机动车第三者责任险、船东石油污染责任险、工伤保险、航空责任险、职业责任险（保险公司、再保经纪）、外籍员工健康险。

税费规定方面，文莱不适用增值税，保险适用印花税税率，印花税通常会由保险公司收取后统一缴纳至财政部门。

第三节　文莱保险业的特点及亮点

——王室直接支持的塔卡福业务

文莱、马来西亚和印度尼西亚三国基于文化信仰因素，保险市场都重视发展塔卡福业务，但三国的特点不尽相同，文莱保险市场的特征在于其塔卡福业务得到了王室的直接支持。在文莱保险市场的监管、整体行业发展水平、具体公司的经营情况等方面均有体现。从最终市场表现来看，尽管文莱的塔卡福业务起步晚于马来西亚，但大部分年度文莱国内塔卡福保险的保费收入均高于传统保险，并且赔付率更低即更为优质，并且文莱塔卡福保险市场占有率也高于马来西亚。

一、特征体现一：王室成员直接担任金融与保险监管部门负责人

文莱的塔卡福保险业最大的特点是有国家体制的保障，文莱实行的是“三位一体”（MIB）的制度。文莱塔卡福保险业从创立到发展一直依靠国家的体制保障，发展地位不可撼动，国民也较为认可，对传统保险有一定的抵触心理。

文莱宪法规定，苏丹为国家元首，拥有最高行政权力和颁布法律的权力。2004 年通过的宪法修正案，赋予了苏丹无须经立法院同意而自行颁布紧急法令等法令的权利。文莱现任苏丹是哈吉·哈桑纳尔·博尔基亚，其于 1967 年继位，是国家首相，并且还兼任了多个部长职务。并且首相府高级部长是由王储哈吉·阿尔达迪·比拉担任。经济方面必然是国家的重点领域，因此苏丹也兼任了“财政与经济部”部长。可见，在文莱苏丹王室主导着国内一切政事、经济、社会、文化等事务，握有极大权力。

在金融及保险的监管领域，根据 2010 年的文莱金融监管法令，文莱金融管理局得以设立，并于 2011 年 1 月正式开始运作，所监管的领域包括银行、信托基金、传统保险、塔卡福、金融公司、货币兑换商等。文莱金融管理局董事局主席是由王储比拉担任的。2021 年 6 月，文莱金融管理局宣布更名为文莱中央银行，仍履行与其前身相同的职能，中央银行的董事会成员由苏丹博尔基亚任命。

可见，在经济与金融领域，文莱王室成员直接参与了具体管理，自上而下发展沙里亚金融，这使得包括塔卡福业务在内的有关金融领域，在文莱国内有着不可撼动的发展地位。

二、特征体现二：文莱的塔卡福经营业绩与自身行业水平不相匹配

尽管文莱在东盟各国中属于经济发展程度较高的，但过度依赖石油与天然气是其产业结构的长期问题，2021 年上半年油气产业占 GDP 总额比重仍高达 50.2%。此外，不足 45 万的人口，以及仅 0.5 万平方千米左右的国土面积，致使其金融等领域发展空间有限，因此国内的金融主体数量也较少。然而，相较于马来西亚、印度尼西亚等其他文化因素相似的东盟国家，文莱塔卡福业务的经营业务水平优于前述两者，具体表现在以下两方面。

（一）文莱的塔卡福业务在其国内保险市场中优势突出

一是经营主体数量充足。截至 2020 年 1 月 1 日，文莱保险市场有 7 家传统保险公司，其中财产险公司 4 家，寿险公司 3 家；文莱共有 4 家塔卡福保险公司，其中财产险（一般险）与人身险（家庭险）公司各 2 家。塔卡福保险公司数量比传统保险公司更少，但由于总体经营主体都很少，因此两者差别不大。

二是文莱的塔卡福保费收入在其国内保险市场中的比重较高。文莱的塔卡福保费收入在其国内保险市场中一直以来都是维持在 50% 左右，可以说与传统保险业“势均力

敌”，长期维持着“半壁江山”的地位，这在有塔卡福业务的东盟保险市场中是绝无仅有的。将这一比重作对比，印度尼西亚只是在 30%~40%，马来西亚只是在 10%~20%。自 2012 年起，文莱塔卡福保险业整体保费收入超过了传统保险，一直维持了 6 年，而自 2018 年起，传统保险才反超了塔卡福保险，但从 2019 年至今塔卡福业务再次呈现上升趋势。可以说，大部分年度文莱塔卡福保险业保费收入是要大于传统保险的，原因在于举国体制对沙里亚经济及金融的支持，国民也较为认可，而对传统保险有一定的抵触心理。

从近十年整体的保费收入来看，直到 2017 年之前，文莱的塔卡福业务保费收入均高于传统保险。从险种来看，文莱塔卡福保险业的优势在于财产险业务，各个年度保费收入均超过传统保险，但塔卡福人身险业务各年度均不如传统保险，并且差距逐年拉大。原因在于文莱社会保障较为全面，且犯罪率低，因此国民对塔卡福人身险的需求程度远不如塔卡福财产险。

三是塔卡福业务赔付率低、业务更为优质。近十年内，整体而言塔卡福业务赔付率在大部分年度（仅 2016 年、2019 年、2020 年例外）中均低于传统保险，可见塔卡福业务是更为优质的、风险更低的。塔卡福财产险业务的赔付率各年度中均高于传统财产险，但传统保险业务中人身保险的赔付率远远高于塔卡福保险，是塔卡福保险的 2 倍左右。

（二）文莱塔卡福业务的保险密度与保险深度在东盟保险市场中居于首位

文莱塔卡福业务的保险密度与保险深度在东盟保险市场中居于首位（见表 11-1）。文莱的塔卡福业务保险密度，与马来西亚相比有 1 个数量级的优势。文莱的塔卡福业务保险深度与马来西亚几乎是同一水平，8 年来的均值是 0.80%，略优于马来西亚 0.72% 的均值。

表 11-1 2014—2021 年上半年文莱、马来西亚、印度尼西亚三国塔卡福业务的保险密度与保险深度情况

项目	国家	2014 年	2015 年	2016 年	2017 年	2018 年	2019 年	2020 年	2021 年 H
保险密度（美元/人）	文莱	308.09	305.45	265.47	257.78	237.60	201.05	219.70	129.60
	马来西亚	63.01	55.93	57.48	59.77	71.60	84.15	84.86	52.52
	印度尼西亚	3.07	3.03	3.49	3.99	4.07	4.40	4.39	5.92
保险深度（%）	文莱	0.86	0.94	0.84	0.83	0.77	0.66	0.71	0.78
	马来西亚	0.63	0.58	0.61	0.63	0.69	0.80	0.82	0.97
	印度尼西亚	0.11	0.12	0.10	0.10	0.10	0.11	0.11	0.15

资料来源：马来西亚中央银行、印度尼西亚金融服务监管局、文莱中央银行。

在上述两方面，文莱都做到了东盟塔卡福市场的第一，但联系到文莱保险业自身的发展状况，文莱作为一个人口少的小国，并且也没有像新加坡一样开展大量的离岸业务。本章认为文莱塔卡福业务成绩与其自身保险业发展水平是不匹配的，此情况的出现应当不仅仅是国家特殊经济体制的作用，或许与王室参与的因素有关。

三、特征体现三：王室直接影响着全国所有的塔卡福公司

文莱共有塔卡福公司 4 家，实际上只是归属于 2 个集团旗下。一个集团是文莱塔卡福集团，旗下有经营财产塔卡福业务的 TBA 公司、经营人寿塔卡福业务的公司 TBK；另一个集团是文莱信托集团，旗下有经营财产塔卡福业务的 IITGT 公司、经营人寿塔卡福业务的 IITFT 公司。这 2 个集团，一个（STBD）是由苏丹直接控股，另一个（TAIB）是由苏丹根据法律来组织设立，以下对上述 2 个集团的股权情况进行分析。

文莱塔卡福集团在文莱塔卡福市场中规模最大，其股东有两个：第一个股东“苏丹·哈吉·哈桑纳尔·博尔基亚基金会”，持股 69%，该基金会的名称是文莱苏丹的名字；第二个股东是沙里亚银行文莱有限公司（IBDB），持股 31%，而该银行的主要股东分别是文莱财政部、博尔基亚基金会、文莱投资局以及约 6000 名个人投资者。

在此，值得特别说明的是博尔基亚基金会，该基金首先让人印象深刻之处在于其名称就是现任苏丹的名字。该基金的设立是依据“苏丹·哈吉·哈桑纳尔·博尔基亚基金会法”，该法第 11 条阐明了该基金目的在于民众福利、教育、发展等方面，但第 14 条规定该基金可以用来投资。虽然该法没有相关条款表示该基金属于苏丹的个人财产，但该法第 12 条明确规定“苏丹哈吉·哈桑纳尔·博尔基亚及其王室成员随时出资”是该基金的资金来源之一。王室出资设立保险公司在东盟保险市场中非常罕见，而在文莱塔卡福集团的官网上，对于博尔基亚基金是本集团股东的信息毫不避讳，而是直接显示在显眼的位置，可见，在文莱民众心中，博尔基亚基金会起到增强信用的作用，相当于是一种背书。

文莱信托集团的具体股东没有公开资料，只是以“政府关联公司”的称呼介绍，但事实上该公司同样“来头不小”，该公司是由苏丹博尔基亚在 1991 年亲自启动的，该公司也是文莱的第一个沙里亚金融机构。该公司的设立也依据有专门法律（CAP. 163 号），该法第 22 条阐述了该基金的资金来源，主要包括存款、政府拨款、自身投资所取得的回报等多个方面。由于该公司中没有出现资金的来源是由苏丹博尔基亚王室出资，可以推测该公司在最初主要是由“政府出资”成立的。

四、特征体现四：王室控股的塔卡福公司经营业绩明显优于另一家

根据上述分析，文莱财产塔卡福及人寿塔卡福的各两家公司中，一家是由苏丹博尔基亚直接出资的 STBD 集团，另一家是由“政府出资”的 TAIB 集团。而在实际经营中，尽管“政府出资”的 TAIB 集团是最早开展塔卡福业务的，但是后续成立，由苏丹博尔基亚王室控股的 STBD 集团发展良好，目前已成为文莱最大的塔卡福公司，并且在规模、盈收能力、经营稳健性方面逐渐与 TAIB 集团拉开了差距（见表 11-2）。

表 11-2 2020 年文莱财产与人寿塔卡福公司的财务指标情况

分析角度	财务指标	单位	财务指标在财务报告中的英文原称	财产塔卡福市场		人寿塔卡福市场	
				STBD 集团—TBA 公司	TAIB 集团—IITGT 公司	STBD 集团—TBK 公司	TAIB 集团—IITFT 公司
规模	总资产	亿文莱元	Total Asset	2541.47	1203.20	1257.82	912.42
	总负债	亿文莱元	Total liabilities	1376.26	876.54	407.28	537.82
	总保费收入	亿文莱元	Gross takaful contributions	752.25	349.05	193.65	84.31
盈收能力	净保费收入	亿文莱元	Net earned contributions	488.04	326.93	179.06	71.99
	塔卡福收益	亿文莱元	Takaful profit	239.68	102.14	159.06	12.81
	留存收益	亿文莱元	Retained earnings	312.49	58.98	127.8	71.97
	投资收益	亿文莱元	Investment income	26.06	9.73	17.37	40.03
经营稳健性	资产负债率	百分比	Total liabilities/Total Asset	54.15	72.85	32.38	58.94
	净赔付率	百分比	Net chaims and benefits/Net earned contributions	52.93	51.35	12.72	79.16
	承保收益率	百分比	Takaful profit/Gross takaful contributions	31.86	29.26	15.20	15.20

资料来源：根据相关公司官方财务报告整理。

由表 11-2 可见，由王室出资的 STBD 集团旗下的塔卡福公司无论在财产塔卡福市场或人寿塔卡福市场，各方面实力都远胜于另一家公司。在 2020 年财产塔卡福市场中，TBA 公司的资产规模占全市场的 67.87%，保费收入规模占比为 68.31%，其净保费收入、塔卡福收益、留存收益、投资收益的额度都高于 IITGT 公司，并且资产负债率与净赔付率更低、承保收益率更高，经营稳健性更强；在 2020 年人寿塔卡福市场中，TBK 公司的资产规模占全市场的 57.96%，保费收入规模占比为 69.67%，除投资收益外，其他各类型收益的额度均高于 IITFI 公司，并且资产负债率与净赔付率控制得更低、承保收益率水平更高。

除财务指标上的差距外，目前 STBD 集团在文莱已开设 8 家分支机构，拥有 200 名员工，2020 年保费收入的市场占有率接近 70%，个人及法人客户数量超过 10 万人，2017—2019 年连续 3 年获得国际塔卡福奖、2020 年获得亚洲保险大奖委员会颁发的数字创造性奖和国际金融大奖委员会颁发的文莱最佳塔卡福公司奖。两个集团发展愿景的措辞也相差较大，一般而言，愿景作为公司未来发展目标都会树立得比较宏大，STBD 集团的愿景就是“希望成为客户心中唯一的塔卡福供应商”，而 TAIB 集团的愿景只是“成为文莱市场中提供塔卡福业务的首选公司”。综上所述，考虑两者在财务指标、市场份额、奖励、企业文化等多个方面的差距，可以认为 STBD 集团的发展成绩与文莱王室的直接支持是不无关系的。

五、文莱保险业特征的启示

《我国发展现状与东南亚各国保险业特征的对比》专栏

我国领导人重视发展保险业的一则案例

根据前述，文莱的国家领导人非常重视发展本国的保险业，尤其是塔卡福业务得到了自上而下的直接支持。我国领导人也非常重视发展保险业，对商业保险都作出过肯定评价及工作部署，以下为例。

国务院总理李克强于2014年7月9日主持召开国务院常务会议，在讨论研究加快发展现代保险服务业时，李克强总理指出“现代保险业对于中国发展既是‘短板’，又是亟须突破的重点，具有一举多得的效用”“国务院部署加快发展现代保险服务业，绝不仅仅是给保监会下任务，各部门都要根据各自职能分工，协调配合，为整体服务”“发展现代保险服务业，要抓住保险与社会保障体系有机衔接这一重点”“我们在医改方面尝试了许多有益经验，一些地区用部分财政投入购买商业保险，产生了数倍，甚至数十倍的效益，这样大病保险才有了支撑”。李克强总理要求各地区在更大范围推广相关经验，同时探索商业保险和养老保险的有机结合。讨论中，李克强总理特别要求相关部门，在“创新保险支农惠农方式”“建立巨灾保险制度”等方面加强探索，李克强总理说“灾难发生后，光派几个政府工作人员检查受灾情况，有可能会受到‘人情’等因素的干扰，有时要统计到准确数据很难”“但保险公司的利益机制决定了它不会‘玩假的’”；讲到保险业要为产业升级作贡献时，李克强总理强调“保险资金不能都单向储蓄，还要允许进入投资领域。他要求，各部门要协调配合、整体推进，通过发展现代保险业，支撑中国经济向中高端迈进”。

本次会议提出，保险业是现代服务业发展的重点，具有巨大潜力。要以改革为动力，突出重点、协调联动，加快发展现代保险服务业。一是促进保险与保障紧密衔接，把商业保险建成社会保障体系的重要支柱。支持有条件的企业建立商业养老健康保障计划。支持符合资质的保险机构投资养老产业、参与健康服务业整合，鼓励开发多样化的医疗、疾病保险等产品。二是将保险纳入灾害事故防范救助体系。逐步建立财政支持下以商业保险为平台、多层次风险分担为保障的巨灾保险制度。积极发展财产、工程、意外伤害等保险。三是通过保险推进产业升级。创新保险支农惠农方式，支持保险机构提供保障适度、保费低廉、保单通俗的“三农”保险产品。鼓励保险资金采取多种方式，支持新型城镇化、重大基础设施建设和棚户区改造等，支持股票、债券市场长期稳定发展。完善科技保险体系，发展小微企业信用保险和个人消费贷款保证保险。大力发展出口信用、境外投资等保险。四是运用保险机制创新公共服务。积极探索推进商业保险机构开展社会保险经办服务。以与公众利益密切相关的环境污染、食品安全、医疗责任等为重点，开展强制责任保险试点。鼓励发展治安保险等新兴业务。五是深化保险业改革开放。加快建设现代保险企业制度，推进保险市场准入退出机制改革。引入国外保险先进经验和技术，努力扩大保险服务出口，提高保险业对外开放水平。加快发展再保险和中介市场。加强信用信息等基础建设。

文莱“王室直接支持的塔卡福业务”的保险业特征的主要启示在于对全球经济发展多元化发展方式的思考。世界本来就是多元化的，各国的国情不同、发展环境不同，所以经济发展方式也是多元化的。中国始终是多边主义的倡导者、维护者、践行者和开拓者。并非西方的方式才是唯一全球正确经济发展体系，沙里亚金融保险体系也是经济发展方式的一种，尽管本教材不表示要在我国推广上述体系，但上述体系对文莱来说是适合其自身发展的有效经济体系。世界多极化给我们的影响是有利于维护世界的和平与稳定，可以有利于带动经济的发展，对经济的发展起到保护的作用，同时给人们一个和平的生活环境。顺应世界向多元化发展，是时代进步的要求，符合各国人民的利益。世界多元化是建立在多种力量相互依存又相互制约的基础上的，有利于遏制某些西方国家所试图建立单极世界，有利于世界的和平与发展，有利于国际关系的民主化。

复习思考题

1. 简答题：为什么文莱是个比较富裕的国家？
2. 简答题：为什么文莱本国内的塔卡福业务占比是东盟所有国家中最高的？

注：本题只需回答文莱的原因即可，不必解释马来西亚和印度尼西亚。

第十二章　柬埔寨保险市场概述

柬埔寨全称为柬埔寨王国，位于中南半岛南部，东部和东南部同越南接壤，北部与老挝交界，西部和西北部与泰国毗邻，西南濒临暹罗湾。领土为碟状盆地，中部、南部为平原，高原和山地环绕在东部、北部和西部，柬埔寨拥有东南亚最大的天然淡水湖——洞里萨湖。

柬埔寨全国共分为24个省和1个直辖市，金边是柬埔寨首都和最大城市。高棉族是柬埔寨的主体民族，占总人口的80%，少数民族有占族、普农族、老族、泰族、华族、京族、缅族、马来族、斯丁族等，柬埔寨现有华人、华侨约110万人、约占全国总人数的7.2%。高棉语为官方语言，货币为瑞尔。

本章是对柬埔寨保险市场发展及监管情况进行介绍，柬埔寨保险市场的最主要的特点和亮点在于独立发展的小额保险业务。

第一节　柬埔寨保险市场发展情况

一、整体保险市场

（一）经营主体

2017年至今，柬埔寨保险业发展迅速，原保险公司的数量从2017年的26家增加至2021年的39家。截至2021年年底，IRC已向18家财产保险公司、14家人寿保险公司和7家小额保险公司颁发了营业执照。寿险公司、财产险公司和小额保险公司依据数量的比重分别为36%、46%和18%。从资本构成来看，上述公司包括23家外国公司、15家本土公司和1家合资公司，本土公司、外资公司和合资公司依据数量的比重分别为37.5%、57.5%和5.0%。

此外，柬埔寨保险市场只有一家再保险公司，即“柬埔寨再保险公司”，该公司已从一家国有公司发展为拥有80%国有股的合资公司，并不断私有化，仅拥有60.21%的国有股。

柬埔寨的保险中介机构，包括保险经纪人和保险代理人。上述机构更广泛地分销保险产品，使保险产品更接近客户，在柬埔寨保险业中发挥了关键作用。柬埔寨保险中介机构的数量从2017年的28家增至2021年的43家。截至2021年年底，保险市场有26家保险代理人和 17 家保险经纪人。

2019 年，柬埔寨首家中资人寿保险公司——大中华人寿保险股份有限公司近日与柬埔寨致富商业银行签署合作协议，宣布进军柬埔寨寿险领域。

（二）业务规模

据瑞再研究院公布数据，2021 年柬埔寨整体保险业的总保费收入为 2.6 亿美元，较上年增长了 2.6%，保险密度为 17 美元/人，保险深度为 1.1%。

据柬埔寨本国保险监管部门数据，柬埔寨总保险费从 2017 年的 1.53 亿美元大幅增加至 2021 年的约 2.98 亿美元，过去 5 年的平均增长率约为 20%。同时，2021 年的净保费增加至 2.17 亿美元，留存率超过 70%，这表明保险公司逐渐具备了承保能力和强大的财务实力来缓解大部分风险。柬埔寨保险深度从 2017 年的 0.69% 增长至 2021 年的 1.11%，而保险密度从 2017 年人均 10.06 美元增加至 2021 年的人均 18.75 美元。尽管柬埔寨的保险市场正在显著增长，但保险深度与保险密度的水平仍然很低。

2021 年，人寿保险业务市场总份额的 57.4%，财产险业务占 41.2%，小额保险业务占 1.4%。柬埔寨保险市场的资产从 2017 年的 2.86 亿美元增加至 2021 年的 8.51 亿美元，过去 5 年的年增长率为 31%，2021 年总资产中 70%为投资资产。自 2018 年以来，人寿保险公司在总资产中所占份额最大，2021 年不断增加至 5.52 亿美元。此外，普通保险公司的资产显著增加，从 2017 年的 1.39 亿美元增至 2021 年的 2.94 亿美元，而小额保险市场的资产从 800 万美元降至 2021 年的 500 万美元。

2021 年，银保渠道是柬埔寨最大的保险营销渠道，约占总销售额的 39%；其次是人员营销渠道，约占 23%；在保险中介方面，保险经纪人与保险代理人分别占 20%和 10%；此外的 8%是其他渠道。其中，银保渠道的提升是得益于柬埔寨国家银行和保险监管机构努力执行国家“金融包容战略计划”的结果。

（三）赔付与盈利情况

在过去五年中，财产险保险和小额保险的赔付情况发生了较大变化。理赔额在 2019 年最高，为 1385 万美元，赔付率也达到 33%。到 2020 年理赔额降为 1319 万美元，赔付率为 31%。在 2021 年进一步优化，理赔额降至 1197 万美元，赔付率降为 26%，是近五年的最佳值。另外，人寿保险的理赔额却大幅增加，从 2017 年的 2620 万美元增至 2021 年的 8650 万美元，过去五年平均增长约 35%。

在承保利润方面，尽管保险索赔金额大幅增加，但保险公司的业务利润仍在逐年增长。保险承保利润从 2017 年的 3510 万美元增至 2021 年的 6080 万美元，过去五年平均增长 15%。在税前利润方面，在柬埔寨的三个保险市场中，只有财产险市场是盈利的，税前利润从 2017 年的 875 万美元增加至 2021 年的 1150 万美元，过去五年平均增长 7%。但由于 2012 年新成立的寿险市场运营费用较高，寿险市场尚未盈利，而且小额保险市场仍在亏损。

（四）其他情况

保险业总负债从2017年的1.26亿美元增加至2021年的4.81亿美元，过去五年的年增长率为40%。而保险合同负债也从2017年的6900万美元大幅增加至2021年的3.79亿美元，过去五年的年增长率为53%。2021年的保险合同负债占总负债比重为78.79%，而在2017年仅为54.76%。保险市场的股东权益在2021年增至3.69亿美元，过去五年的年增长率为23%。总股东权益包括1.88亿美元的人寿保险业务权益、1.78亿美元的财产保险业务和300万美元的小额保险业务。

二、财产保险市场

（一）业务规模

据瑞再研究院公布数据，2021年柬埔寨财产险业的总保费收入为1.1亿美元，较上年增长了2.6%，保险密度为8美元/人，保险深度为0.5%。

据柬埔寨保险监管部门IRC发布的数据，2021年柬埔寨共有18家财产保险公司，财产保险业的总保费收入约为12358万美元，较上年增长了7.9%。

（二）险种结构

在柬埔寨财产保险市场的产品大致分为七大类，包括车险、火灾险、海上保险、工程险、意外险、健康险等。2021年，火灾保险的市场份额最高，约占总保费的30.4%；其次是健康保险，约占21.9%，机动车辆险约占17.5%，海上保险仅占总保费的3.4%。

三、人寿保险市场

（一）业务规模

据瑞再研究院公布数据，2021年柬埔寨寿险业的总保费收入为1.5亿美元，较上年增长了2.6%，保险密度为9美元/人，保险深度为0.6%。

据柬埔寨保险监管部门数据，2021年柬埔寨共有14家人身保险公司，柬埔寨人身保险业的总保费收入约为17212万美元，较上年增长了12.2%。

（二）险种结构

2021年，柬埔寨两全保险的保费收入为13721.11万美元，占整体市场达80.0%；其次是定期寿险，占比为17.7%。而终身寿险市场份额最低，仅占0.7%；其他保险约占 1.6%。

四、小额保险市场

截至 2021 年，柬埔寨共有 7 家小额保险公司，总保费为 413 万美元，较上年减少了 22%。其中，小额定期寿险的市场份额最高，占总保费的 40.1%；其次是小额健康保险，占比为 26.9%；小额意外伤害险的市场份额最低，占比为 13.8%；其他小额保险约占 19.2%。

第二节　柬埔寨保险监管情况

一、监管机构

根据 2021 年 1 月 16 日第 NS/RKM/0121/003 号皇家法令颁布的《非银行金融服务管理局组织和运作法》，非银行金融事务管理部履行监督非银行金融部门的职能，下设 8 个部分，包括总秘书处、内部审计处、保险监管局、证券交易监管局、社会保障监管局、房地产业务和当铺监管局、信托监管局、会计与审计监管局。

柬埔寨保险监管局主要职责是：制定并实施保险和私人养老金行业的政策、战略和行动计划；制定与保险和私人养老金行业相关的法律法规；监督、监控和评估业务和财务状况，以确保保险和私人养老机构的稳健；促进公众认识和教育，并参与区域和全球合作一体化；非银行金融事务管理部指派的其他任务。

柬埔寨保险监管局的愿景是“确保受监管机构强大、可持续和有竞争力，为每个柬埔寨人服务并同时刺激经济增长”，使命是“致力于执行审慎和渐进的监管政策，以符合国际标准”。柬埔寨保险监管局以“金天鹅站在盾牌上”作为形象标志，寓意柬保险监管局有责任确保保险业和私人养老业能够以透明、有效、有序和公平的方式运作。其中金天鹅象征着金融部门，盾牌象征着行业得到柬保险监管局的保护，两片树叶象征着保险业和私人养老业对经济社会发展的贡献（见图 12-1）。

二、监管法律法规

柬埔寨政府在 2001 年开始施行《保险法》。此外，还有针对保险业下达的各种部长令，包括《保险公司以及外资保险公司设立资格令》《保险公司、保险代理公司、经纪公司设立资格令》等。2007 年，柬埔寨又颁布了三个关于营业执照、偿付能力以及公司治理方面的重要规定。柬埔寨议会根据经济发展需要，多次修订保险法，目前适用的《保险法》为 2014 年 8 月第 NS/RKM/0814/021 号皇家法

图 12-1　柬埔寨保险监管局形象标志

［资料来源：柬埔寨保险监管局（IRC）］

令颁布的《保险法》。

三、市场准入监管规定

柬埔寨《保险法》在第 1 章第 4 条规定，柬埔寨的保险公司类型分为四类：人寿保险公司、财产保险公司、小额保险公司和再保险公司。人寿保险公司、财产保险公司和再保险公司的资本金要求是价值 500 万美元特别提款权（SDR）的等额柬埔寨瑞尔（以许可证发布之日的汇率为准），目前约相当于 770 美元。其中的 10%要作为保证金存入柬埔寨国库不得动用，50%必须存入政府认可的银行。小额保险公司的资本金要求为 6 亿柬埔寨瑞尔，其中 1/3 被要求存入国库作为保证金。

柬埔寨在 2004 年加入 WTO。按照柬埔寨的“入世”承诺，对外资准入无特殊限制，但外国公司如果与柬埔寨国有公司合资发起设立保险公司，则柬方至少须控股 51%；允许外资直接设立分公司，但需要接受与法人实体相同的资本金和偿付能力监管要求。在跨境服务方面，尽管在《保险法》中规定了柬埔寨境内标的必须在境内保险公司投保，但在实际操作中，直接投保国外保险公司的案例屡见不鲜。

四、偿付能力监管规定

寿险公司、财产保险公司和再保险公司最低偿付能力为上一年保费的 30%或 60 亿柬埔寨瑞尔，在两者中取较高者，其中，至少有 28 亿柬埔寨瑞尔必须存入柬埔寨国有银行或购买政府债券。对小额保险公司，最低偿付能力为 4 亿柬埔寨瑞尔，同时必须存入政府认可的银行。如不符合要求，可以责令其进行整改、停业整顿甚至吊销营业执照等。总体来看，柬埔寨的偿付能力、监管模式和欧盟 Solvency Ⅰ前期水平相近。

五、费率条款与资金运用监管规定

根据《保险法》规定，保险费率必须获得柬埔寨经济财政部的批准方可使用，具体则由 2005 年成立的财险行业协会（GIAC）厘定参考费率。财险公司必须采纳参考费率，如违反将受到相应处罚。在寿险方面，产品的参考费率主要依据各保险公司外方股东所在国的费率。经济财政部要求保险公司对使用的条款、保单文本以及其他销售资料进行事后报备。如有不妥，将命令保险公司更改（截至目前，还没有要求更改的情况出现）。经济财政部正计划在近期推出全行业统一的标准条款。

除境外投资不得超过 25%这一限制外，在保险资金投资方面没有任何要求，不过由于柬埔寨市场上没有长期政府债券，股票市场也在 2012 年 3 月刚启动，上市公司数量稀少，保险公司的投资选择不大。

六、强制性保险及税费规定

根据柬埔寨《保险法》，目前已经实施了三种强制保险：建筑工地强制保险、客运强制保险、机动车辆及第三者责任强制保险。为了实施这些强制性保险，在《保险法》

之外政府还颁布了更多法规，例如：（1）2021 年 12 月 30 日第 275ANKR. BK 号《保险法》次级法令第 4 章“关于强制保险类型的规定”；（2）2002 年 10 月 16 日第 655PRK. SHV. DNS. MPH 号部门规章《建筑工地强制保险》；（3）2002 年 10 月 16 日第 654PRK. SHV. SK. MPH 号部门规章《客运强制保险》；（4）2002 年 10 月 16 日第 653PRK. SHV. SK. MPH 号部门规章《机动车辆及第三者责任强制保险》；（5）2006 年 1 月 3 日第 002MEF. PRKPhnomPenh 号部门规章《机动车辆强制保险的类型》。

在税费规定方面，要求的柬埔寨保费税及其他费用比例约 5.5%。

第三节　柬埔寨保险业的特点及亮点
——独立发展的小额保险业务

柬埔寨是东南亚地区中经济欠发达的国家，但近年来贫困率已从 2009 年的近 40%降至 2020 年的 17.8%，近十年来每年下降约 1.6 个百分点，小额保险对其减贫事业发挥了重要作用。柬埔寨保险市场的最突出特征也在于重视发展小额保险业务，同时赋予该业务较为独立发展的空间。柬埔寨的小额保险业务在经营主体类型设置、业务统计口径、法律法规、监管要求等方面具有较独立的发展环境。

《前期相关知识》专栏

小额保险概述

一、小额保险的概念

小额保险在国际上称为 Micro-Insurance，其概念与小额贷款相似，一般指保额较低、保费较便宜、交易规模较小的保险类型，通常是专门为低收入群体所设计。国际保险监督官协会（IAIS）和世界银行扶贫协商组织（CGAP）等国际权威组织在界定小额保险定义时都将其视为对低收入者提供的特殊保障。我国对小额（人身）保险定义的官方界定首次出现在 2008 年的《农村小额人身保险试点方案》中，小额人身保险被界定为是面向低收入人群提供的人身保险产品，具有保费低廉、保障适度、保单通俗、核保理赔简单等特点，是小额金融的重要组成部分，也是一种有效的金融扶贫手段。

二、小额保险的作用

就功能和作用而言，由上述定义可知小额保险具有扶贫减贫等方面的基本属性。小额保险的发展在遵循市场化原则的同时，还需要兼顾社会责任，如果将小额保险定位成纯粹追求利益最大化的完全市场化商品，或是纯粹追求社会效益的社会管理工具，那么都是对小额保险本质的误解。小额保险主要通过三大机制——牢筑贫困底线的保障机制、破解贷款难题的增信机制、带动产业发展的投资机制，在扶贫减贫事业中发挥着重要作用。

此外，因小额保险还具有可获得性、可负担性、灵活性、简单性等特点，有助于带动居民的长期储蓄、扩大金融服务渠道、提升公众保险意识、助力政府管理、限制经济冲击的影响。

一、特征体现一：小额保险业务蓬勃发展

（一）经营主体数量充足

柬埔寨小额保险公司的数量已从 2012 年的 1 家发展至 2021 年的 7 家，并且自 2015 年起一直保持存续 5 家以上。截至 2021 年年底，柬埔寨保险市场共有财产保险公司 18 家、人寿保险公司 14 家、小额保险公司 7 家、再保险公司 1 家。小额保险公司数量占整体市场的比重为 17. 50%，对应于小额保险占整体市场比重 2. 50%的业务量，经营主体数量是充足的。

（二）业务规模稳定且保单覆盖面相对较广

由表 12-1 可见，包括近三年在内，小额保险业务一直在柬埔寨保险市场中占有一席之地。2021 年，柬埔寨小额保险的保费收入为 413. 14 万美元，占柬埔寨总体保险市场的 1. 38%，由于小额保险本身保费非常低廉，因此保费收入比重低属于正常现象。与此同时，小额保险提供了 9. 46 亿美元的保障额度，行业总资产也达到了 525. 08 万美元。此外，从保单数量来看，小额保险的覆盖面较广，2021 年小额保险的保单数量为 30. 19 万张，占市场总体达 28. 93%，数量超过了财产险的 25. 65 万张，接近普通寿险的 48. 52 万张，可见柬埔寨已发挥出小额保险覆盖广的特征与作用。

表 12-1　2019—2021 年柬埔寨保险市场的险种结构

年度	险种	保费收入（万美元）	保障额度（亿美元）	保单数量（万张）	总资产（万美元）
2019	小额保险	705. 98	18. 54	75. 91	604. 83
	财产保险	10138. 39	1814. 99	17. 42	24699. 43
	人寿保险	14440. 08	69. 53	38. 62	34462. 24
	总计	25284. 46	1903. 06	131. 95	59766. 51
2020	小额保险	503. 50	7. 67	34. 56	325. 70
	财产保险	11448. 53	2254. 90	20. 85	27631. 67
	人寿保险	15337. 41	106. 72	39. 87	46182. 96
	总计	27289. 44	2369. 29	95. 28	74140. 32
2021	小额保险	413. 14	9. 46	30. 19	525. 08
	财产保险	12358. 21	1904. 01	25. 65	29363. 29
	人寿保险	17212. 15	133. 64	48. 52	55175. 90
	总计	29983. 50	2047. 11	104. 36	85064. 27

资料来源：柬埔寨保险监管局（IRC）。

（三）险种类型多样且发展平衡

柬埔寨小额保险的险种类型丰富多样，人身险与财产险的险种类型兼有，主要包括小额健康保险、小额意外伤害险、小额定期寿险、其他小额保险等。各个险种之间发展较为平均，比重最大的小额定期寿险占比为40.14%，未达到市场五成，可以说没有任何险种是“一险独大”的。

（四）赔付率低、业务优质

柬埔寨小额保险业务相较于其他险种较为优质，近三年来柬埔寨小额保险业务的赔付额呈现从126.81万美元到85.44万美元，再到67.30万美元的三连降。小额保险赔付率能做到低于整体行业水平，也低于财产险赔付率水平，但未能低于寿险赔付率水平，其中赔付率高于寿险属正常现象，因为寿险更具长期性，不同于小额保险所具有的短期兑付特点。从近三年赔付率的趋势看，在整体赔付率和寿险赔付率水平明显上升的趋势下，小额保险的赔付率还能呈现下降趋势。综上可知，柬埔寨小额保险业务能保持稳健发展，业务的风险控制水平良好。

二、特征体现二：法律法规和政策上赋予了小额保险业务较为独立的发展环境

（一）经营主体设置具有独立性

包括东南亚国家等在内的一般国家中，保险公司的类型大多数是划分为财产保险公司、人寿保险公司、再保险公司以及产寿兼营的综合保险公司。而柬埔寨《保险法》在第1章第4条规定，柬埔寨的保险公司类型分为人寿保险公司、财产保险公司、小额保险公司和再保险公司。换言之，柬埔寨是将小额保险公司作为独立的一种保险公司类型。此外，柬埔寨《保险法》中对小额保险公司的设立条件和监管要求有专门的规定，偿付能力要求较低，且只允许经营小额保险业务。这样的划分，大大提升了小额保险业务的地位。若将小额保险业务笼统地归由财产险或寿险公司操作，则因小额保险利润率不高，上述公司便更喜好于开展利润更高的高保费业务，对小额保险业务缺乏积极性。

作为对比，我国银保监会所规定的保险机构类型主要是寿险公司、财险公司、再保险公司、保险集团（控股）公司、健康保险公司、养老保险公司、出口信用保险公司、资产管理公司和其他，其中“其他”类型的公司目前只涵盖了农村保险互助社这一种类型，我国目前尚无专业性的小额保险公司。

（二）统计口径具有独立性

柬埔寨对于小额保险业务采取单独的统计口径，即在各类型统计报告中严格区分出财产险、寿险、小额保险三大口径，包括保费收入、赔付支出、保障额度、保单数量、总资产等全套的保险经营指标均与产寿两险平行统计，柬埔寨并不像全球大多数国家一样把小额保险归入财产险或人身险大类之中进行统计。由于统计口径独立，致使小额保险业务发展的好坏情况更为直接地呈现，既便于监管，也激起了人们对小额保险业务的重视，对业务的发展起到了间接促进作用。

（三）法律法规具有独立性

柬埔寨现行《保险法》（NS/RKM/0814/021）共计 14 章 114 条，其中第 5 章是为小额保险所单独列置。第 5 章第 39 条界定了小额保险的定义，阐明小额保险为针对低收入人群设计的属性，以及小额保险具有小额财产险、小额寿险、小额健康险等类型。第 5 章第 40 条规定小额保险可由次级法令（Sub-Decree）管理。目前，柬埔寨虽尚未出台针对小额保险的次级法令，但该条文给小额保险未来发展预留了法律空间。除《保险法》外，柬埔寨针对小额保险还有专门的部门规章——《关于发放小额保险营业牌照的通知》。

事实上，柬埔寨对于小额保险的次级法令有清晰计划，在柬保险监管部（IRC）所公布的《柬埔寨 2021—2030 年保险业战略发展计划》中，未来的行动计划矩阵分成了体制、技术、合作三大框架（Framework），每个框架下包含了如制度结构、人力资源开发、保险技术等若干内容，且区分了短期计划（2021—2023 年）、中期计划（2024—2028 年）、长期计划（2029—2030 年）。而编写小额保险次级法令，被明确列为技术框架下的法律类发展目标之一，且是短期计划规定要完成的任务。

（四）监管要求具有独立性

柬埔寨对于小额保险业务采取区别于产寿险业务，具有一定独立性，且是较为优惠的监管标准。一是对小额保险公司市场准入的资本金要求有别于其他公司类型，且标准较低。小额保险公司的资本金要求仅为 6 亿柬埔寨瑞尔，其中只要求将 1/3 资金存入国库作为保证金。而其他的财产险、寿险、再保险三类公司的资本金要求则高达 500 万美元特别提款权（SDR）的等额瑞尔，其中 50%的资金要求存入柬埔寨政府规定的银行，另 10%的资金要作为保证金存入柬埔寨国库且不能动用。

二是对小额保险公司的偿付能力监管有别于其他公司类型，且标准也较低。小额保险公司最低偿付能力仅为 4 亿瑞尔，必须存入柬政府规定的银行。而其他三类保险公司的最低偿付能力则必须为上一年保费的 30%或 60 亿瑞尔，在两者中取较高者，并且其中至少要有 28 亿瑞尔必须存入柬埔寨国有银行或购买政府债券。若不符合规定，则监管部门将采取责令整改、停业整顿甚至吊销营业执照等措施。从监管政策及标准不难看出，柬埔寨政府对小额保险业务发展是有倾向性地进行扶持。

三、柬埔寨保险业特征的启示

发展小额保险对于我国有重要意义，以往我国只以保险业发达的西方国家为未来发展标杆，但在小额保险领域，诸如柬埔寨等东南亚国家则已走在了我国前列，我国应当进行研究与借鉴。

《我国发展现状与东南亚各国保险业特征的对比》专栏

我国小额保险业务的发展现状

我国早在2008年便开展了小额保险试点，但利润率低、风险高、创新难度大、营销渠道不畅，发展一直未取得突破。我国小额保险业务发展的现状及存在的问题主要可归纳为以下几点。

第一，政策法规的支持力度不足。

首先，我国的《保险法》中未对小额保险业务作出任何相关规定，即使2015年进行过修订也同样如此。其次，我国以小额保险为主题的政策文件仅出现过三次，且均以试点工作有关。具体为2008年的《农村小额人身保险试点方案》（保监发〔2008〕47号）、2009年的《关于进一步扩大农村小额人身保险试点的通知》（保监发〔2009〕59号）、2012年的《全面推广小额人身保险方案》（保监发〔2012〕53号）。再次，在党的十八大以来我国扶贫事业迎来新阶段的背景下，虽有多项政策涉及小额保险，但均未将小额保险作为专项任务，且各文件全文中并未以小额保险作为任何层级的标题，可见重视程度不足。如2015年的《关于做好保险业助推脱贫攻坚工作的意见》（保监发〔2016〕44号），方案中只笼统地表示要发展扶贫小额人身保险和扶贫小额信贷保证保险。又如2016年的《中国保险业发展“十三五”规划纲要》，也只是在发展普惠保险中提及了小额保险。

综上所述，我国尚未出台类似于《农业保险条例》这种专门的小额保险法规，小额保险业务主要只是以政府部门发布政策的方式引导开展，可见在政策法规方面对小额保险业务重视不够、支持力度不足。

第二，较早开始试点但后续发展缺乏动力。

中国保险业早在2006年就开始尝试了解和研究国际市场当中的小额保险业务，2007年，保监会积极申请加入了国际保险监督官协会小额保险联合工作组（IAIS-CGAP），2008年1月，保监会便与该工作组和世界银行等国际组织在北京通过国际研讨会等形式研判发展我国的小额保险业务，同年6月针对农村小额人身保险，选择了山西、黑龙江、广西等九省区的县以下地区开展首批试点。截至2009年9月，我国农村小额人身保险新增覆盖人数超过704万人，提供风险保障达1367亿元。但相较于我国当时7.21亿人的农村人口总数，上述成绩作用有限，可谓“杯水车薪”。2009年，本打算将试点工作扩展到19个省区，但进展缓慢，最终以“不了了之”的方式逐渐销声匿迹于业界。2012年之后，保监会试图在全国推广小额人身保险，但现实当中主要是2015年在重庆、2016年在贵州和山东胶州、2017年在四川凉山州、2018年在湖北鄂州、2019年在湖北黄冈和四川仁寿县等地小规模开展，小额保险业务整体呈现“各地各自为政，整体停滞不前”的困局。

第三，受众群体主要仅面向农村地区。

我国当前的小额保险业务的受众面有限，主要仅面向农村地区，如小额农业和财产保险主要为种植业、养殖业、农房、农民家庭财产、农机等提供农业生产安全保障；小额意外和小额健康险主要是在保险公司受托承办新农合过程中为农民疾病、生育等提供补偿；小额信贷保险是以农信社等农村金融机构发放小额贷款为切入点，转移农民无法如期还贷的风险。城市居民普遍不被视为小额保险业务的受众，没有太过可供选择的小额保险产品。

第四，没有专项统计口径且业务规模很小。

截至目前，我国没有针对小额保险的专项统计口径，故小额保险整体保费收入情况没有权威数据。以“惠民保”近似衡量，根据中再人寿与镁信健康联合发布的《2022年惠民保可持续发展趋势洞察》显示，2021年全国惠民保保费收入约为140亿元，相较于全国44900.17亿元的整体原保费收入水平，惠民保占比仅为0.31%，不足0.5%，在人身险市场中的比重也仅为0.42%，即便在人身险下健康险的市场中比重也只有0.17%。可见，可能是因为规模过小，而对小额保险不予单独统计。

第一，完善小额保险的法律法规及监管标准。首先，应当在法律和法规层面明晰小额保险的概念界定，建议将小额保险的普惠属性纳入定义中，以便让小额保险更有针对性地发挥扶贫扶助的功能。还要在法律上界定出小额保险与惠民保、简易人寿保险等产品的区别与联系。其次，建议采取柬埔寨《保险法》的方式，在我国下一次修订《保险法》时，将小额保险以单设独立章节的形式列明相关权利与义务。再次，出台专业性的《小额保险条例》作为小额保险业务的直接配套支持政策。最后，建议在银保监会中增设小额保险监管部门，专门负责小额保险业务的监管工作。

第二，独立化与专业化的发展小额保险业务。要从经营主体的专业化出发，参考柬埔寨独立设置小额保险公司的方式，我国也可以成立专业性的小额保险公司。专业性小额保险公司可由各省、区、市以地方法人形式、针对自身地域的特点差异化设立，以垂直细分风险群体的方式，走专业化经营的道路，不强求在全国层面设立“大一统”的小额保险公司。建议赋予专业小额保险公司拥有对小额保险业务的独家经营权，因为中、大型寿险公司往往在资金、人力等方面具备极大优势，对小额保险业务重视不足但又能保持垄断地位，因此若专业小额保险公司能得以设立，则若保留其经营权将不利于小额保险业务的良性发展。

第三，为小额保险业务营造更优惠的发展环境。一是采取税收减免、财政补贴等优惠的政策手段，激活小额保险市场，鼓励设计出更多适合低收入人群的小额保险产品，对经营小额保险业务的机构提供合理的财税政策优惠。二是加强对农村贫困地区的信息化建设，以更大比例利用网络终端来进行小额保险的承保、报案、查勘理赔，降低服务成本。三是采取保费补贴、保费部分返还、保险费率浮动等方式进一步扩大小额保险的覆盖面。

第四，丰富与创新小额保险种类。一是让小额保险突破单一的财产保险或人身保险属性，做到“传统保险有哪些险种，小额保险就对应有同类型的险种”。二是对不同致贫原因、不同收入段的贫困人群要有针对性地设计出不同功能的小额保险产品，并持续进行优化设计，最终提供精准的小额保险产品体系。三是要做到让小额保险产品的条款通俗易懂，以便受众对象易于接受。四是扩展单一的小额保险工具，将小额保险与其他金融工具或政策工具叠加使用，如采取“小额保险+小贷”“小额保险+医疗”等综合普惠金融模式。

复习思考题

1. 简答题：为什么柬埔寨当前的经济发展水平较为落后？你认为柬埔寨未来的经济前景如何？

2. 简答题：柬埔寨与中国的关系是不是比较友好？为什么？

3. 简答题：什么是小额保险？小额保险有哪些作用？中国有哪些发展小额保险的实践？请列举。

第十三章　老挝保险市场概述

老挝全称为老挝人民民主共和国，位于中南半岛北部，是东南亚唯一的内陆国家，其北邻中国，南接柬埔寨，东接越南，西北达缅甸，西南毗邻泰国。老挝水力资源丰富，湄公河流经1800多千米。老挝划分为老泰语族系（约占全国人口的60%）、孟—高棉语族系、苗—瑶语族系和汉—藏语族系的四大语族系，在老挝的华侨华人约3万人。

老挝全国自北向南分为上寮、中寮和下寮三大区，共有17个省、1个直辖市，首都为坐落在湄公河畔的万象。老挝经济发展水平落后，是世界上最不发达国家之一，经济以农业为主，工业基础薄弱。老挝官方语言为老挝语，货币为基普。

本章是对老挝保险市场发展及监管情况进行介绍，老挝保险市场的最主要的特点和亮点在于自始至终依靠外资力量的发展路径。

第一节　老挝保险市场发展情况

一、整体保险市场

（一）发展历程

1986年老挝开始着手经济改革，引入市场经济，推动改革开放。1990年正式出台《保险法》。1991年，老挝政府和法国AGF保险集团（后被德国安联集团收购）达成协议共同出资建立老挝国家保险公司，成为老挝第一家设立运营的保险公司（见表13-1）。

表13-1　老挝保险业发展大记事

年度	事件
1990	在法国政府的帮助下制定《保险法》
1991	老挝财政部与外资共同出资成立AGL保险公司
1997	加入东盟，开始筹划加入世贸组织
2008	PCT亚洲保险公司、Liao-Viet保险公司等出现打破了AGL公司“一家独大”的局面
2011	新《保险法》于12月21日通过审议
2013	完成加入世贸组织（2012年10月签署加入协议）
2014	新《保险法实施令》于2月19日颁布并实施

续表

年度	事件
2017	首家中资保险公司——老挝环宇保险公司正式成立
2020	新修订的最新《保险法》公布

资料来源：根据公开资料整理。

老挝的保险业处于发展的初级阶段。老挝居民可支配收入较低，对保险功能不了解，保险意识不足，保险的深度和密度都处于东南亚国家的底层水平，保险市场仅稍好于柬埔寨。保险需求主要源于在老挝的外资机构和个人，市场上主要销售的是产险产品，产险保费占总保费的98%。保险业的落后也使保险监管未被有效重视，管理粗放。

为促进行业发展，目前，老挝政府正在制定针对金融业发展的总体战略，其目标主要是："创造条件允许各种所有制形式的保险公司进入市场，鼓励符合现代技术条件的新型产品和服务。稳步发展金融体系，拓展保险业等金融服务领域。"2014 年 2 月，老挝政府通过实施新《保险法》等各项监管举措，致力于发展保险市场，力争建成现代保险监管体系的基本雏形。

（二）经营主体

截至 2019 年，老挝保险监管处（DSI）共计批准了 22 家保险公司成立。未来，根据 No. 1201/MOHA 号通知要求，在 2025 年之前暂停批准新的保险公司牌照。老挝保险监管处认为当前的公司数量足够完全满足国家的保障需求，停发牌照也是基于行业评估和公平的原因。

（三）业务规模

据瑞再研究院统计，2020 年老挝财产险业的总保费收入为 0. 80 亿美元，保险密度为 11 美元/人，保险深度为 0. 4%。

据老挝本国的保险监管部门——保险监管处（DSI）统计，2019 年老挝保险市场的原保费收入为 6850. 36 亿基普，行业净保费收入为 2477. 08 亿基普，保险密度为 97681 基普/人，保险深度为 0. 42%。行业总赔付支出为 6532. 40 亿基普，赔付率为 95. 36%。再保险保费为 4373. 28 亿基普，再保险业务的比重为 63. 84%。老挝保险业主要是由法人机构购买的，法人购买保险占比高达 66%，家庭和个人普遍缺乏保险意识，因此极少购买保险。家庭和个人所购买的保险主要是机动车辆保险，原因在于要应付交警的检查，而对人寿保险、健康保险等人身险鲜有购买。

二、财产保险市场

（一）经营主体与市场集中度

2019 年，在老挝保险市场的 22 家保险公司中，经营财产险业务的有 18 家。2019 年，老挝财产险市场呈现明显的“一家独大”格局，老挝国家保险公司（AGL）的市场比重超过 70%。此外，老挝银行（Lao-Viet）的比重也接近 20%，其余的保险公司的比重均未突破 10%，市场中有 9 家公司比重甚至不足 1%。老挝财产险市场集中度指数 CR3=73.54%、CR5=84.24%、CR10=96.69%。前十位的公司超过 95%，其余的 8 家公司仅占比 3.31%。

（二）业务规模

据瑞再研究院统计，2020 年老挝财产险业的总保费收入为 0.7 亿美元，保险密度为 10 美元/人，保险深度为 0.4%。

据老挝保险监管处（DSI）资料，2019 年老挝财产险业保费收入为 6293.05 亿基普。

三、人寿保险市场

（一）经营主体与市场集中度

2019 年，在老挝保险市场的 22 家保险公司中，经营寿险业务的公司有 10 家。2019 年，老挝人身险市场中各家公司呈现较强的梯度性、实力较为均衡，老牌的国家保险公司（AGL）并没有呈现出如财产险市场中的“一家独大”局面，其在寿险市场中排名为第 4 位。可见，由于老挝寿险市场起步较晚，因此市场竞争较为公平。10 家经营寿险业务的公司中有 4 家的占有率超过 10%，分别是 St-Mauangthai（23.15%）、HPC（20.16%）、Prudential（17.49%）、AGL（12.98%）。市场集中度指数 CR3=60.80%、CR5=82.99%、CR10=100%。

（二）业务规模

据瑞再研究院统计，2020 年老挝寿险业的总保费收入为 0.10 亿美元，保险密度为 1 美元/人。

据老挝保险监管处（DSI）资料，2019 年老挝寿险业保费收入为 557.31 亿基普。

与产险相较，老挝的寿险业发展较为落后，由于老挝本地居民收入低、缺乏对保险的认识，因此很少购买寿险，一些高收入的老挝居民甚至在邻国购买寿险也不选择在本国购买。寿险和健康险的购买者主要是逐渐成长的中产阶级、跨国公司雇员、NGO 组织雇员。

第二节　老挝保险监管情况

一、监管机构

老挝保险监管机构是“财政部”下属的“国有企业管理、发展与保险司”的“保险管理处”进行监管。截至 2019 年，保险监管处（DSI）共有 5 个科室，分别是法律与行政科室、保险公司监管科室、保险中介监管科室、保险检查与争议解决科室、保险合作与发展科室（见图 13-1）。未来还会增加更多科室，以促进保险行业的发展。保险管理处共有 11 名工作人员，包括司长 1 名、副司长 4 名、助理 6 名。

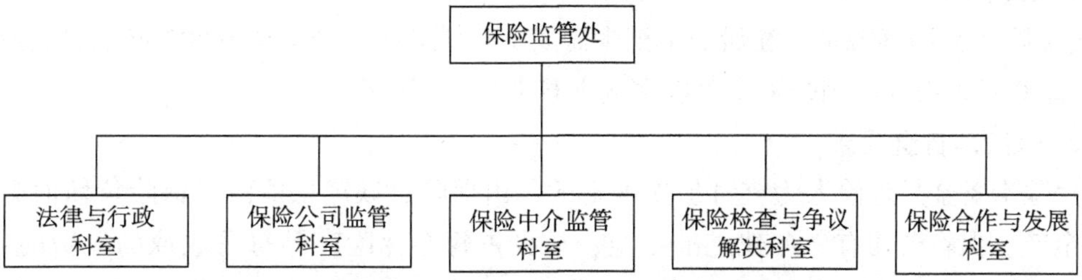

图 13-1　老挝保险监管处（DSI）科室设置

（资料来源：老挝保险业年报 2019）

ISD 以监督保险业务，建立、改进、评估、制定、推广与保险业务相关的政策、法律法规和其他法规；监督和检查法律法规的执行情况，制定为投资者颁发新的保险业务许可证的要求，评估保险业务管理和发展的质量，向公众宣传保险知识并信任保险系统；依法签发、暂停或注销保险人、保险经纪人、保险代理人和保险中介机构的保险业务许可证；检查保险业务运营情况，如果保险人、保险经纪人、保险代理人、个人或法人实体采取任何违反法律或法规的行为，则将处以罚款；与中央和地方政府、保险协会、经济仲裁委员会协调，以确保保险公司和保险购买者的利益，担任保险官员，在财政部部长的指派下检查保险业务部门；收集数据分析、评估和保险业务信任度排名，以分析保险公司是否应暂停业务运营。在保险业务投资许可证被吊销、合并业务、增加或减少公司资本（包括停止公司在老挝经营保险业务）的情况下，与相关部门进行协调；参与与保险相关的政府合资项目的谈判；与相关组织协调，建立管理现代信息系统的法规和机制；提高公众保险意识，促进保险市场发展；提供数据，参与法律法规规定的保险业反洗钱和反资助极端主义活动；根据法律接受个人、法律实体关于保险问题争议的建议信函；建立和推广年度保险业务运营和管理数据；与老挝人民民主共和国所属的保险行业国家协调。

二、监管法律法规

老挝保险市场的基本法是2020年开始实施的新《保险法》。新《保险法》对2014年版的《保险法》进行了大幅修订，对产寿险的经营范围以及保险监管机构的设立、保险公司的资本条件等都进行了明确的规定。

三、持续经营及市场准入监管规定

（一）保险及再保险机构（公司）的持续经营要求

1. 注册资本要求

《保险法》明确规定，注册资本至少需要160亿老挝基普，其中80%必须自企业注册之日起90日内引入。剩余资本可以在成立日期后一年内引入。

2. 保险准备金要求

保险准备金是保险人为支付预先确定的，由保险合同产生的潜在保险负债而必须留出的金额。保险公司有义务建立准备金，至少占每个保险产品每月收取的保费的40%。计算40%时，不考虑少于31日的合同。此储备金必须每月调整，必须为每种类型的保险产品建立准备金。《保险准备金和可偿付能力决定》还对保险准备金提出了许多要求。非寿险公司必须维持至少160亿老挝基普的剩余资产（合法资产减去法律负债）和净保费总额的20%，同时，人寿保险公司必须维持至少160亿瑞典克朗的剩余资产，以及法定债务的5%和风险总额的0.3%。综合保险公司必须维持至少320亿老挝基普的剩余资产，非人寿保险净保费总额的20%，法定负债的5%，人寿保险风险总额的0.3%。

3. 保证金要求

老挝《保险法》规定，保险经营者有义务为每种类型的保险存入总计为注册资本1/3的保证金。保证金必须汇入老挝银行或商业银行，其名称和银行账户详细信息必须通过冻结的银行账户向保险管理机构披露，该账户将在保险经营者终止其运营时用于支付保险公司的债务，例如，在保险人自愿终止其活动或保险公司破产的情况下。

（二）保险及再保险中介人的持续经营要求

必须遵守《操作许可说明》中规定的以下关键要求。

1. 注册资本要求

最低注册资本不得少于0.5亿老挝基普。

2. 保证金要求

保险及再保险机构（公司）相似，每种类型的保险经纪人必须拥有总计注册资本1/3的担保。

（三）其他保险及再保险相关活动供应商的持续经营要求

遵守《操作许可说明》中的规定。

1. 注册资本要求

最低注册资本不得少于0.5亿老挝基普。

2. 培训要求

保险公司必须在机构成立前向其提供保险培训，并在培训结束时颁发证书，以证明机构提供保险服务的能力。培训必须包括至少30个小时的以下科目：代理人提供的保险产品及相关服务、业务流程和分销、管理和保险公司会计，保险活动的规定和作为保险代理人应遵循的道德原则。

四、对外资监管规定

根据2020年老挝《保险法》，允许外资以合资或全资子公司形式经营保险业务，外资份额可为100%，但必须有5年以上保险从业经验。经营许可证由财政部颁发，但经营具体保险业务时还需要得到保险监管部门的同意。目前，老挝市场上已有的保险公司中，外资份额均不高于80%。

五、偿付能力监管规定

根据现行规定，偿付能力边际被设定为承保保费的20%，但《保险法》中没有明确偿付能力边际的具体算法。准备金要求为已收净保费的40%，根据已收的前12个月保费按月进行调整。一旦出现偿付能力不足的情况，财政部有权责令保险公司改正、收回经营许可证或要求出售业务，但《保险法》没有明确规定出现偿付能力危机时对消费者的保护对策。此外，老挝将在近几年全面引入国际会计准则，实现与国际标准的接轨。

六、条款费率与资金运用监管规定

《保险法》规定机动车辆第三者责任险是强制保险，且由国家统一制定费率。但由于监督不力，市场上只有一半的汽车和5%左右的摩托车进行了投保。除强制保险外，其他产品没有行业可使用的参考费率和条款。根据现行的《保险法施行令》第4条的规定，强制保险以外的保险条款费率由保险公司根据市场需求等自行厘定，事后向监管当局报备。从目前的操作实际来看，财政部在得到报备资料后，如无异议将不再通知保险公司，视同认可。在实际操作过程中，各家产险公司多借鉴AGL保险公司的条款费率，或是使用东盟其他国家的参考条款和费率，例如，机动车商业险使用的就是泰国的保险条款费率。

保险公司被允许的投资工具包括：银行定期存款和国债，其中在单一银行的存款不得超过准备金的30%，投资商业银行存款总额不得超过准备金的80%；权益投资不得超过准备金的20%；房地产投资不得超过准备金的30%；企业债券不得超过准备金的40%。在实际投资中，由于股票市场只有11家上市公司（截至2020年），同时缺乏长期国债的供给，保险公司的投资主要依靠银行存款和房地产。

七、强制性保险及税费规定

老挝强制保险包括机动车第三者责任险、保险经纪人职业责任险、东盟国家间往来经过老挝境内的中转运输及道路运输车辆的机动车保险、劳工补偿（国家计划）、强制三者车险责任险、任何进入老挝境内的机动车辆须购买符合当地法律要求的机动车保险且所运送货物须购买货运险。

在税费规定方面，老挝对财产险所有险种（含健康险、旅意险）征收增值税，税率10%，且须由被保险人支付；对所有险种征收保单注册费，根据保费不同收取标准也不同，保单注册费收取金额在1万~5万老挝基普之间不等，且须由被保险人支付。

第三节　老挝保险业的特点及亮点

——自始至终依靠外资力量的发展路径

老挝、缅甸是东盟地区保险业最为落后的国家，两者采取的发展思路是不同的。老挝保险市场的突出特征是“自始至终都依靠外资力量的发展路径”，这是由于其作为经济欠发达内陆国而不得不采取的方式。老挝保险业通过利于对外开放的保险监管框架、各类保险经营主体的准入门槛均较低、对保险企业经营限制非常少、强制险种类别较多、可执行国际争端解决机制等高度开放的策略，使老挝引进了一定数量的外资企业，并且依靠这些外资力量建立和发展了自身保险业。

一、特征体现一：保险业的发展对外资极其依赖

（一）首家保险公司依靠外方合资方才有能力建立

老挝自1986年起引入市场经济并推动开放，1990年出台了《保险法》，国内第一家运营的保险公司——老挝国家保险公司由法国AGF保险集团与老挝政府合资于1991年成立，后被德国安联收购，更名为Allianz General Laos（AGL），至今仍是老挝市场份额最大的公司，占有率将近45%。放眼东盟保险市场各国的首家保险公司，只有老挝是靠外资成立的，可以说不依靠外资老挝甚至没有能力成立起保险公司。

（二）本土全资保险公司直到近五年才正式成立及营业

从1991年一直垄断经营了17年，直到2008年PCT亚洲保险公司、老挝等合资公司的出现，才打破AGL公司“一家独大”的局面。后续7年里，老挝陆续有6家保险公司

营业，这 6 家公司都具有外资背景，且主要为在老挝的外资企业和个人提供保障（陈文辉，2015）。到 2015 年，财政部新批准了 8 家保险公司的经营许可，老挝保险市场才正式出现了本土全资保险公司。老挝市场中“外/合资保险公司先成立、本土公司后成立”的顺序，有别于东盟保险市场在内的全球大部分新兴保险市场。

（三）外资公司至今一直在保险市场上具有压倒性优势

从保险公司数量上看，2020 年老挝共 22 家保险公司中，6 家是外商独资，9 家公司是合资，只有 7 家是本土资本。从业务规模来看，2019 年老挝本土保险公司总保费收入仅为 428.23 亿基普、市场份额仅占 6.25%，其中寿险市场份额为 35.35%，而财产险仅占 3.67%。可见，外资的优势是压倒性的，已是东盟保险市场之最（见表 13-2）。

表 13-2　2019 年老挝各保险公司概况

序号	公司名称	持股情况	经营业务	保费收入（亿基普）	市场占有率（%）
1	Allianz General Laos（AGL）	法国安联国际占 49%、老财政部占 51%，后被德国安联收购	产寿综合	3039.81	44.37
2	Lao-Viet Ins.	越南投资发展银行、越南 BIDV 保险、老挝外贸银行、老挝银行	财产保险	1221.34	17.83
3	Lane Xang Assurance	越南邮电保险占 51%、老挝发展银行占 49%	财产保险	439.04	6.41
4	Dhipaya Ins.	泰国资本	产寿综合	392.24	5.73
5	MSIG Ins.（Lao）	日本三井住友占 51%、老挝财政部占 49%	财产保险	332.33	4.85
6	Bangkok Ins.（Lao）	泰国 Bangkok Ins 38.0%、Asia Ins of HK 23.5%、PT Asuransi Central Asia of Indonesia 23.5%、The People's Insurance Company of China（HK）15.0%	财产保险	330.74	4.83
7	Forte-Toko Assurance	日本 Toko 80%、老挝公安部占 20%	财产保险	245.72	3.59
8	ST-Muang Thai Ins.	泰国资本	产寿综合	204.51	2.99
9	HPC Life Ins.	老挝本土资本	人寿保险	112.35	1.64
10	Prudential Life Laos	英国保诚独资	人寿保险	97.45	1.42
11	Phongsavanh Ins.	老挝本土资本，隶属 Phongsavanh 集团	产寿综合	86.37	1.26
12	Lao Thepchalern Ins.	老挝本土资本	产寿综合	82.50	1.20
13	Sokxay Ins.	老挝本土资本，隶属 Sokxay Group 集团	财产保险	80.93	1.18
14	BSH Lao Ins.	越南 Saigon - Hanoi 保险、老挝 S - tech Development	财产保险	50.88	0.74

续表

序号	公司名称	持股情况	经营业务	保费收入（亿基普）	市场占有率（%）
15	Vientiane Ins.	老挝本土资本，隶属 Simuang 集团	产寿综合	42.11	0.61
16	International Ins.	中国资本	财产保险	32.56	0.48
17	TKI General Ins.	老挝 TK 集团、泰国 Navakij Ins PCL、泰国 Foncon Ins PCL	财产保险	20.15	0.29
18	Laovivat Ins.	老挝本土资本	财产保险	17.85	0.26
19	TKI Life Ins.	老挝 TK 集团、泰国 Navakij Ins PCL、泰国 Foncon Ins PCL	人寿保险	10.15	0.15
20	Insee Life Ins.	老挝本土资本，隶属 Insee 集团	人寿保险	6.12	0.09
21	Zhongji Ins.	中国资本	财产保险	3.35	0.05
22	Lao-China Pacific Ins.	中国资本	财产保险	1.87	0.03

资料来源：老挝财政部国有企业与保险监管司。

二、特征体现二：保险业的法律法规及政策非常开放

老挝保险市场之所以对外开放性很强，是因为很大一部分在于老挝保险业相关法律法规的促进作用，在此进行整理。

（一）利于对外开放的保险监管框架

在老挝各种类型公司必须遵循的规则包括 2013 年的《企业法》（46/NA）、2016 年的《投资促进法》（14/NA）、2019 年的《保险法》（78/NA）和 2016 年的《关于发放保险经营许可证的指示》（770/MoF）等，其中无不体现出利于对外开放的导向。老挝长期目标要建立一个符合国际保险供应商协会制定的保险核心原则（ICPs）的法律框架，计划在三年内执行 28 项综合方案中的 6 项：有效监督、内部控制、市场分析、异地和现场监督、预防和纠正措施。为此，财政部 2018 年发布《保险业务运营和治理决定》（3058/MOF）、《关于保险准备金和偿付能力监督的决定》（3059/MOF）、《关于保险公司和保险经纪人报告的决定》（3060/MOF）三项决定，旨在提升保险公司运作透明度以接近国际标准。

（二）各类保险经营主体的准入门槛均较低

对于保险公司的设立要求，《保险法》规定：（1）有良好经营业绩；（2）已缴纳《保险法》第 39 条和第 41 条规定的注册资本和保证金；（3）有 1 名具有保险专业知识、能力和学历的高管；（4）员工应具有保险专业学位或证书；（5）有保险业务经营的办公场所；（6）没有经济犯罪前科；（7）有详细的五年经营计划和年度计划；（8）法律规定

的其他条件。如《保险法》第 39 条对于经营寿险业务最低注册资本为 300 亿基普（约合 335 万美元）、财险业务 300 亿基普（约合 335 万美元）、寿险再保险业务 600 亿基普（约合 670 万美元）、财险再保险业务 600 亿基普（约合 670 万美元）。第 41 条规定的保证金为最低注册资本的 20%，且以现金形式存入老挝国内的商业银行。

外资的额外准入条件仅包括：（1）具有至少 5 年的保险业经验；（2）具有外国保险公司设立代表处的许可证；（3）拥有在投资者原籍国建立和经营保险业务的许可证。可见，其中只有“在老挝设立代表处”这个条件稍有难度，但只是要求设立，并没有具体时间要求，但对比东盟保险市场中其他国家有需要 3 年至 5 年的，老挝的外资准入条件已是极其宽松。

对于保险经纪人设立的要求，《保险法》规定：（1）在相关保险领域拥有具备知识、能力、专长和资格证的员工或人员；（2）最低注册资本金 0.5 亿基普；（3）拥有相当于注册资本 1/3 的现金抵押品；（4）与保险公司签订有经纪合同；（5）5 年内未被吊销过执照。

此外，在老挝执照发放的规则对国内外投资者都是一样的，并且外资 100%股权的保险企业也是允许的。总之，老挝是东盟保险市场中经营主体设立的条件较低的，这必然会吸引外资保险企业在老挝设立机构。

（三）对保险企业经营限制非常少

一是保险企业的组织形式较多。老挝《保险法》规定保险公司只能以上市公司或有限公司的形式运营，同时沿袭《企业法》和《投资促进法》中可用的结构。《投资促进法》列出了可用于设立保险公司的不同类型的投资，如国内或外国独资公司、国内和外国的合资企业、国有企业与私营部门的合资企业等多种类型。

二是不禁止保险及再保险公司开展保险以外的业务。企业登记证是载明公司获准在老挝开展业务类型的凭据，保险公司可以要求授权开展其他业务，除非这些业务需要特别设立专门的法律实体。2019 年，老挝发布了《控制和特许经营活动法令》（3/PMO），提供了获得经营权之前可能需要进一步要求的活动清单。

三是对投资行为的限制较少。（1）老挝保险公司的投资限制为：《保险法》及其有关规定没有对国籍作出限制，实际上已为外资完全拥有险企提供了可能。在老挝，只有国债、债券、企业股份、商业银行或其他金融机构存款等才会有比例限制，且具体比例视保险公司年度总收入而定。（2）保险及再保险中介的投资限制为：没有特别限制。（3）其他保险及再保险相关活动供应商的限制为：对保险代理机构作为法人实体没有特别限制，《保险法》也没有提及对本地及外国股本权益的本地合规性。

（四）老挝大部分保险业务能实现国民待遇

由于老挝加入 WTO 的时间较晚，于 2013 年加入，因此，其对外开放政策能更直接地迎合当前全球的开放水平。从关于 GATS 中老挝保险业对外开放的承诺减让可见，老挝对于各项保险业务，在境外消费及商业存在下几乎没有任何限制。跨境提供及自然人流动的限制也并不多于其他东盟国家。

（五）强制险种类别较多，保证了保险公司的基本业务规模

老挝规定个人、法人实体或组织，无论其是否在老挝定居，都必须为第三方的生命或财产损害的民事责任购买责保险，所承保的责任包括八类：第一，陆地、水域、空中的交通工具；第二，酒店、宾馆、娱乐场所、餐厅、市场；第三，陆地、水域、空中的货物及旅客；第四，建筑工地；第五，水电大坝；第六，商业仓库、化学品仓库、燃料仓库、爆炸物仓库；第七，生产和储存爆炸性物质的场所；第八，其他情形。规定如此多的强制保险，可以说是在一定程度上为入驻老挝的保险公司提供了保底的业务规模，使其能较容易地在老挝市场“生存”。

（六）可执行国际争端解决机制

老挝批准了 1958 年《联合国承认和执行外国仲裁裁决公约》（纽约公约），因此外国裁决可以在老挝执行。老挝承认外国仲裁裁决可由来自外国的仲裁小组进行，前提是这些裁决在《纽约公约》下有效，且要获得认可必须由老挝人民法院认证。老挝承认并执行外国法院通过老挝驻外国大使馆、领事馆或代表机构作出的裁决。老挝人民法院核实的内容包括：争端方是否来自老挝加入的国际条约及双边协定的成员国，该事项与老挝宪法或国家稳定、和平与环境有关的法规是否不矛盾，争端方是否在老挝拥有财产、业务、股本、银行账户或其他资产。

三、老挝保险业特征的启示

我国与老挝的国情有着比较大的差异，在保险业发展中无须采取与老挝同样的方式来对待外资，但老挝保险业发展特征对我国也具有警示的启示作用。

《我国发展现状与东南亚各国保险业特征的对比》专栏

我国保险业发展不应过度依赖外资

老挝保险业自始至终都严重依赖外资的支持，甚至可以说没有外资参与其自身的保险业就很难建立，尽管我国也支持外资参与本国保险业，但绝不能像老挝一样过度依赖，原因分析如下：

第一，外资险企更趋向于从我国市场攫利，不会关心我国大众民生福祉。外资保险业美其名曰是经营理念不同，走“价值型发展战略”而非“规模型策略”，但试问作为背后股东资金实力雄厚，且我国早已对外资没有经营地域限制，外资险企为何不愿意铺

设网点将业务下沉？为何只是一直坚守在一、二线城市？原因可能在于只有一、二线城市的回报高且经营风险低，非一、二线城市广大地区居民的保险需求也许外资险企根本不会去考虑。事实上，外资险企更愿意“坐享其成”而不愿“铺路搭桥”。例如，保险业参与中国养老市场，都是中资公司在将产业链做到从无到有，包括养老险产品设计、医养资源统筹、养老社区建设、运营推广等，最终才将保险业嵌入成为养老产业链的重要一环，而外资等待在我国养老保障市场进入黄金发展期时才纷纷申请牌照参与，还试图直接与行业中已成熟的中方公司合资、以借助资源，试问市场建设期间是否曾参与出力？再如，外资险企通常不会为中国市场改变自身保险产品设计，美其名曰是带来了国际市场标准的高端产品，但事实上，维持原状可使成本最低，用成熟的产品最适合盈利，为中国消费者的需求量身定制将耗费大量成本。

第二，外资险企也存在大量违规经营行为。并不是所有的外资险企都一定会“老实本分”地经营，投资范围违规、超业务范围经营，以“外国月亮更圆”的销售欺诈是外资险企违规的重灾区。例如，2016 年就有八家外资寿险公司因财务虚假、聘任不合格人员、销售误导等原因被保监会点名罚款，共计罚款 138.3 万元。

第三，我国对外资的限制政策有其历史原因。我国保险业所受指责之处在于寿险市场对外资的限制，除“入世”前成立三家外资保险公司友邦保险（独资）、中宏人寿（合资）和中德安联（合资），得以按照“祖父条款”保留了股权的初始设置外，自 2001 年“入世”后，外资参与我国寿险行业必须要采取合资的形式，且外资股比不能超过 50%，直到 2021 年才允许外资寿险公司可以 100%独资，股权限制持续了 21 年之久。上述政策的原因在于寿险业是关系到我国居民治病救命、养老送终、遗产传承等民生问题的重要行业，且寿险业具有长期性特征，负责客户从出生到离世，经营具有持续性，短则数十年多则上百年，一旦允许开业便不可能轻易收场。而当时我国寿险业与西方发达国家差距巨大，全球排名前 25 位的任何一家公司资产总额都高于当时我国整个寿险行业的资产总量，我国当时没有任何一家寿险公司可以与国际资本相抗衡，典型的例子就是我国首家外资公司友邦人寿，自 1992 年进入上海市场之后快速占领市场，到 1995 年便占据了上海寿险市场 90%的份额。因此，股权 50%的红线至少保证了在合资公司中外双方是对等地位。假如不加以限制我国寿险业势必迅速被外资“吞噬”，试想若一国国民的医疗金、养老金都被攒在外国人手中，无疑整个国家都会受人牵制。

第四，外资险企可能会通过精英阶层对我国产生影响。外资险企一直锚定高端客户，政府工作人员、企业高管、教师、工程师、律师、金融行业者、医务工作者等是外资险企的重点客户群体，外资险企更多的是用价值认同而非产品认同来进行营销，可能会对我国精英阶层产生一定的影响。

资料来源：编著者根据公开资料撰写。

老挝保险业“自始至终都依赖外资力量发展”的特征对我国的启示主要在于不能过度依赖外资。老挝保险业之所以采取以上发展路径，是因为一方面是其内陆国的不利地位，放眼全球凡是内陆国几乎都会采取高度对外开放政策，但最终产生的吸引力都非常有限；另一方面是其资源禀赋经济前景欠佳，土地面积与我国广西相当而经济总量却不及广西南宁这一个城市，而且老挝也没有人口红利优势，可以说老挝是不得不依靠外资。相比之下，我国是大体量、人口众多、资源类型丰富的大国，不能像老挝一样全部由外资把控本国的保险业，外资在我国保险市场中应发挥促进市场竞争、推动中资险企改革、推动行业标准国际化、丰富市场产品种类、引进先进经营理念的作用，鉴于保险业是涉及民生福祉和国家经济安全的重要行业，我国应当牢牢把保险业控制在自己手中。

复习思考题

1. 简答题：请列举老挝国内有哪些“一带一路”倡议的工程？保险业应如何对这些工程进行保障？

2. 简答题：你认可老挝保险业发展的方式吗？老挝保险业发展方式有哪些优点和缺点？

3. 简答题：请说说内陆国家应当如何发展经济。

第十四章　缅甸保险市场概述

缅甸全称为缅甸联邦共和国，位于中南半岛西侧，西南临安达曼海，西北与印度和孟加拉国为邻，东北靠中国，东南与泰国和老挝接壤。缅甸主要自然资源有矿产资源、石油和天然气资源、林业资源、水利资源、渔业和海洋资源，尤其是盛产柚木、檀木、灌木、鸡翅木、铁力木、酸枝木、花梨木等各种硬木和名贵硬木。缅甸主要有缅族、掸族、克伦族、若开族、孟族、克钦族、钦族、克耶族等，缅族约占总人口的65%。

缅甸全国分为7个省、7个邦和2个中央直辖市，曾经的首都仰光地处伊洛瓦底江三角洲东部，是缅甸第一大经济中心，2005年首都已迁置内比都。缅甸是一个以农业为主的国家，基础工业水平落后，从事农业的人口超过60%，农产品有稻米、小麦、甘蔗等。缅甸官方语言为缅甸语，货币为缅元。

本章是对缅甸保险市场发展及监管情况进行介绍，缅甸保险市场的最主要的特点和亮点在于先依靠国内力量后对外开放的发展路径。

第一节　缅甸保险市场发展情况

一、整体保险市场

（一）发展历程

缅甸保险业的发展依据其国家历史分为几大阶段。

第一阶段，19世纪至1941年，英属殖民时期：1826年保险业起源，19世纪中期缅甸的保险公司曾一度多达上百家，但其中只有2家国有保险公司。①1826年，欧洲保险公司在缅甸开展业务。②1845—1897年，缅甸共有18家外国保险公司。③1897—1940年，缅甸共有110家保险公司，其中2家为国内保险公司。

第二阶段，1942—1947年，“二战”时期：战事使保险业几乎停止。

第三阶段，1948—1962年独立，内战时期：该时期的国有保险公司、保险法和保险监管机构得以设立。①1948年，成立了“缅甸国民保险公司”和“缅甸消防和一般保险公司”。②1950年联盟政府通过了《联盟保险法》。③1951年缅甸国家保险公司与保险联盟委员会成立。

第四阶段，1962—1998年，吴奈温军政府时期：对所有保险公司进行国有化，并在此后停止了保险业。该时期内 78 家外资保险公司强制国有化后解散。

第五阶段，苏貌军政府时期：1988—2010 年。设立了产寿兼营的缅甸国家保险公司进行垄断经营。①1993 年，制定《缅甸保险公司法》，缅甸国家保险公司成立，其后一直垄断经营到 2013 年。②1996 年为了促进民营保险公司的成立，制定了《保险法》。

第六阶段，缅甸联邦共和国时期（当今时期）：①2013 年，保险市场对民间资本开放，当年批准 12 家民营保险公司成立，并开始营业。②2014 年，改组并设立“金融监管部”，旗下包括“保险监督管理司”。③该时期陆续有 14 家外资保险公司在缅设立代表处，其中 3 家日本公司获批能在迪拉瓦港经济特区经营非寿险业务，其他外资保险公司未被允许开展保险业务。④2019 年，批准了 5 家外资保险企业可设立全资寿险子公司、3 家外资保险企业可设立合资财产险公司、3 家外资保险企业可设立合资寿险公司。

（二）经营主体

截至 2019 年 12 月 31 日，缅甸共有 23 家保险公司，其中国有保险公司 1 家，为缅甸国家保险公司；本土私营保险公司 11 家，以 GGI Ins、IKBZ Ins、Capital Life Ins、Aung Myintmo Minn Ins 为代表，11 家公司都经营寿险业务，其中 8 家兼营产寿险业务、3 家只经营寿险业务不经营财产险业务；100%外资寿险公司有 5 家，具体为 AIA、Chubb Tempest Re、Dai-ichi Life Ins、Manufacturers Life Ins、Prudential，合资公司 6 家，其中 3 家是合资财产险公司 Sompo Japan Nipponkoa Ins、Tokio Marine & Nichido Fire Ins、Mitsui Sumitomo Ins，3 家为合资寿险公司 Taiyo Life Ins、Thai Life Ins Public、Nippon Life Ins。此外，国外保险公司在缅甸代表处共有 33 家。

（三）业务规模

据瑞再研究院公布数据，2021 年缅甸整体保险业的总保费收入为 2.6 亿美元，较上年增长了 4.6%，保险密度为 4 美元/人，保险深度为 0.4%。

缅甸统计部门将缅甸保险业分为“国有保险”与“私营保险”两类，其中国有保险部分完全由唯一的国有保险公司——缅甸国家保险公司进行运营，该公司经营着如政府人员人寿保险、军人人寿保险等具有政策性保险属性的险种，但上述险种只占该公司业务比重的较小部分，该公司同样经营着大量商业保险，故将该公司业务与其他私营及外资公司的业务合并统计。

据本国监管部门公布数据，2019 年缅甸保险全行业的保单数量为 1693.21 万张，保额为 4469221.74 亿缅元，保费收入 2737.88 亿缅元，赔付支出为 714.43 亿缅元，赔付率为 26.09%。

二、财产保险市场

（一）经营主体

2019 年，缅甸市场中共有经营财产险业务的公司 12 家，其中国有保险公司 1 家，本土私营公司 8 家、合资财产险公司 3 家。

（二）业务规模

据瑞再研究院公布数据，2021 年缅甸财产险业的总保费收入为 2.3 亿美元，较上年增长了 10.3%，保险密度为 4 美元/人，保险深度为 0.4%。

据本国监管部门公布数据，2019 年缅甸保险财产险市场的保单数量为 1273.88 万张，保额为 4454503.57 亿缅元，保费收入为 2183.49 亿缅元，赔付支出为 505.49 亿缅元，赔付率为 23.15%。

（三）市场集中度

2019 年，缅甸财产险市场呈现较为明显的垄断市场特征。市场份额超过 10%的有 3 家，分别是 GGI Ins（42.76%）、Myanma Ins（22.72%）、IKBZ Ins（10.61%），3 家公司的市场份额总和超过全市场的 3/4，其他公司的市场格局呈现渐进式下降的趋势。缅甸市场份额最大的公司并不是多年来的“领头羊”缅甸国有保险公司。市场集中度指数 CR3＝76.09%、CR5＝91.42%。

三、人寿保险市场

（一）经营主体

2019 年，缅甸市场中共有经营人寿险业务的公司 15 家，其中国有保险公司 1 家，本土私营公司 11 家、全外资寿险公司 5 家、合资寿险公司 3 家。

（二）业务规模

据瑞再研究院公布数据，2021 年缅甸寿险业的总保费收入为 0.3 亿美元，较上年降低了 26.9%。

据本国监管部门公布，2019 年缅甸保险寿险市场的保单数量为 419.82 万张，保额为 14718.17 亿缅元，保费收入为 554.39 亿缅元，赔付支出为 208.94 亿缅元，赔付率为 37.69%。缅甸寿险业发展较为落后，除国外在缅务工人员外的缅甸本地人保险意识不足，且收入较低无能力购买寿险。

（三）市场集中度

2019 年，缅甸财产险市场呈现 Aung Myintmo Minn 公司“一家独大”的局面，该公司市场占有率达 52.22%，超过全市场的一半。在经营财产险业务的 9 家公司中，市场份额超过 10%的只有 Aung Myintmo Minn 与 GGI Ins（11.97%）两家，第 3 位的 Capital Taiyo Life 接近 10%，而唯一的国有公司 Myanma Ins 的市场占有率仅列第 4 位（8.33%）。市场集中度指数 CR3 = 73.85%、CR5 = 89.50%、CR10 = 99.98%。或许正是因为 Aung Myintmo Minn 与 GGI Ins 这两家公司形成了事实上的垄断，缅甸政府才加快开放力度，不仅按计划允许建立 3 家合资寿险公司，更是办理了 5 张 100%外商独资寿险公司的牌照。

第二节　缅甸保险监管情况

一、监管机构

缅甸的保险监管部门是“金融监管部”旗下的“保险监督管理司”。缅甸金融监管部属于计划财务部下属，改组成立于 2014 年 1 月 9 日，最初是监督小额信贷机构，并通过农村发展和扶贫为基层民生发展小额信贷。现在，金融监管部下属 6 个司，分别是：①行政会计司；②政策、研究、技术和培训司；③小额信贷机构监督管理司；④保险监督管理司；⑤国有银行监督管理司；⑥国有彩票监督管理司。

二、监管法律法规

按照 1989 年颁布的缅甸《国营企业法》，保险业一度作为国有垄断行业，禁止民营进入；1993 年，以《缅甸保险公司法》为依据，缅甸国家保险公司成立；1996 年的缅甸《保险法》和《保险业务管理规定》开始提出允许设立民营保险公司，并对保险公司的市场准入、费率条款和监管方法等作出了规定。

三、市场准入监管规定

保险公司必须向缅甸保险监管部门提交申请，获批后方可展业。寿险公司注册资本要求为 60 亿缅元，产险公司注册资本要求为 400 亿缅元，综合保险公司注册资本要求为 460 亿缅元。实缴资本的 60%必须缴付政府（一年后返还给公司），30%购买政府债券，10%存入缅甸经济银行。2014 年，缅甸保险监管部门允许保险公司在获得审批后直接发行美元保单，但要求增加 50 万美元的资本金。

四、对外资监管规定

对于外国资本在缅甸的发展，早在缅甸《保险法》颁布时便规定允许国外资本进入缅甸保险市场，且国外资本在缅设立保险公司的资本要求与国内相同，但缅甸保险业的开放进程一拖再拖。一开始，外国保险公司一般采取设立代表处的形式，为在缅甸开拓业务的外资企业或生活在缅甸的外籍人员提供服务。根据缅甸《公司法》的规定，外资保险公司设立代表处的注册资本为 5 万美元，截至 2019 年 3 月，缅甸国内共有来自 15 个国家及地区的保险公司设立了 33 家代表处，其中寿险 12 家、财产险 7 家、综合险 2 家、经纪 11 家、理算 1 家。缅甸政府在加入东盟时承诺，将进一步放开外资的市场准入条件，但必须在缅甸国内保险市场发展健全的前提下。缅甸政府原计划在 2015 年东盟经济共同体正式建立后对外资开放保险市场，但之后又宣布如果政府评估认为本地保险业未准备好应对外资冲击，开放时间将推迟到 2020 年。缅甸保险市场只优先在迪拉瓦港经济特区率先试点放开对外资的限制，企业或个人基本只能向在缅甸境内注册的保险公司购买保险，实际操作中出现风险较大的大型项目时，在取得政府的许可下，才可直接向境外保险公司投保。

直到 2019 年 4 月，缅甸规划与财政部批准了 5 家外资险企可设立全资人寿保险子公司；2019 年 7 月，又批准了合资财产险公司 3 家（表 14-1 的 3 家外资财产险公司，3 家均为日本公司，且之前已获得特许在迪拉瓦港经济特区经营非寿险业务）、合资寿险公司 3 家，但合资保险公司中外资所有权上限最高仅为 35%。可以说自 2019 年起，缅甸才在真正意义上将其保险业开放。

表 14-1　2019 年获得经营许可的外资保险企业名录

类型	公司英文名称	中文简称	出资方
100%外资寿险公司	AIA Company Ltd.	友邦保险	外方独资
	Chubb Tempest Reinsurance Ltd.	丘博再保险	外方独资
	Dai-ichi Life Insurance Ltd.	第一生命人寿	外方独资
	Manufacturers Life Ins.	宏利人寿	外方独资
	Prudential HongKong Ltd.	保诚保险	外方独资
合资财产险公司	Sompo Japan Nipponkoa Ins Inc.	日本兴亚财产	缅甸 AYA Myanmar General Ins、日本 Sompo Japan Nipponkoa Ins.
	Tokio Marine & Nichido Fire Ins Ltd.	东京海上日动	缅甸 Grand Guardin General Ins、日本 Tokio Marine & Nichido Fire Ins.
	Mitsui Sumitomo Ins Ltd.	三井住友	缅甸 KIBZ Ins、日本 Mitsui Sumitomo Ins.
合资寿险公司	Taiyo Life Insurance Ltd.	太阳生命	缅甸 Capital Life Ins、日本 Taiyo Life Ins.
	Thai Life Insurance PCL	泰国人寿	缅甸 Citizen Business Ins Public、泰国 Thai Life Ins Public
	Nippon Life Ins.	生命人寿	缅甸 Grand Guardin Life Ins 、日本 Nippon Life Ins.

资料来源：缅甸金融监管局。

五、偿付能力监管规定

缅甸《保险法》规定，缅甸国家保险公司需要建立寿险准备基金制度。准备基金的来源首先是国家拨款，其次是在对寿险业务进行精算评估后提取10%的利润。产险准备基金还没有建立，但初步计划是提取保费收入的40%作为基金。政府承诺在基金不足时承担剩余保险责任。对于民营保险公司，《保险业务管理规定》明确准备金由三部分组成：2000万缅元（约合16000美元），当年业务净保费的50%，以及上一年度业务赔款的50%。

六、条款费率监管规定

目前，缅甸国家保险公司允许经营的险种有46个，而民营保险公司只能经营6个险种。在费率方面，没有统一的监管费率，但民营公司制定的费率必须得到IBSB的批准（缅甸国家保险公司的费率自行决定无须申请审批）。目前，民营公司都采用和缅甸国家保险公司相同的费率。缅甸国家保险公司的保险产品主要是参考60年前在缅甸开展业务的NEW INDIA保险公司的费率。

七、强制性保险及税费规定

缅甸强制保险包括机动车第三者责任险、外商投资企财险、公众责任险、外伤投资水险、经纪人职业责任险、外商投资雇员意外险、个人意外险、船东污染责任险、外商投资机损险。

在税费规定方面，缅甸对所有财产保险按保费征收5%税款，按照保单险种征收不同的印花税。

第三节　缅甸保险业的特点及亮点

——先依靠国内力量后对外开放的发展路径

缅甸、老挝是东盟地区保险业最为落后的国家，两者采取的发展思路是不同的。老挝的保险业从起步到后续一直依靠国外力量，而缅甸采取以国内力量起步待基础扎实后再开放的策略。一直以来，缅甸保险市场几乎是完全封闭的，缅甸保险业1993年复业时设立国有保险公司进行垄断经营，到2013年才开始引入民营资本。尽管有数十家外资险企在缅甸设立了代表处，但直到2019年才批准了外资独资寿险公司6家，合资寿险与财产险公司各3家，可以说缅甸2019年才真正实质性开放，是东盟保险市场中最晚开放的国家。缅甸相关法律法规及政策的制定可谓“精明”，在其不打算开放保险市场时有所保留，而决定开放市场后又能灵活调整，使成效立竿见影。

《前期相关知识》专栏

缅甸保险市场的开放历程

缅甸保险业的发源要追溯到18世纪初英国殖民统治时期，19世纪中期时，缅甸的保险公司曾一度多达上百家，除2家国有保险公司外都是外资公司。但自20世纪60年代起，由于国家政权原因，缅甸对所有保险公司进行国有化并停办保险业，直到1993年，缅甸设立了国家保险公司（Myanmar Ins），保险业正式恢复。早在1996年《保险法》颁布时外资入缅便是允许的，且对外资的资本要求与国内相同，1997年加入东盟时，缅甸也承诺在国内保险业发展健全的前提下，会进一步放开外资的市场准入，但事实上缅甸保险市场是封闭的。到2013年，12家100%本土出资的民营保险公司成立，才打破了独营的局面，而外国保险公司采取的是设立代表处，为在缅甸的外企或外籍人员提供服务的形式经营。缅甸政府本计划在2015年东盟经济共同体建立后开放保险市场，但之后评估认为本国保险业尚未做好应对外资冲击的准备，开放时间推迟到2020年。此时，政府只是在迪拉瓦港经济特区采取了放开外资限制的试点，企业或个人基本只能向在缅甸境内注册的保险公司购买保险，除非风险较大的大型项目，经由政府批准才可以直接向境外保险公司投保。到2019年3月，缅甸共有来自15个国家及地区的保险公司设立了33家代表处，其中寿险公司代表处12家、财产险7家、综合险2家、经纪11家、理算1家。

此后，缅甸保险业的开放进程一拖再拖，外国投资者非常失望，直到2019年4月，缅甸规划与财政部批准了5家外资险企（友邦保险、丘博再保险、第一生命人寿、宏利人寿、保诚保险）可设立全资人寿保险子公司。2019年7月，又批准了合资财产险公司3家、合资寿险公司3家，但合资保险公司中外资所有权上限最高仅为35%。

在不打算对外开放、专注于优先发展国内保险业的时期，缅甸相关法规及政策非常保守，可以说是东盟保险市场中最封闭的国家。然而在2019年对外开放时机成熟后，其灵活调整相关政策及操作，迅速完成了对外资险企的牌照招标发放过程，其政策法律在前后可谓“180度大转弯”。

一、特征体现一：不打算开放保险市场时的法律、法规及政策有所保留

缅甸先前保险市场之所以对开放性不强，是因为很大一部分在于缅甸保险业相关法律、法规的导向，在此进行整理。

（一）对主要保险业务不做开放承诺

在WTO的《服务贸易总协定》服务部门分类（GNS/W/120）中，保险和与其相关服务（CPC812）包括四大类：（1）人寿、意外和健康保险服务（CPC8121）；（2）非寿险服务（CPC8129）；（3）再保险和转分保服务（CPC81299）；（4）保险辅助服务

（CPC8140），具体下辖保险经纪和代理服务（CPC81401）、保险咨询服务（CPC81402）、海损和损失调整服务（CPC81403）和精算服务（CPC81404）。而缅甸只对海损和损失调整服务和精算服务这两项作出非常有限的承诺，对于寿险、非寿险及再保险等保险业中主要的业务内容，缅甸均不做任何开放承诺。在东盟国家，甚至在全球 WTO 成员方中，像缅甸这样对保险业的主要业务内容不做开放承诺的国家寥寥无几。

（二）行业相关法律、法规及政策中没有鼓励外资的措施

之前，缅甸《保险法》等法律、法规及政策中只是笼统地允许外资进入缅甸保险市场，但未有列明进入所需的条件，也不涉及任何时间表。某些国家规定，要想在东道国成立全资保险公司，必须第一步设立代表处，设立一定年限后可申请合资公司，股权可以逐步提升，若干年后可能转为独资公司，若如此安排则外资便会按规定一步步开展业务。然而，缅甸的法律法规“无章可循”，外资不知如何操作便自然放弃投资的念头。

（三）市场准入门槛较高

在东盟各国中对资金要求是第 2 位的，仅次于越南。在缅甸，寿险公司注册资本要求为 60 亿缅元，产险公司注册资本要求为 400 亿缅元，综合保险公司注册资本要求为 460 亿缅元。实缴资本的 60%必须缴付政府（一年后返还给公司），30%购买政府债券，10%存入缅甸经济银行。这必然会对外资企业在缅甸设立保险机构起到一定排斥作用。

二、特征体现二：打算开放保险市场后的法律、法规及政策立刻灵活调整

在 2019 年，当缅甸认为市场开放时机已成熟时，正式开始了对外资险企的牌照发放招标过程，相关法规政策及操作做到了灵活调整，主要体现在以下三点。

（一）以极高的效率完成牌照招标及发放

缅甸计划财务部在 2019 年 2 月 5 日发布百分百外资全资公司的征求提案（RFP）后，仅仅 2 个月，在 4 月 5 日就公布获得牌照的公司名单。合资寿险及非寿险公司均在同年 1 月 18 日发布意向信息（IL），2 月 4 日发布意向书（EOI），5 月 21 日发布征求提案，最终在 7 月 31 日公布了获得牌照的公司。2019 年牌照招标及发放各环节均能按照相应的时间点进行，半年前全部完成，与缅甸之前对于开放“一拖再拖”的低效率完全相反，可见此时才是缅当局所认可的市场开放时机，并且最终高效地完成了整个工作。

（二）牌照招标及发放过程中的相关规定有效保护了自身保险业发展

第一，组建合资保险公司时，只能由一家外国保险公司与缅甸本土的一家保险公司

单独合作，此规定实质上是让外资对缅甸本土保险公司进行“一帮一”扶持。防止了缅甸国内非保险企业利用外资介入保险业，从而改变或扰乱国内保险业秩序。例如，中国五矿集团在1999年与刚进入中国内地市场的法国安盛保险集团合资，成立了金盛人寿保险公司，五矿集团便借助安盛在我国保险市场中迅速占据优势。“1+1”的形式让外资保险公司无法“强强联合”，确保缅方险企在合资中实力不会太弱而被边缘化。第二，合资中外资持股比例最多只能为35%。如此低的持股比例在东盟保险市场中，甚至在全球保险市场中也寥寥无几，大部分国家比例限制在49%，因此缅方险企能在合资中占据绝对主动权。第三，规定外资不能同时申请全资或合资。“二选一”的情况下，外资寿险公司就不能采取“若全资公司不获批则退而求其次作合资公司”的策略，只能朝着专一的目标准备。

（三）对不同需求采取差别政策而不拘泥于计划的安排

如缅甸规定，打算在缅甸参与组建合资保险公司的外资企业必须于2018年12月31日前在缅甸设立代表处，但对打算在缅设立独资寿险公司的不做必设代表处的要求。例如，获批的外资全资寿险公司Manufacturers Life Insurance Company和Prudential HongKong Limited之前在缅甸就没设有代表处。此外，在原本对外资独资寿险公司的征求提案（RFP）中，本来只希望授予不超过3张牌照，而最终根据需要却超额批准了5家公司。

三、缅甸保险业特征的启示

缅甸保险业发展道路与改革开放后中国保险业的发展历程颇有相似之处，因此缅甸保险业对我国保险业开放的启示性较强。

《我国发展现状与东南亚各国保险业特征的对比》专栏

我国保险业开放历程与缅甸的对比

缅甸保险业发展道路与改革开放后中国保险业的发展历程颇有相似之处，同样都经历了“近代有外资保险业—新中国成立后‘清退’原外资保险企业—一度极端地停止保险业—恢复保险业后国有公司独家经营—民营公司打破垄断—对外开放”的过程，具体比较见表14-2。

表14-2　中缅两国保险业开放历程比较

阶段	国家	时间	具体事件
近代有外资保险业	中国	1949年以前	抗战时期保险业几乎停止
	缅甸	19世纪60年代前	18世纪初英国殖民者带来保险业，19世纪末到20世纪中期，缅甸共有110家保险公司，除2家为国内公司之外均为外资公司。“二战”时期保险行业停止，独立后直至20世纪60年前，有近80家外资保险公司

续表

阶段	国家	时间	具体事件
新中国成立后"清退"原外资保险企业、一度极端地停止保险业	中国	1949—1978 年	1949 年新中国成立后，同年成立了中国人民保险公司。新中国成立后对国内遗留的外资、私营保险公司进行改造，1952 年外资保险公司全部退出中国市场。1958 年西安全国财贸工作会议提出不需要保险业，1966—1976 年国内保险业彻底停办
	缅甸	1962—1988 年	吴奈温执政时期，对国内存续的 78 家外资保险公司强制国有化后解散，并在此后停止了保险业
恢复保险业后国有公司独家经营	中国	1978—1986 年	改革开放后，保险业（人保公司）复业，从 1978 年一直垄断经营至 1986 年
	缅甸	1993—2013 年	1993 年缅甸成立了产寿兼营的缅甸国家保险公司（Myanmar Insurance）进行垄断经营至 2013 年
民营公司打破垄断	中国	1986—1992 年	1986 年交通银行组建保险业务部，后组建成太保，后 1988 年平安保险公司成立
	缅甸	2013—2019 年	2013 年允许民营资本进入保险业，共 12 家本土 100%国内出资的民营保险公司获得牌照
对外开放	中国	1992 年	第一次批准外资公司——友邦人寿进入中国
	缅甸	2019 年	2019 年批准了 5 家外资险企可设立全资人寿保险子公司，同年又批准了合资保险公司 6 家

在缅甸从不打算对外开放保险市场期间，相关法规及政策非常保守，保险市场几乎完全封闭，而在 2019 年对外开放时机成熟时，又能灵活调整相关政策及操作，最终迅速完成了对外资险企的牌照招标发放过程的经验，启示了我们要在保险领域的法律、法规及政策上要具有执行力以及控制能力，只有加强凝聚力，以令行禁止的作风才能有良好的政策执行效果。

复习思考题

1. 简答题：缅甸资源丰富、地理位置优越，为什么当前的经济发展水平却较为落后？你认为缅甸未来的经济前景如何？

2. 简答题：你认为缅甸保险业发展道路与改革开放后中国保险业的发展历程有相似之处吗？如果认为相似，请作简单对比。

3. 简答题：你认可缅甸保险业发展的方式吗？为什么？

第十五章　东帝汶保险市场概述

东帝汶全称为东帝汶民主共和国，是位于东南亚努沙登加拉群岛最东端的岛国，包括帝汉岛东部和西部北海岸的欧库西地区以及附近的阿陶罗岛和东端的雅库岛。西部与印度尼西亚西帝汉相接，南隔帝汉海，与澳大利亚相望。全国分为 13 个地区，首都为帝力，集中了全国总人口约 23%。东帝汶 78% 为土著人、20% 为印度尼西亚人、2% 为华人。

东帝汶是世界上最不发达国家之一，基础设施薄弱，经济体系和结构单一。国民经济以农业为主，全国 80%以上的人口依赖农业，主要农产品有玉米、稻谷和薯类等，但粮食却不能自给。主要财政来源为油气收入，严重依赖石油收入，也严重依赖国际市场。高失业率、高文盲率和高物价的“三高”问题也严重阻碍了东帝汶经济的可持续发展。东帝汶官方语言为德顿语、葡萄牙语，东帝汶货币通用美元，发行的是与美元硬币等值的本国硬币。

本章是对东帝汶保险市场发展及监管情况进行介绍，东帝汶保险市场的最主要的特点在于行业发展水平处于初级阶段。

第一节　东帝汶保险市场发展情况

东帝汶目前仅有 2 家保险公司，且都是财产险公司，因为东帝汶没有寿险公司，即不存在寿险市场，所以东帝汶的整体保险市场等同于财产险市场。

一、整体保险市场

（一）经营主体

2021 年，东帝汶金融系统主要由 5 家商业银行、2 家保险公司、其他存款接收机构、货币兑换商和汇款运营商（MTO）以及几个信用合作社组成。东帝汶曾经有 3 家保险公司，目前存续 2 家，这 2 家保险公司都是财产险公司，且这 2 家公司都是外资公司。可见，东帝汶全国目前还没有寿险公司。东帝汶保险公司的具体情况如下：

第一家，东帝汶国家保险公司。东帝汶国家保险公司，成立于 2010 年 3 月，是东帝汶第一家获许可成立的（财产）保险公司。NITL 保险公司主要业务是为法人（企业）和个人提供全面的一般保险产品业务和风险管理咨询业务。除了财产险外，该公司也提供小额人寿保险，例如贷款人小额保险。然而，东帝汶国家保险公司出现了许多严重的财务违规行为和资金挪用等治理问题，2017 年 11 月被东帝汶中央银行接管并受到处罚，2018 年撤销执照，2019 年完成清算并退出了市场，东帝汶国家保险公司的情况也对消费者的信心带来了很大的影响。

第二家，西亚玛斯保险东帝汶公司。西亚玛斯保险东帝汶公司是印度尼西亚 PT Asuransi Sinar Mas 的分支机构。母公司成立于 1985 年，最初名称为 PT，1991 年变更为现名。该公司是印度尼西亚市场处于领导者地位的综合保险公司，财产险保费收入长期保持在印度尼西亚市场首位。西亚玛斯保险东帝汶公司成立于 2011 年，2012 年正式开始在东帝汶营业，主要经营财产保险业务，主要包括机动车辆保险、重型设备保险、财产保险、个人意外保险、承包商保险、责任保险、健康保险、货运、船体保险。

第三家，联邦保险东帝汶公司。联邦保险东帝汶公司属于联邦保险集团下属，联邦保险东帝汶公司所属的联邦太平洋保险集团是一家私营的财产险保险公司，该保险集团从 1999 年开始在萨摩亚开展财产险业务，在萨摩亚、汤加、库克群岛（拉罗汤加岛）、东帝汶和英国设有办事处和分支机构。该保险集团向全球部分大型保险公司进行再保险，再保险协议主要由劳合社支持，也得到如苏黎世这样的大型保险公司派驻专家进行公司风险管理支持。联邦保险东帝汶公司 2016 年起在东帝汶经营，主要的客户群是面向个人和小型企业，经营的险种有：家庭财产保险、（营运/私人）机动车保险、商业风险保险、小额商业险、商业中断与公共责任保险、雇主责任保险、人身意外保险、工伤与旅行保险、建筑工程一切险、履约保证保险、船舶与货物保险、盗窃保险。

（二）业务规模

据东帝汶本国的保险监管部门统计，东帝汶保险业 2021 年保费收入约 450 万美元，较 2020 年的 400 万美元，约增长了 12.50%。人均保费约 3.35 美元，保险深度约为 0.23%。赔付金额约 75 万美元，赔付率约为 16.66%。保险业总资产在 2021 年达到 1418.5 万美元，比 2020 年增长 13.48%。2020 年，总负债也增长了 8.43%，到年底总额为 830 万美元。保险业的股权增长了 23.81%，达到 520 万美元。

（三）险种结构

2017 年，东帝汶全国的共有保单 18199 张（包含个人账户和团体账户），比起 120 万的东帝汶人口，保单的数量很少。其中有 16935 张保单是小额贷款保险、小额贷款保险实现了对所有小额贷款业务的全覆盖，另外 1264 张保单除了小额贷款保险之外的其他类型保险产品。东帝汶保险市场中各个险种占比大致为：小额贷款保险 93%、机动车辆保险 3.92%。从保费收入来看，2016 年东帝汶小额保险保费收入为 549648.42 美元，占当年全部保费收入 83.6 万美元的 65.75%。

第二节　东帝汶保险监管情况

一、监管机构

根据2011年第5号法令的第5条和第29条，以及东帝汶中央银行组织法，东帝汶中央银行（BCTL）有许可和监督所有金融机构的专有权力，东帝汶中央银行的监督部门负责对在该国运营的银行、货币兑换商、保险公司或保险中介机构、其他存款接收机构、汇款运营商（MTO）进行许可和监管。具体监管机构是东帝汶中央银行（BCTL）的金融体系监督司（DSSF）下设的保险监督处（DSS）。

二、监管法律法规

对于保险业，东帝汶有《保险法》（2005年第6号法令）。该《保险法》主要内容是关于保险公司及保险中介人的发牌、监督及规管制度，该《保险法》共计11章，分别是一般规定、监管部门的职能和权力、业务的许可和建立以及终止、保险中介、监管、审慎监管、财务监管、管理及内部控制、市场监管及消费者保护、接管规定、执行，共有80个法律条文。

此外，还有一些指令性文件。包括《关于一般保险公司的许可规定》（2007年第1号指令）、《关于保险中介的许可规定》（2007年第2号指令）、《机动车辆第三者强制责任保险的规定》（2010年第7号指令）等。

三、市场准入监管规定

（一）保险公司的准入规定

根据东帝汶《保险法》，东帝汶任何形式的保险公司最低股本要求都是50万美元，保险公司的形式应当采取股份有限公司的形式，同一保险公司不得同时经营一般保险业务和人寿保险业务。有过刑事指控的（无论是过去的还是未决的）、宣布破产的自然人不能发起成立保险公司（见表15-1）。

（二）保险中介的准入规定

保险经纪人最低股本要求是2.5万美元，且应采用公司制的形式，除了保险经纪人之外的其他保险中介机构的最低股本要求是0.5万美元。同一保险中介人不得同时进行普通保险业务和人寿保险业务。

表 15-1　在东帝汶成立保险公司的简要要求

相关要求		具体条款
通用要求		1. 申请书要以东帝汶官方语言或英语为书面形式。 2. 申请书正本一份，副本两份，且申请手续费不予退还。 3. 对于新的保险公司，申请书必须由保险公司创始人签署。 4. 对于外国保险公司的分支机构，申请必须由授权人员签字。 5. 申请人应以书面形式授权发言人代表申请人行事，并提供其姓名、地址和电话号码。若所提供信息发生变化，应以书面形式通知 BPA
不同类型申请书的内容	A. 新设立保险公司	1. 授权设立保险公司的股东会会议记录。 2. 最低资本要求为 50 万美元，并应始终存放在 BPA 授权的银行中。若 BPA 认为，因偿付能力保证金和审慎规则的需要而要求增加资本，则有义务增加资本。 3. 实际或拟议的投保资本、认缴资本和实收资本额。 4. 人寿保险或财产保险业务的名称和类型。一家公司不允许同时承保上述两种业务。 5. 股份类型和数量。 6. 相关章程
不同类型申请书的内容	B. 持有 10% 以上实收股份的拟股东、董事和高级管理人员	1. B 项所述的所有人员名单，并注明身份、地址和国籍。 2. 包括详细的背景信息的个人简历，包括经认证的资产负债表和 B 项所述所有人员的财务资源损益表。 3. 对于高级管理人员，必须具有公认的商业学位、专业保险经验，并具有原始学历和专业资格的证明。 4. 无刑事诉讼、无财务或行政问题、避税、破产和其他未决诉讼，这些诉讼对其职业操守没有不良影响
	C. 业务计划，未来 3 年运营的预计财务报表	1. 财务预测；2. 主要假设的描述；3. 最低偿付能力保证金计算；4. 分配方式；5. 再保险计划；6. 营销计划；7. 费用/佣金；8. 审计事务所；9. 精算师/索赔专业知识；10. 银行安排；11. 投资政策；12. 内部控制；13. 保单和索赔文件样本及保险费率；14. 信息技术；15. 灾难恢复计划
	D. 外资保险公司的分支机构	1. 申请人要出具母国保险监管实体的书面声明，包括：a. 批准母公司在东帝汶设立分公司。b. 本公司的偿付能力符合母国司法管辖区的所有监管要求，包括保险公司的所有偿付能力/资本充足率和良好信誉，并同意随时向 BPA 通报对母公司财务稳健或声誉不利所产生的影响。 2. 申请人母公司要提供最近三年经审计的财务报表。在获初步批准的情况下，母公司和关联公司要提交最近三年的年度账目。外资申请人应当采取措施能使在运营的前三年盈利。 3. 申请人拟聘请的审计师事务所必须获得 BPA 的批准

续表

相关要求		具体条款
不同类型申请书的内容	E. 保险中介公司	1. 最低实收资本应不少于 0.5 万美元，并应始终存放在 BPA 授权的银行。若 BPA 要求增加资本/资产价值，则有义务增加。 2. 与东帝汶保险公司拟定的代理协议或经纪协议。 3. 与业主签订的租赁合同，即证明可向其送达正式法律通知的经营地点。 4. 对于经纪人，要求拥有其建议的专业赔偿的原件。 5. 保险中介人应具备法定年龄、全职居民、教育程度、专业水平、诚信、声誉和财力等资格要求。 6. 保险公司要求的其他类似信息

资料来源：东帝汶中央银行。

四、对外资监管规定

除遵守常规规定外，外资保险企业的分支机构的一些附加要求有以下两点。

（一）外资保险公司准入规定

母公司原籍国的保险监管机构用葡萄牙语与英语出具声明：第一，该公司在东帝汶建立分支机构的批准文件；第二，母公司能满足原籍国保险监管机构所有监管要求（包括偿付能力保证金、资本充足率、公司声誉等）的证明文件；第三，最近三年经审计的年度财务报表。若获得进一步许可，则要提供最近三个年度的会计账目，申请人预计在运营的前三年应当能盈利。

（二）外资保险中介准入规定

母公司原籍国的申请人要出具声明：第一，该公司在东帝汶建立分支机构的批准文件；第二，母公司能满足原籍国保险监管机构所有监管要求（包括偿付能力保证金、资本充足率、公司声誉等）的证明文件；第三，用葡萄牙语或英语提供最近三年经审计的年度财务报表。若获得进一步许可，则要提供最近三个年度的会计账目，申请人预计在运营的前四年应当能盈利。

五、强制保险

根据东帝汶 2010 年第 7 号指令《机动车辆第三者强制责任保险的规定》，机动车辆第三者强制责任保险是东帝汶的强制保险。

第三节　东帝汶保险业的特点及亮点

——行业发展水平处于初级阶段

东帝汶保险业发展程度处于东南亚的初级水平，主要体现在其行业经营业绩相较于柬、老、缅三国都存在不小差距，经营主体数量匮乏且唯一的一家国有保险公司都因严重违规被“清退”出市场，无法吸引有实力的外资公司，目前没有寿险行业等。可以说，东帝汶保险业的发展并无亮点，“行业发展水平处于初级阶段”就是东帝汶保险市场的最大特征。

一、特征体现一：行业经营业绩处于东南亚各国的最低水平

柬埔寨、老挝、缅甸通常被视为东盟保险市场中较为落后的国家，然而东帝汶在总保费收入、保险深度、保险密度、保险公司数量等行业所有经营业绩方面均不如上述国家（见表 15-2）。

表 15-2　2018—2020 年东帝汶、柬埔寨、老挝、缅甸保险业经营情况

年度	国家	保险公司数量（家）	总保费收入（万美元）	保险密度（美元/人）	保险深度（百分比）
2018	东帝汶	2	100	0. 79	0. 06
	柬埔寨	—	20000	12. 00	0. 80
	老挝	—	7000	9. 00	0. 30
	缅甸	11	9000	1. 00	0. 10
2019	东帝汶	2	200	1. 56	0. 10
	柬埔寨	29	26000	16. 00	1. 00
	老挝	10	8000	11. 00	0. 40
	缅甸	23	17000	3. 00	0. 20
2020	东帝汶	2	400	3. 08	0. 21
	柬埔寨	35	29000	17. 00	1. 10
	老挝	22	8000	11. 00	0. 40
	缅甸	23	26000	5. 00	0. 20

资料来源：东帝汶数据来自东帝汶中央银行（BCTL）与东帝汶国家统计局；柬埔寨、老挝、缅甸数据来自瑞士再保险集团 Simga 数据库。

由表 15-2 可见，只有东帝汶的保险公司数量没有达到两位数；东帝汶总保费收入与柬埔寨、老挝、缅甸这三个东盟保险市场中末位国家相比，居然还有数量级上的差距；保险深度至 2020 年都没有达到 0. 25%；人均保费也是直到 2019 年才勉强突破 1 美元。

二、特征体现二：唯一的一家国有保险公司都因严重违规被“清退”出市场

通常一个国家保险业从无到有的过程中，通常首先成立一家垄断性质的国有保险公司，待保险业发展到一定阶段后，逐步引入本土民间资本，最后再对外开放。东盟保险市场的大部分国家都是采取上述发展路径，如柬埔寨国家保险公司从 1992 年成立起垄断经营到 2001 年，再如缅甸国家保险公司也是 1993 年成立起垄断经营到 2013 年。甚至我国也是在 1949 年成立了国有的中国人民保险公司，一直独家经营，直至 1986 年交通银行组建保险业务部（后来的中国太平洋保险公司）开始经营保险业务，才逐渐打破了人保独家垄断经营的局面。

东帝汶保险业的从零起步同样是建立国有的保险公司，2010 年 3 月，东帝汶国家保险公司成立，这是东帝汶第一家获许可成立的（财产）保险公司。然而，该公司却出现了许多严重的财务违规行为和资金挪用等治理问题，2017 年 11 月被东帝汶中央银行接管并受到处罚，2018 年被撤销执照，2019 年完成清算并退出了市场。在东帝汶国家保险公司“清退”过程中，根据东帝汶《保险法》第 10 章“接管”的相关规定，需要由东帝汶保险监管部门指定“特别经理”进行相关事宜的处理工作。而东帝汶中央银行此次任命的特别经理却是由外方——马来西亚担任，依靠外方也说明了东帝汶国内缺乏自行处理保险公司退市的经验。

国有保险公司应当是象征着一个国家金融体系的稳定性，然而在东帝汶，堂堂的国家保险公司却出现了许多严重的财务违规行为和资金挪用等问题，给消费者对保险业信心带来了很大的影响。

三、特征体现三：经营主体数量匮乏且无法吸引有实力的外资公司

（一）全国仅有 2 家保险公司，且实力都较弱

目前，东帝汶整个国家只存续 2 家保险公司，是东盟保险市场中保险公司数量最少的国家。这 2 家保险公司都是财产险公司，即东帝汶全国目前还没有寿险公司。并且这 2 家公司都是外资公司，2 家公司的实力还比较弱，具体情况如下：

第一家存续的公司是西亚玛斯保险东帝汶公司，该公司于 2011 年在东帝汶成立，2012 年正式开始营业，主要经营财产保险业务，主要包括机动车辆保险、重型设备保险、财产保险、个人意外保险、承包商保险、责任保险、健康保险、运货物、船体保险。该公司是印度尼西亚西亚玛斯责任有限公司的分支机构，印度尼西亚的母公司成立于 1985 年，1991 年变更为现名。2019 年，母公司总资产规模为 90927.93 亿印度尼西亚里普，在印度尼西亚财险市场中排名第 6 位。

第二家存续的公司是联邦保险东帝汶公司，该公司属于联邦保险集团下属，母公司

联邦太平洋保险集团从1999年开始在萨摩亚开展财产险业务，是一家私营性质的财产保险公司，该保险集团在萨摩亚、汤加、库克群岛（拉罗汤加岛）、东帝汶和英国设有办事处和分支机构。该保险集团向全球部分大型保险公司进行再保险，再保险协议主要由劳合社支持，也得到如苏黎世这样的大型保险公司派驻专家进行公司风险管理支持，所得到这些支持也成了该集团的主要“宣传卖点”。联邦保险东帝汶公司自2016年起在东帝汶经营，主要的客户群是面向个人和小型企业，经营的险种有家庭财产保险、营运及私人的机动车保险、商业风险保险、小额商业险、商业中断与公共责任保险、雇主责任保险、人身意外保险、工伤与旅行保险、建筑工程一切险、履约保证保险、船舶与货物保险、盗窃保险。

从上述两家公司所属母公司分析，西亚玛斯保险东帝汶公司的母公司印度尼西亚西亚玛斯公司只是印度尼西亚一家普通的本土资本保险公司，并不是与国际知名保险企业的合资公司；而联邦保险东帝汶公司的母公司联邦保险集团是来自萨摩亚，这个国家是南太平洋地区经济欠发达的岛国，萨摩亚也仅只有6家保险公司和4家保险中介公司，保险深度为1.2%，财产险保费收入占比85%的小保险市场，可以说与东帝汶也只是“五十步笑百步”，母公司只能在太平洋上一些经济欠发达的岛屿国家经营业务，其公司实力可想而知。

（二）东帝汶无法吸引有实力的外资保险经营主体

东帝汶保险公司的准入规定为：根据东帝汶《保险法》，东帝汶任何形式的保险公司最低股本要求都是50万美元，保险公司的形式应当采取股份有限公司的形式，同一保险公司不得同时经营一般保险业务和人寿保险业务。有过刑事指控的（无论是过去的还是未决的）、宣布破产的自然人不能发起成立保险公司；东帝汶保险中介的准入规定为：保险经纪人最低股本要求是2.5万美元，且应采用公司制的形式，除保险经纪人之外的其他保险中介机构的最低股本要求是0.5万美元。同一保险中介人不得同时进行普通保险业务和人寿保险业务。

对于外资保险企业，东帝汶的相关准入规定也是较低的。外资保险公司的准入规则为母公司原籍国的保险监管机构要用葡萄牙语与英语出具声明，内容包括：第一，该公司在东帝汶建立分支机构的批准文件；第二，母公司能满足原籍国保险监管机构所有监管要求（包括偿付能力保证金、资本充足率、公司声誉等）的证明文件；第三，最近三年经审计的年度财务报表。若获得进一步的许可，则要提供最近三个年度的会计账目，申请人预计在运营的前三年能盈利；外资保险中介公司的准入规则为母公司原籍国的申请人要出具声明，内容仅包括：第一，该公司在东帝汶建立分支机构的批准文件；第二，母公司能满足原籍国保险监管机构所有监管要求（包括偿付能力保证金、资本充足率和公司声誉等）的证明文件；第三，用葡萄牙语或英语提供最近三年经审计的年度财务报表。若获得进一步的许可，则要提供最近三个年度的会计账目，申请人预计在运营的前四年能盈利。

可见，相较于东盟保险市场中，准入要求已经较低的国家，如与老挝保险公司最低注册资本（单一的财产险或寿险公司）规定的300亿基普、柬埔寨保险公司最低注册资本（单一的财产险或寿险公司）规定的500万SDR、缅甸寿险公司的最低注册资本60亿缅元相比，东帝汶对保险业经营主体的要求已经是东盟保险市场中最低的，并且对于外资也相当于没有设置特殊“门槛”。然而，由于东帝汶的政府更迭频繁、派系间纷争不断、营商环境差、经济结构单一、发展水平落后、基础设施薄弱等因素，外资对东帝汶的投资普遍持谨慎态度，至今东帝汶也没有吸引任何有实力的外资保险公司。

四、特征体现四：东帝汶没有寿险行业且财产险市场的险种结构也不合理

（一）东帝汶没有寿险行业，保险市场构成不完整

一般来说，财产险业务是保险市场的“基础”，而寿险业务才是保险市场的“上限”或“天花板”，因为社会总资产是有限的，所以财产险业务的“上限”是固定的。而对于人身险，任意增加保费和保额到任何金额都是合理的，因此没有“上限”。所以在保险业发达的国家中，人身险保费收入的比重往往超过财产险。

主要发达国家人身险保费收入在自身保险市场的比重都超过了50%，对于中国也是如此（52.99%）。在东盟保险市场各国中，保险业相对发达的新加坡、马来西亚、泰国等也都超过了50%，其中新加坡为73.67%，非常符合其在东盟的领先地位。甚至东盟保险业中人身保险较落后的柬埔寨，其2012年才开始成立了第一家人寿保险公司，而经过8年的发展，其人身险市场份额最终也超过了50%。

然而，东帝汶目前国内没有人寿保险公司，也谈不上拥有人寿保险市场，所以其市场结构是不完整的。从保险机制的历史来看，是先有海上保险、火灾保险、货物运输保险，后续才扩展到了人身保险，从很多国家保险市场的建立过程看，也是先建立财产险业务，直至财产险业务发展到一定程度，才扩展到人身险领域。东帝汶目前，没有人身险，说明其最基础的财产险业务都没有发展到所需的底线水平。

当然，东帝汶绝不是不想发展人身保险业。2020年，西亚玛斯保险东帝汶公司已经向东帝汶中央银行监管局及董事会提交了关于申请授权设立西亚玛斯人寿保险东帝汶公司的提案，相信不久的将来，东帝汶将会迎来人寿保险行业。

（二）财产险市场险种结构不合理，车险比重过低

即使在财产险市场中，东帝汶的险种结构也极不合理。2017年，东帝汶全国的共有保单18199张（包含个人账户和团体账户），比起近120万人的东帝汶人口，保单的覆盖率很小。其中有16935张保单是小额贷款保险，小额贷款保险实现了对所有小额贷款业务

的全覆盖，另外1264张保单是除了小额贷款保险之外的其他类型保险产品。东帝汶保险市场中各个险种占比大致为：小额贷款保险93%、机动车辆保险3.92%。从保费收入来看，2016年东帝汶小额保险保费收入为549648.42美元，占当年全部保费收入83.6万美元的65.75%。

一般而言，无论是在传统的发达保险市场，抑或是在东盟保险市场这样的新兴市场中，车险都是财产险市场的主要险种。如2020年，美国车险业务在财产险市场中的比重是40.92%，我国财产保险公司原保费收入中车险比重为60.70%，东南亚各国也基本在25%以上，连发展程度较低的柬埔寨在2020年车险占比也达到17.17%。

东帝汶的车险比重低，原因显然在于其汽车保有量少。对比作为在东盟保险市场中已经属于末位的柬埔寨、老挝、缅甸三国，2019年，柬埔寨已正式登记的机动车数量为64.60万辆、老挝为223.67万辆、缅甸为733.40万辆。然而，东帝汶2020年登记的各类机动车总数仅为6692辆，其中摩托车5905辆，占比为88.24%，真正意义上已正式登记的“四轮汽车”仅有787辆。事实上，东帝汶不光车少，连公路也少。东帝汶近1.5万平方千米的国土面积仅有各类道路6199千米，全国仅8%的路况相对良好，部分路段甚至只能在旱季通车，其正式通车的高速公路（苏艾—比阿索高速公路第一标段）仅30千米长，还是由中国海外工程有限公司和中铁一局组施工完成的。

五、东帝汶保险业特征的启示

虽然东帝汶保险业较为初级，与我国保险业的发展截然不同，但并不意味着是没有价值的市场。我国应当体现大国担当，对东帝汶保险业加以援助，援助行为在当前确实无法直接获利，但有利于在当地市场构建起保险业的“中国标准”，增强我国国际影响力，促进两国之间的合作友谊。

《我国发展现状与东南亚各国保险业特征的对比》专栏

我国保险业正从高速增长迈向高质量增长新阶段

新中国成立后，我国保险业经历了初创阶段、整顿阶段、停滞阶段、重启阶段，几经波折后自2001年加入世界贸易组织起经历了高速增长阶段，“入世”当年我国保费收入约2100亿元，仅10年时间在2011年便增加到1.43万亿元，增长将近7倍，毫无疑问中国保险业驶入了发展的“快车道”。

特别是党的十八大以来，我国保险业市场主体不断丰富，市场规模显著扩容，发展水平持续提升，保险业从规模扩张转向质量提升，进入高质量发展的新阶段。

一、保障水平明显提升

当前中国保险行业正回归保障本源，保障水平明显提升。保险行业积极参与医疗、养老等多层次社会保障体系建设，大病保险已覆盖12.2亿人。保险行业参与企业年金发展，推出税优健康险、税延养老险等试点。保险资金发挥长期投资优势，积极参与长江经济带建设、粤港澳大湾区建设、京津冀协同发展等国家重大战略项目建设。农业保险扩面、增品、提标持续推进，2020 年我国实现农业保险保费收入 815 亿元，已成为全球农业保险保费规模最大的国家。

二、改革创新力度加大

自车险综合改革实施以来，“降价、增保、提质”的阶段性改革目标基本实现，消费者获得感显著提高。改革开放以来，累计为车险消费者减少支出超过 2000 亿元，同时商业车险平均无赔款优待系数由改革前的 0.789 下降至 0.753，众多驾驶习惯好、出险频率低的低风险车主享受到更多保费优惠。交强险责任限额从 12.2 万元提高到 20 万元，比改革前提升 64%，费率浮动系数浮动上限保持不变，浮动下限由 -30% 扩大到 -50%。

三、对外开放的步伐加快

截至 2021 年年底，我国保险市场共设立由 66 家外资保险机构，在华外资保险公司总资产超过 2 万亿元。2020 年 6 月，内地首家外资独资人寿保险公司“友邦人寿保险有限公司”得以建立，2021 年 11 月，首家合资转外资独资的人寿保险公司“中德安联人寿”得到批复。2021 年年底新的监管要求大幅取消外资保险经纪公司的准入限制，不再要求股东经营年限、总资产等条件，外资保险中介机构的准入门槛进一步降低。

四、风险抵御能力增强

截至 2021 年年底，纳入偿付能力监管委员会审议的 179 家保险公司平均综合偿付能力充足率为 232.1%，平均核心偿付能力充足率为 219.7%。风险综合评级 A、B、C、D 四类的保险公司数量分别为 91 家、75 家、8 家、4 家，因此行业运行总体平稳，偿付能力充足率保持在合理区间，风险总体可控。自 2022 年起，行业全面开始实施保险公司偿付能力监管规则Ⅱ，将从定量、定性、市场约束三个方面进行监管，中国特色的监管制度体系得以确立。此外，2021 年 6 月起偿付能力风险管理能力监管评估（SARMRA 评估）将在 3 年内实现全覆盖。

五、国际地位逐渐增强

中国保费收入规模先后超过德国、法国、英国、日本升至全球第二位，并至今已持续保持 5 年。据瑞再 Simga 统计，2021 年我国保费收入为 6961.28 亿美元，已从“新兴市场”国家转为“发达市场”国家。2022 年全球 500 强企业中就有 10 家中资保险公司。

资料来源：编著者根据中国银保监会及缅甸金融监管局相关资料整理。

第一，以监管交流合作的方式支持当地保险业发展。通过研讨会、培训班、技术合作项目等形式，适当加强两国间保险监管部门和保险行业的沟通交流。可在东方关切的领域，如巨灾保险、养老保险、健康保险、小额保险等领域展开指导与示范，介绍与推广我国的先进做法。

第二，可向东方积极推介我国“偿二代”的监管经验，说明“偿二代”是符合新兴市场的保险监管体系，帮助其完成制度框架设计。“偿二代”、资金运用等较为先进的监管经验对其可能过于复杂，但可以首先向其介绍中国银保监会在现场检查、消费者保护等方面的经验，专门帮助其制定符合其市场特点的“偿二代”等偿付能力监管制度简化版，循序渐进，为将来市场发展到相应阶段后更好地接受中方先进监管技术奠定基础。

第三，不建议以商业存在形式在东帝汶开展保险业务。东帝汶目前仍存在一定的国家风险，且与我国距离较远，建议中资保险企业现阶段不应当到东帝汶进行直接投资甚至自然人流动的方式也要慎重考虑。

复习思考题

1. 简答题：你认同东帝汶的保险业目前是处于发展的“最初”阶段吗？为什么？

2. 简答题：鉴于东帝汶目前保险业的发展状况，你认为中资保险公司应当到东帝汶进行直接投资吗？为什么？

参考文献

［1］赉圣林，俞洁芳，景麟德，等．扬帆起航：走向国际的中资保险公司［M］．杭州：浙江大学出版社，2017：32-35.

［2］陈添，等．中国铁路财产自保公司的财务分析——兼议保险对我国铁路事业的促进作用［J］．老字号品牌营销，2022（5）：118-120.

［3］郝臣，李飞，王旭．我国保险公司跨境经营问题研究［J］．保险研究，2013（11）：70-77.

［4］胡建生．东盟四国保险业发展研究［D］．厦门大学硕士学位论文，2007.

［5］胡英全，李蕊．中国—东盟自贸区保险服务需求研究［J］．区域金融研究，2011（4）：53-55.

［6］黄杨杨，等．对接“面向东盟金融开放门户方案”的《东南亚保险》课程内容增补［J］．现代营销，2019（7）：72-73.

［7］李艳明，于永军．东盟六国保险业发展概况及经验借鉴［J］．区域金融研究，2010（5）：49-53.

［8］刘家养，等．基于协议文本的泰国保险服务贸易自由化承诺研究——兼议与中国的保险服务贸易合作［C］．第5届中泰论坛会议论文集，2019（11）：150-169.

［9］陆峰．基于聚类分析的我国寿险公司开拓东盟市场策略［J］．保险研究，2015（2）：39-49.

［10］陆峰．基于经济安全视角的中国与东盟跨境保险合作发展研究［J］．北方经济，2020（2）：35-37.

［11］陆峰．论《保险地理学》的学科创建［J］．新经济，2016（3）：3-5.

［12］陆峰．“一带一路”下中国—东盟自贸区保险业的发展目标定位［J］．当代经济管理，2016（10）：89-97.

［13］陆峰，刘泰悦．东盟保险市场国别特征研究之新加坡：发达的离岸保险业务［J］．沿海企业与科技，2022（2）：1-7.

［14］陆峰．东盟保险市场国别特征研究之菲律宾：商业保障体系中多元化的“类保险”业态［J］．沿海企业与科技，2022（4）：3-7.

［15］陆峰，马明明．东盟保险市场国别特征研究之马来西亚：对东盟市场具有引领性的塔卡福业务［J］．商展经济，2022（4）：50-53.

［16］陆峰，梁玉．东盟保险市场国别特征研究之印度尼西亚：后发优势突出的塔卡福业务［J］．商展经济，2022（5）：50-53.

[17] 陆峰. 东盟保险市场国别特征研究之文莱：王室直接支持的塔卡福业务 [J]. 商展经济，2022 (6)：59-62.

[18] 陆峰，莫仕祥，蒋航馨，等. 东盟保险市场国别特征研究之东帝汶：行业发展处于初级阶段 [J]. 商展经济，2022 (9)：60-62.

[19] 陆峰，黄杨杨. 海南省海洋经济的外向性型与自由贸易港建设的耦合协调发展研究——基于沿海 11 个省（市、区）的计算比较 [J]. 沿海企业与科技，2021 (4)：17-25.

[20] 陆峰，黄杨杨. 中资保险公司对东盟国家的直接投资研究——基于东盟保险市场中新加坡寿险公司的综合竞争力评价分析 [J]. 沿海企业与科技，2021 (6)：3-9.

[21] 陆峰，黄杨杨. CPTPP 协议中跨境保险服务条款的解读分析 [J]. 科技经济导刊，2019 (8)：182-183.

[22] 陆峰. 保险学专业核心课程的课程思政育人教学改革研究——兼议保险学专业核心课程与课程思政育人的融合点 [J]. 看世界，2020 (10)：97-99.

[23] 唐金成，梁悦. 中国—东盟保险业发展比较与经验借鉴 [J]. 东南亚纵横，2009 (6)：60-63.

[24] 唐金成. CAFTA 框架下的保险国际化问题研究——以广西为例 [M]. 北京：中国市场出版社，2016：4-52.

[25] 唐金成，陆昱江，韦红鲜，等. 保险国际化理论研究评述 [J]. 上海保险，2015 (8)：53-64.

[26] 陶永谊. 互利经济学 [M]. 北京：中国财政经济出版社，2016：3-120.

[27] 王铭利，等. “保险+期货”服务我国特色农产品产业发展研究 [J]. 开封文化艺术职业学院学报，2022 (2)：116-118.

[28] 王铭利，等. 地域特征、内部治理结构与企业经营绩效研究 [J]. 中国注册会计师，2021 (11)：73-77.

[29] 王铭利，等. 保险公司内部治理对经营绩效的影响——基于我国保险公司的经验数据 [J]. 商业经济研究，2022 (2)：150-153.

[30] 王铭利，等. 我国沿海省域海洋经济与自由贸易试验区耦合协调发展研究 [J]. 管理评论，2022 (7)：71-80.

[31] 邢晓卫，等. 中国绿色产业发展演进特征及数字普惠金融支持分析 [J]. 生态经济，2022 (2)：35-42.

[32] 邢晓卫，等. 金融开放进程中全球流动性对中国股市稳定的影响 [J]. 贵州商学院学报，2022 (3)：61-67.

[33] 杨柳芬，蒋桂湘. 中国—东盟自由贸易区构建与广西保险国际化 [J]. 经济与社会发展，2004 (11)：15-17.

[34] 叶阿忠，等. 金融集聚能促进绿色产业发展吗？[J]. 北京航空航天大学学报（社会科学版），2022 (6)：1-13. C.

［35］袁临江．保险业服务“一带一路”的战略思考［J］．中国金融，2018（8）：12-14.

［36］张露，等．广西与泰国保险业发展比较研究［C］．第5届中泰论坛会议论文集，2019（11）：71-88.

［37］周延礼．“一带一路”建设中的保险服务［J］．中国金融，2016（12）：14-15.

［38］中国太平东盟保险服务中心，太平财产保险有限公司．中国太平东盟地区基础设施建设风险白皮书［R］．2022（9）：107-108.

致 谢

在本书接近尾声之际，回首过往，思绪万千，特向促成本书完善与出版的各位领导、专家、同事们表达诚挚的谢意。

第一，对促成本书立项与出版的领导表达谢意。本书由广西财经学院金融与保险学院、中国-东盟保险研究院组织编写，倾注了院长蔡幸教授的关心与支持，此次表示由衷的感谢，蔡幸院长的帮助对本书的出版起着决定性作用。

第二，对参与本书编写的各位同事表达谢意。广西财经学院金融与保险学院保险系部分教师参与了本书的编写过程，由陆峰老师负责大纲构思、统筹、编写及定稿等工作，梁玉老师参与了第一章和第二章的编写，黄祝华老师参与了第三章和第四章的编写，王铭利老师参与了第十二章和第十三章的编写，李瑾老师参与了第十四章和第十五章的编写，系主任刘家养老师参与了文稿的校对工作。正是因为各位的积极参与，本书的编写过程才能较为顺利。

第三，对指导本书编写的专家表达谢意。本书得到了中央财经大学保险学院原院长郝演苏教授的特别指导，并为本书作序。因为得到了这些宝贵意见，本书才能够完善与提升。

其他领导、专家、同事们的帮助在此不一一列举，您的帮助作者亦会铭记于心。

陆 峰

2023 年 3 月 1 日